U0000123

帕帕吉傳
一切從未分離

大衛·高德曼 編

顧象 智原 譯

紅鼎文化
UnderTable Press

Nothing Ever Happened vol. 2

Nothing Ever Happened © 1998 by Avadhuta Foundation
© Complex Chinese Edition Published by UnderTable Press
117 Dazhi Street, 5 F, 104 Taipie, Taiwan
undertablepress.com

本書編者與帕帕吉的合影

國家圖書館出版品預行編目(CIP)資料

帕帕吉傳：一切從未分離 / 大衛‧高德曼（David Godman）編；
顧象, 智原譯. -- 臺北市 : 紅桌文化, 左守創作有限公司, 2024.7
376面 ; 14.8*21公分.
譯自 : Nothing ever happened. vol. 2
ISBN 978-626-97941-3-3(平裝)

1.CST: 彭嘉(Poonja, Hariwansh Lal) 2.CST: 傳記 3.CST: 印度教

783.718   113007431

帕帕吉傳：一切從未分離 Nothing Ever Happened vol. 2

譯者	顧象、智原
編者	大衛‧高德曼（David Godman）
總編輯	劉粹倫
發行人	劉子超
出版者	紅桌文化／左守創作有限公司
	臺北市中山區大直街117號5樓
	undertablepress.com
印刷	約書亞創藝有限公司
經銷	高寶書版集團
	臺北市內湖區洲子街88號3樓
	02-2799-2788
書號	ZE0160
ISBN	978-626-97941-3-3
初版	2024/7
新台幣	500元
法律顧問	詹亢戎律師事務所
台灣印製	本作品受著作權法保護

目 錄

哈德瓦、瑞詩凱詩

　　1966年退休後，帕帕吉開始遊歷全印度，但他很少在一個
地方停留超過幾周。不過他在1967年1月安排好孩子的親事、
參加完婚禮後，就非常希望能長居久住在瑞詩凱詩和哈德瓦。
這裡是北方邦北部的朝聖地，從喜馬拉雅山流出的恆河在這裡
由山腳進入平原。兩地距離很近，瑞詩凱詩就在哈德瓦上游
二十四公里處。

　　在我這一生中，時不時就會去瑞詩凱詩和哈德瓦小住上一段
日子。童年時，父母會帶著全家去哈德瓦過暑假。大部分歲月中，
幾乎每年我都會調整行程，為的就是在那裡住上一兩個月。如果
沒什麼別的事，我就在那裡逗留得更久，有時會住上幾年。

　　這兩處都是聖地。數千年來，人們一直在瑞詩凱詩和哈德瓦
的恆河邊禪坐，也有好些人在那裡開悟。在長途跋涉或者密集的
旅行去會見弟子後，我總喜歡回到這裡。

　　在阿格拉（Agra）和德里辦完兒女的婚事後，我決定完全拋
開家庭和親眷。我很明白自己已經盡到了家庭責任，不再打算繼
續擔當一家之主了。

　　我決定去瑞詩凱詩做個苦行僧，希望能獨自一人在恆河邊生

活。我搬進了一個毗鄰瑞詩凱詩各大道場的山洞，那裡離水源很近，好幾次漲潮時水都灌進山洞，但我並不介意。洞裡太潮濕無法居住時，我就搬去附近的一棵菩提樹下，那裡有一塊結實平整的好地。菩提樹和山洞距離「超覺靜坐」[a]運動發起人，瑜伽士馬哈里希・馬赫什的道場不遠，當時這個道場是他的總部。

帕帕吉還住過附近的幾個山洞，其中一處靠近瀑布，距恆河步行十五分鐘。他不僅要適應當地的氣候和各種原始生活環境，還要和共用水源的動物打交道。

有一段時間，我住過森林中一個不錯的洞穴。在巴德里納特（Badrinath）朝聖古道，去往普洽提[b]的半路上有條溪水匯入恆河。溪流上游距恆河約一公里處有一個洞穴，旁邊有條美麗的瀑布，我在那裡住了一段時間。

那時附近還有許多老虎。那條溪流是森林中所有動物唯一安全的水源，所以牠們全都跑了過來。附近的熊和大象偶爾也會來喝個痛快。我能從洞穴裡觀察牠們，而又不打擾牠們。我們和平共處。大象常常到瀑布下洗澡，喜歡被飛流而下的水沖刷背部。牠們會用鼻子吸進大量的水，再噴到自己身上。有時牠們會一邊噴水一邊甩動鼻子，這種時候坐在山洞中的我也就順便洗了個澡。

我和老虎只有過一次近距離接觸。那次我正在溪水下游的池塘旁邊，老虎過來喝水。牠喝水前先看了看我，露出好奇的神情。我覺得牠剛飽餐了一頓，所以想喝點水，而不是吃掉我。

a 超覺靜坐（Transcendental Meditation）為瑜伽士馬哈里希・馬赫什（Maharish Mahesh, 1918-2008）所推行的一種簡易瑜伽。他是喬詩寺院（Jyotir Math）的住持梵薩拉斯瓦提・斯瓦米的弟子，並稱超覺靜坐技術師承於此。他於1958年開始全球旅行、設有超覺靜坐協會加以推廣，在60、70年代有許多名人如披頭四、海灘男孩樂團都是他的弟子。

b 普洽提（Phool Chatti Ashram）：瑞詩凱詩恆河東岸道場，在拉克什曼橋以北五公里處。

大約在這段時間，帕帕吉有了一次有趣的體驗，他的過去生都顯現在他面前。以下是他在《躍入永恆：帕帕吉訪談錄》一書中的敘述：

　　當時我在瑞詩凱詩的恆河邊禪定，在羅摩橋和拉克什曼橋^c之間，看著水中的魚兒遊動。禪定中，我有了關於自己的一個特別的禪定境界，是這個名為彭嘉的我，在時間長河中的各種轉世。我看著這個「個體精魂（jiva）」在各種身體、各種形象間轉換，在不同的時間不同的地方，一次次地穿過種種星球、種種鳥獸、種種人身，這一幕出奇地漫長。成千上萬次的轉世，恆河沙數的年月，一一都在我面前出現了。最後出現了我這一世的身體，隨後就是拉瑪那尊者光明的形象。然後，這一境界結束了。拉瑪那尊者的出現，終結了這看似永無止境的生死輪轉。在他介入我的生命後，這個以彭嘉形相出現的個體不會再轉世了。尊者只是看了我一眼，就摧毀了我的輪迴。

　　我看著無盡的轉世一幕幕上演，覺得時間是以正常的速度在流逝的，也就是說，感覺已過了數百萬年。當我恢復了日常意識時，發現整個場景不過是彈指一揮間。在夢中度過一生的人，醒來後會發現夢中消逝的時間不是真的，夢中人不是真的，夢中人所處的世界也不是真的。這一切了悟都發生在醒來的一剎那。同樣，在醒悟真我的那一瞬間會明白，時間、世界，以及在這其中人們似乎擁有的人生，都不是真的。我在恆河邊的淨觀，讓我參透了這個真理。我知道輪迴中所有的生活都不是真的，而尊者向我指出我的真實本性，把我從這虛幻的魘夢長夜中喚醒。現在我脫離了這荒唐的輪迴，站在真我的角度，我可以說：「從來沒

3

哈德瓦、瑞詩凱詩

---

c　羅摩橋 (Ram Jhula)，拉克什曼橋 (Lakshman Jhula)：是瑞詩凱詩恆河上的兩座鐵索橋。羅摩橋建於1986年，此橋連接了兩岸諸多道場，為瑞詩凱詩的地標建築。拉克什曼橋建於1939年，略小於羅摩橋，在前者北方。

有任何出生，也從沒發生過任何事，存在的唯有不變而無形的真我。」

這就是我的體驗，這就是每一個了悟真我者的體驗。

幾年後我暫住巴黎時，有人給我看《涅槃經》（*Nirvana Sutra*）。讀了之後，我發現佛陀也有過相似的體驗。

1993年初，我在帕帕吉家中看電視轉播板球比賽。一名外野手俯衝接球，滑過草坪，結果襯衫前襟被蹭成了一片草綠色。帕帕吉笑了，但笑的時候他忽然想起在恆河岸邊有過的另一次定境。於是他就開始講述這個定境，口氣很輕鬆：

「我曾有過一具綠色的身體，就像這個人一樣。身形巨大，是透明的，非常漂亮。我那時生活在宇宙另一頭的某個星球上。我是在瑞詩凱詩時有了這個定境的。

「當時我感覺自己曾在那個星球上生活了很久很久。我還感覺到個體生命去那個星球就是為了耗盡所有的福報。在那個地方，每個個體似乎都在無休無止地享樂。」

「那裡有人禪修嗎？」我問：「有人試圖證悟嗎？」

「沒有，」他回答。然後他停頓了一下，變得嚴肅起來，又繼續說：

「我曾在許多不同的星球上生活過，也在禪定境界中去過許多星球。我們現在所在的這個世界，是我見過的唯一人們努力尋求解脫並能成就的地方。你們不知道自己有多幸運。」

開始編寫這本書時，我問他更多資訊。他再次重複了這個故事並加上了些細節：

我住過瑞詩凱詩，大部分時間都在恆河邊度過。我覺得身體經歷了某些變化，變得極其精微而透明。在我周圍有許多「人」，都有著同樣精微的身體。我看向天空，發現自己在宇宙中一個完全不同的地方。那裡的天空中有不同的太陽，也許不止一個，因

瑞詩凱詩：恆河從羅摩橋下流過。

為那裡沒有黑夜。那地方很奇特，沒有人入睡或醒來，大家一直都醒著。雖然這個境只持續了幾秒鐘，我卻知道我曾在那個星球上度過了極其漫長的歲月。

我意識到那是一顆不同的星球。我推斷肯定有許多其他的星球上面居住著有智識的生命。當個體從一期生命去到另一期時，也會從一個世界去到另一個世界。

雖然我無法否認發生過的那個定境，但事後我覺得那也許只是一種想像的投射。很可能是我小時候聽過類似的故事，忽然回憶起來而造成了這種景象。

之後有人給帕帕吉在瑞詩凱詩的某個大道場安排了一個房間，他在山洞苦行就此暫告一段落。

我餓的時候常去吉塔宮[a]的店鋪買一些炸麵球（pooris）。每年六月到九月，他們都以成本價向朝聖者出售熟食。有次買東西時，斯瓦格道場（Swarg Ashram）的董事會執事叫住我，說很好奇想知道誰是我的上師。

我告訴他：「我的上師是南印度蒂魯瓦納瑪萊的拉瑪那尊者。」

執事表示之前從沒聽說過這個名字。這很不尋常，因為尊者在全印度的道場都很有名。我們聊了一會，在談話中，他說自己來自中央邦，是退休的工程師。

幾分鐘後，他對我說：「他一定是位偉大的老師。不管什麼時候我見到你，你都是一個人，總是很平靜。我觀察著你，心裡出現了一個想法：『吃到勒克瑙附近馬利哈巴德（Malihabad）所產的杜賽麗（Duseri）芒果時，從味道就能知道那肯定是優秀的果園種出來的水果。我沒去過那些果園，但一顆芒果的味道就能告訴我果園一定很棒；我同樣也能從眼前的這位弟子來判斷他的老師。』我一直在觀察你的舉止。我敢說你的老師必然非常偉大。」

他繼續和我談起他的道場所照看的那些修行人（sadhus）。

「一共有三百位修行人住在庫梯爾（kutir，僧侶住的小棚屋或房間）裡。我們為所有的人提供免費的食物，道場的廚房足夠用了。修行人排著隊等食物，等待時，常有信徒供養甜點，冬天會有信徒供養毯子。他們想去朝聖時，有人甚至會布施每位修行人一百盧比。這些修行人被寵壞了，對別人的付出毫不珍惜，有人甚至濫用收到的禮物和善意。即使他們完全不需要，毯子也照收不誤，之後再半價出售來賺錢。還有人把我們分發的食物帶回家，

---

a　吉塔宮（Gita Bhavan）是瑞詩凱詩恆河邊上一所大型的宗教活動建築，包括神廟和一千間供來訪者住宿的宿舍。吉塔宮屬於斯瓦格道場（Swarg Ashram），也是印度發行宗教靈性圖書的最著名的吉塔出版社（Gita Press）的姊妹機構。

用純奶油回鍋再煎一下，好吃起來更美味。他們其實不需要免費的供養。很多人光是每天接受朝聖者的禮物就已經很富裕了。

「但我的工作就是照料這些人。我必須善用收到的少量捐贈來照顧他們所有人，所以我不鼓勵新人過來住，但如果是你的話，我很樂意開個特例。我知道你不一樣。如果你需要房間，我能給你一個長期的住處。你還可以來我家裡吃飯，那是專門配給執事的。」

我接受了，房間位於道場的角落，離恆河很近，可以從窗戶裡看到遊客往水中扔硬幣。然而，在那裡待了幾個月後，我突然感到一陣渴望，要去趟沃林達文（Vrindavan），於是就離開了。之後一段時間我沒有回瑞詩凱詩，而是去了室利·拉瑪那道場。

一段新的節奏開始了。在最初被極端苦行召喚，又於道場居住數月後，帕帕吉重新開始行腳遊歷。從這個時候開始，他會定期在瑞詩凱詩停留久一點，並去沃林達文或印度不同的地方見弟子。偶爾他也長途旅行，去喜馬拉雅山上一些人跡罕至的地方。下面這次旅途格外難忘。

我曾讀過一篇文章，講述了《摩訶婆羅多》著名的俱盧之戰這一高潮篇章的後續，那場戰役傷亡慘重。戰爭結束後，俱盧族全部陣亡，家國皆成焦土。般度兄弟由於黑天的幫助而取得了戰爭的勝利。數年後黑天離世，般度兄弟也決定不再留在塵世，因為這個世界給他們太多悲慘的記憶了。五兄弟一起朝喜馬拉雅山出發，想走進天國。據說山中有扇大門，連接著兩個世界。道路越走越高，越來越險。五兄弟一個接一個死去，最後只有堅戰活著，有一條流浪狗願意陪著他。在旅程的終點，只有堅戰和牠，一人一狗到達了天國。

那本雜誌上描述了這次遠行，還給出了一張地圖，標示著般度兄弟可能走過的路線，路上有一扇連接天國和塵世之門，這個

說法把我迷住了，很想自己上路去一探真假。

如果我聽到了什麼新方法新技巧，就會馬上親自實踐，這是我從小養成的習慣。我是不滿足於二手資訊的，這些東西我都想自己去試試，看看是不是真的管用。

比方說有一次，我聽說一位苦行僧只靠吃恆河的泥巴維生，而且看起來活得還不錯。

我心想：「如果這樣就足以維持身體運作，那我為什麼還需要出門買菜做飯呢？我來試試這種飲食，看看是否可行。」

於是之後一個月裡我靠吃泥巴和落葉維生。這顯然對我不管用，因為才沒幾周，我就病得很嚴重了。我向一位修行人請教是否應該繼續這種飲食。

他說：「你這樣只是在折磨自己的身體。人的身體是神的廟宇，必須保持良好的狀態。身體病了就無法禪修。古代的仙人明白怎樣合理地生活。他們食用悅性食物，保持身體健康。」

我接受了他的建議，放棄實驗，恢復了正常的飲食。這大概發生在1944年，當時我還在馬德拉斯的軍隊工作。

不管怎樣，當我聽到以人的肉身就能步行到天國時，立刻決定檢驗一下這條路線是否可行。

剛開始很容易，我只是沿著主要的朝聖路來到了德瓦普拉亞格（Devaprayag），那裡是恆河和阿拉克南達河[a]的交匯處。我走在恆河岸邊，天開始下雨。當時已經很晚了，我四處張望，想找個地方避雨，眼看當天是去不了哪裡了。幾分鐘後，我發現了一間小茅棚，有位年老的巴巴[b]在裡面。我往門內探頭一看，非常禮貌地詢問他是否願意讓我在茅棚裡過夜。

他看起來似乎正在準備晚餐，我就說願意去附近的商店給他

---

a　阿拉克南達河（Alakananda River）：恆河的兩條源頭之一，源自喜馬拉雅山，流經北阿坎德邦，為印度主要河流，是印度教聖河。另一源頭為巴吉拉希河（Bhagirathi）。

b　巴巴（Baba）：對出家苦行者的尊稱。

買些食材來。這樣的人一般不會儲藏太多食品，而我不想給他增加不必要的負擔，所以很樂意冒雨去買些吃的，這樣我們倆都能飽餐一頓。

他接受了我的提議，邀請我和他一起用餐並過夜。

我買菜，他煮飯，之後兩人一起在恆河岸邊用餐。我們坐在那裡時大概是晚上十點。我注意到在河邊比他的草屋高十英尺（約三公尺）的地方還有一間茅棚。

我問他這是做什麼用的，他說：「那是我蓋的，是為了恆河漲潮時有地方住。發大水時我現在用的茅棚會被淹沒。你今晚就睡那裡，不會被河水淹到的。我們各住一間茅棚。有人給我寄錢來，我就蓋了那間備用的茅棚。我在這裡已經三十六年了，但直到今年才第一次在洪水期有地方搬進去。我來自孟加拉地區，家鄉有人給我寄錢，我才能過得更舒服些。他們每個月給我寄二十盧比生活費。」

這人放棄了世俗生活來恆河岸邊苦行，在這裡生活的三十多年間，除了一些炊具以外似乎什麼都沒有攢下，幾乎家徒四壁。

我在他的備用茅棚中過夜時，發現那裡空空如也，只有一個粗糙的編織袋，裡面裝著沙子。看來這個袋子是用來當枕頭的。我的床就是用恆河沙鋪平的一塊地。我靠在枕頭上，但覺得很不舒服，太硬了。我不知道你有沒有睡過這種枕頭，頭靠上後不會凹下去，就像塊岩石一樣。

我把枕頭拿起來，覺得枕著手臂也許更舒服些。在枕頭下我發現了一本雜誌，裡面有些裸女照。那位苦行僧一定是把照片藏在了這裡，不讓平常來的訪客看到。

那天傍晚早些時候，我們一起晚餐時他說：「我單身一輩子了。我是家裡的長子，弟弟們早結婚了。我很久之前就放棄了塵世生活，三十多年沒有回過家鄉。家人知道我在這裡，有些去巴德里納特的朝聖者路過時，偶爾會捎來他們的消息，除此之外，我和以前的生活就沒什麼聯繫了。」

大多數苦行僧都是這樣。他們穿上橙色袍子，告訴每個人他們已經放棄了俗世。他們甚至能讓自己看起來生活得虔誠而聖潔，心裡卻並沒有放棄欲望。如果你還帶著所有的欲望和執著，那麼跑到恆河岸邊過著貌似苦行僧的生活又有什麼意義？這位苦行僧還不如當時留在家鄉，像他的兄弟一樣娶妻成家更好。壓抑自己的種種欲望，假裝不再有了，這種自欺欺人的生活方式並沒有什麼好處。

第二天早晨我告別了那位苦行僧，向巴德里納特北麓的喜馬拉雅山高地行進。幾天後，在那裡，我有了一次更有趣的經歷。

我來到一片高海拔地區，獨自走在路上，周圍全是冰川。這不像是有人居住的地方，所以見到一名身材高大的年輕人迎面朝我走來時，我有些意外。四下只有我們二人，於是我們就停下來互相寒暄了幾句。談話中他問我來這片人跡罕至的地方做什麼，我說想要跟隨般度兄弟的足跡去天國。他發現我是修行人，就問我能不能坐一會，他一直有個問題，想要聽聽我的意見。

他說道：「我來自查謨塔威（Jammu Tawi，查謨喀什米爾邦的火車樞紐鎮），爸爸是郵局副局長，我在那裡上學，但對學校的課程沒有興趣。十年前我逃離了學校，再也沒有回過家鄉。從那時起，我遊歷過許多地方，包括他方世界（即各種天界）。」

這聽起來很有意思。我問他是怎樣完成旅行的。他說自己獲得了一種悉地（神通），能讓他去到幾乎是宇宙中的任何地方。

他說：「我有拙火瑜伽的天賦，離開學校後，我就開始尋找瑜伽老師，接受訓練。我先去了毗濕奴普拉亞格[a]。那裡有人告訴我要去那羅陀山，說那羅陀[b]在那裡苦行。在山的另一面有個地方住著很多成就者。我找到一位，說服他收我做了弟子。

10

帕帕吉傳・一切從未分離

---

a 毗濕奴普拉亞格 (Vishnu prayag)：位於北阿坎德邦喜馬拉雅山腳，為阿拉克南達河與朵崗嘎河的交匯處。普拉亞格 (prayag) 在梵語中表示河流交匯處。

b 那羅陀 (Narada)：古印度著名的吠陀時代聖人，常出現在《摩婆羅多》、《羅摩衍那》以及各類往世書中。

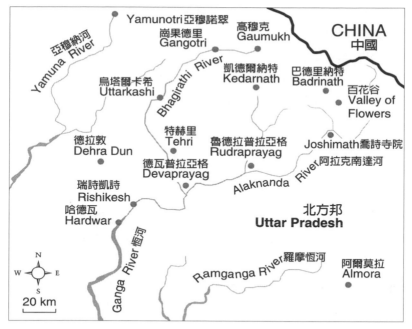

北方邦地圖

「我掌握了他教導的一切。我似乎對學習這類東西有種天生的
才能。我學會了飄在空中;學會了分身術;學會了呼喚神明,如
德嘎[c]和吉祥天女[d],並請她們給予加持。從辯才天女[e]那裡,我獲
得了一項能夠說任何語言的加持,甚至能明白植物和石頭在說什
麼。我還知道怎樣去別的世界。」

我覺得實在難以置信,認為他在自吹自擂,於是決定要測試

---

c 德嘎 (Durga):印度教女神,濕婆之妻雪山神女的兩種降魔相之一。形象為與惡魔戰鬥的女
武士,一面三眼八臂,手執兵器,坐騎為獅或虎。也被譯為「難近母」。

d 吉祥天女 (Lakshmi):音譯為拉克什米,亦譯大功德天或寶藏天女。印度教的幸福與財富女
神,傳說上被認為是毗濕奴之妻,為攪拌乳海中所生之寶。形象為一面四臂,兩手持蓮花,
兩手拋金錢,白象圍繞。

e 辯才天女 (Sarasvati):音譯為薩拉斯瓦提,印度教中代表醫療、子嗣、財富、智慧、美貌、
藝術的女神,被認為是梵天之妻,並創造了梵語。形象常為一面四臂,持維那琴、蓮花、經
卷和念珠,坐騎為天鵝或孔雀。

下他是否真的什麼語言都會說。他的母語是多格利語（Dogri），但他說願意用任何我會的語言來和我交談。於是我用波斯語、卡納塔語、泰米爾語、馬拉地語、古吉拉特語、信德語、康坎語[a]提了一些複雜的問題，而對每一個問題他都對答如流，發音和辭彙都很完美。這讓我很佩服，但還是有些半信半疑。我請他展示飄浮術，這是種很難成就但又非常容易展示的悉地。他同意了，幾秒後他的身體從地面升起，然後向四面八方飄移。雖說修習帕坦加利瑜伽法門，空中飄浮是能夠修成的悉地之一，但在我一生中，他是唯一向我證明能切實做到的人。許多練習過超覺靜坐的人，都聲稱自己在完成悉地課程後學會了飛翔，但他們所能做的不過是盤著腿蹦上蹦下。而這個人升到空中後懸停在那裡，想向左就能往左，想向右就能往右。他已經可以隨心所欲地任意飛行了。

　　他飄浮落地後，我們接著談話。

　　「非常有意思，」我說：「但你所做的不過是每只鳥在天上都能做的。你還能做別的什麼嗎？」我想刺激他展示些別的花樣。

　　「我會分身術。」他發現沒有打動我，顯然有些懊惱。於是，不用我再進一步提示，他就展示了讓身體出現在兩個不同地方的能力。

　　「我能有兩個以上的分身。」他宣稱道，然後在我眼前再次分身，出現在幾個不同的地方。

　　「這挺不錯的，」我說：「但我有一副身體就夠了。光這一

---

a　卡納塔語 (Kannada)：為印度南方卡納塔克邦官方語言，屬於達羅毗荼語系中泰米爾－卡納塔語支。泰米爾語 (Tamil)：歷史超過兩千年，屬達羅毗荼語系，通行於印度南部、斯里蘭卡東北部。馬拉地語 (Marathi)：在南印度馬哈拉施特拉邦流行，其文法和語法主要基於梵語。古吉拉特語 (Gujarati)：為印度古吉拉特邦等地主要語言。信德語 (Sindhi)：為巴基斯坦信德省語言，屬印度－雅利安語系，其書寫現在使用天城體或阿拉伯文。康坎語 (Konkani)：屬印歐語系印度－伊朗語族印度－雅利安語支，為印度果阿邦的官方語言，也是印度政府的官方語言之一，採用天城體書寫。

　　帕帕吉出生在印度教及穆斯林社區共居的旁遮普地區，自小學習波斯語及烏爾都語，身為業務，又於孟買接觸馬拉地人和古吉拉特人，於南印度求道時，薰習了泰米爾語文化。雖然這些語言有相似之處，但他的語言天份依然讓人驚歎。

個已經讓我受夠了。為什麼我還要有五六副身體來徒增煩惱呢？此外，這些身體又能持續多久呢？你有六副身體就能活上六倍壽命嗎？我可不這麼認為。當一個身體死亡時，其他的身體也都會死。」

「我有些能力還是非常實用的，」他回答：「我展示給您看。您想吃點什麼？」

我朝四周看了看。數里之內沒有人煙，放眼所及，寸草不生，他身上也沒有能藏食物的袋子。

「你打算到哪裡找吃的？」我問道。之前我一直像當地人一樣吃些植物塊根與菜葉，因為這片區域沒有別的食物可供選擇。

他說：「我有另一種悉地，如果我想要食物的話，食物就會送過來。有一位女神把這項能力賜予了我。我只要呼喚她，告訴她我想要什麼，然後那樣東西就會立即出現在面前。」

於是我點了一盤瓦拉納西的特色菜，過了幾秒鐘，它就出現在了我的面前。我嘗了一下，必須承認在瓦拉納西同類菜色中，這可以算得上是最出色的了。

「你還能做什麼？」我問。這個人是我朝聖之旅中非常有趣的際遇，我想看看他還掌握了一些什麼本領。

「我能到別的星球去，也能在所有精微世界中自由地遨遊。只有一個地方我去不了。我無論什麼時候試圖進入梵界（Brahma Loka）時，大門守衛都不讓我進入。這是全宇宙我無法參觀的唯一地方。我的上師也有同樣的問題，他也沒法進去。守門者（dwarpallas）就是不讓他進入。梵界是不返之地，一旦進去了，就永遠不會重返輪迴的世界。唯有證悟者才能進入，我的上師和我都沒有達到那種狀態。」

儘管他始終很樂意展示自己的悉地，但並不是恃才傲物之人，他知道生命遠不止這些超自然的把戲。

他接著說：「我的上師曾說，這些悉地並不是最高的成就。他說這些力量只是來自頭腦；而真知（jnana），或者說真實的了

知，才是最高的成就。

「我的上師對我說：『要找到讓你達到這種究竟成就的人很難。我不具備這種智慧，也從沒遇到誰有。這是種非常稀有的成就，我已經把所知道的一切傾囊相授，但我沒法給予你這究竟的智慧，因為我自己也沒有。我死後，你應該離開這裡，去找能向你指出什麼是真知的人。』

「我的上師兩年前過世了，他活了九十二歲。他離世後，我遊遍了全國，想尋找這樣的人。我甚至參加了一次大壺節，希望找到可以教我的人。我遇見了許多瑜伽士，但沒有一位是具備究竟智慧的智者。我告訴所有遇見的人，我已經學會了所有的悉地，還向他們展示我所言不虛。可是，只要瑜伽士見到我所具有的能力，就想請我教他們表演類似的技能。這些東西可不是一個下午就能學會的。如果我覺得求道者是認真的，我會告訴他，應該和我一起去喜馬拉雅山，並和我在一起待上個幾年。在我遇見的人中，沒有一個願意做出這樣的承諾，所以我也從沒向人傳授過我的知識。

「最終我無功而返。沒有找到什麼弟子可教，也沒有找到有能力讓我獲得真知的人，那可是上師告訴我要去尋找的。

「所有的瑜伽法門我都修完了，也遇見過一些修完這些的人。這些瑜伽技能用來表演、打動別人都很管用，但無法把你從束縛中解脫出來，不能切斷無止盡的痛苦輪迴。」

我注意到這位瑜伽士帶著根特別的棍子，他對這根棍子極其恭敬呵護。我很好奇這根棍子對他有什麼意義，就向他提問。

他說：「這是我的上師給我的，他向我傳遞的力量和知識都在這根棍子裡了。只要我擁有它，就會擁有和我上師同樣的能力。」

「這根棍子阻礙了你的證悟，」我告訴他：「你認為自己從它那裡得到能量和知識，並執迷於此。如果你真的像你說的那樣渴求真知，就必須放棄你的棍子以及它所帶來的一切力量。我可以

幫你，但你要是不把棍子扔到河裡，我什麼都不會做。」

　　他肯定是相信我了，因為考慮了幾秒鐘後，他就把棍子扔進了幾碼外湍流的河水中。瞬間，他的寶貝棍子就被沖走了。棍子消失後，我請他隨意展示一種悉地。他非常確信他的能力都繫在那根棍子中，沒了棍子，他連最簡單的瑜伽技能都做不出來了。

　　在看到他不斷失敗後，我告訴他：「那就是你的力量，有來，有去，是無常的。它會隨著時間成就，就會隨著時間消失。現在我要給你看的是和時間無關的東西。我要給你看的是你不會丟失、也丟失不掉的東西。我要給你看你真正的自己。」

　　我非常有信心自己能做到，因為從他臉上就能看出他是個純潔的人，已經準備好了要體悟真相。他對自己的瑜伽成就很自豪，這誰都難免。他見過了印度所有的大瑜伽士，但沒人能像他那樣掌握這些悉地。

　　「靜靜地在我面前坐下。」我說。

　　我們面對面坐著，深深看進彼此的眼睛。我很特別地看了他一眼，幾乎沒有給過其他人這種注視。

　　他瞬間就明白了。在這個永恆的時刻，他大叫：「我明白了！我明白了！我就是！我就是梵，坐於一切眾生心中，隨各自業力而引導其行動。當業報停息，一切都融入我！」

　　他的新發現讓他非常興奮。當一個人拋棄短暫不實，而於內在找到真實與永恆，這真是奇妙的一刻。每個人的反應各不相同。這個人發出他最大的聲音，呼喊出他的歡樂。

　　當他略微平靜下來時，我問他是否滿意。

　　「你還有什麼渴望，還需要什麼嗎？」我問道。

　　他出人意料地回答：「有。」

　　然後他開始解釋：「我的上師曾對我說：『如果你真的找到能給你這種真知的人，你必須用餘生來服侍他。然而即使用你一輩子來服侍，也不足以回報他給你的無上恩德。』

　　「如今我明白了他要我明白的真理。您向我展示了我是誰，我

想要回報您，好好服侍您直到您離世。」

那時我體格健壯，身體靈活，不需要人幫我做事，尤其不需要有人到處都跟著我。我喜歡自由自在地去任何想去的地方，不要誰的跟隨。我喜歡長時間一個人待著，如果有人隨時隨地跟著我，要服侍我，我就無法如願了。

我對他說：「我不需要任何人的服侍，我完全有能力照顧好自己。現在，你想做什麼都可以去做，你的功課已經完成了。留在這裡也可以，如果你樂意的話。現在你已獲得了這一真知，會有其他人來向你尋求指引的。」

告別前我們又再靜靜地坐了一會。我繼續上路，他依然坐在我們相遇的地方——那個地方就算相隔著數英里，依然能看見。我大約走了半小時後，回頭望去，見到他依然坐在同樣的地方，注視著我所走的方向。再走了幾分鐘之後，我就從他的視野中消失了。我們再也沒有見過彼此。

這是帕帕吉最喜歡的故事之一，他講述過多次。有次講完後，我問他：「那位瑜伽士談到各種天界，真有這些地方嗎？真有一個叫做梵界的地方，只有證悟者才能進入嗎？您去過那裡嗎？」

他回答：「科學對很多地方還一無所知。這個梵界是由超級頭腦（Super Mind）所造就的。瑜伽士的渴望會在精微的層面展現出這樣的世界，他可以進去享樂。所有的世界，無論多麼精微，都只是心的投射。如果我渴望進入這類世界，我就能進去享受，但我並不渴望。當完全沒有渴望時，這些世界根本就不會展現。」

帕帕吉繼續講述他探尋天國之路的最後一段歷險記：

幾天後在一個海拔更高的地方，我還有一次更奇特的經歷。某處道路一轉，我見到濕婆和雪山神女（Parvati）就在面前，似

乎正在玩擲骰子遊戲。

濕婆抬起頭來朝我微微一笑，並對雪山神女說：「來了一位好信徒。我們好好招待他吧。」

雪山神女在地上鋪了一塊熊皮，請我入座。我舒服地坐下後，她為我準備了一些米布丁（payasam），這是一種南方的甜粥。我吃得津津有味，粥帶有一種來自天界的味道，令人難以忘懷。每當我回味時，嘴裡就會湧現同樣的味道。即使過了數十年，依然唇齒留香。

在享受了甜粥及他們的陪伴後，我決定回到平原。我去到高聳的喜馬拉雅山尋找天國，最終遇到了濕婆和雪山神女，並受到了他們親自款待，對我來說這就足夠了。我不覺得還要匆匆忙忙繼續我的旅程了。我循著來時的路回到了喬詩寺院[a]，商羯羅阿闍黎的大道場之一。我在安納普爾那山洞（Annapurna Cave）住了幾天，經歷這一番跋涉後，我需要休息。據說商羯羅就是在這個山洞中寫了《分別寶鬘》（*Vivekachudamani*）和對奧義書的一些注疏。也是在這裡他派出了四位弟子去傳法：詩睿蘇瓦那阿闍黎（Sureshwaracharya）去斯瑞格里（Sringeri）；蓮花足（Pedampada）去德瓦卡辟塔（Dwarka Peetam）；持庵摩羅（Hastamalaka）去巴德利卡道場（Badrika Ashram）；托塔卡阿闍黎（Trotakacharya）去嘉嘎納特普里（Jagannath Puri）。

帕帕吉在1950年代某個時期又重訪此地。有位弟子給了他帕拉宏撒‧尤迦南達寫的《一個瑜伽行者的自傳》[b]。在書裡，

---

a 喬詩寺院（Joshi Math 或作 Jyotir Math, Jyotir Pitha）：北阿坎德邦喬提瑪特城的寺廟，靠近巴德里納特，又稱北方寺，是商羯羅於八世紀建立的四大寺廟之一，第一任住持為商羯羅弟子托塔卡阿闍黎。

b 帕拉宏撒‧尤迦南達（Paramahamsa Yogananda, 1893-1952）：著名印度瑜伽士，教授及禪修克利亞瑜伽。其作品《一個瑜伽行者的自傳》對西方人產生了極大影響。

作者記述其傳承來自一位不老的瑜伽士，名叫巴巴吉[a]，會時不時對其弟子顯現。尤迦南達聲稱巴巴吉已經有上千歲了，雖然年歲悠久，他依然保持著永恆年輕的身形。帕帕吉想要探訪，去喜馬拉雅山看看是否能夠找到這位神龍見首不見尾的巴巴吉。

他來到巴德里納特北邊的荒地，開始大喊：「巴巴吉，如果你真的存在，請出現在我面前。」

過了幾分鐘，一個形象化現在他面前。兩個人彼此對視了一會，但是沒有交流一個字。

後來帕帕吉對他在勒克瑙的弟子說：「我看到他的眼睛時，就立刻有種強烈的感覺，我站在古仙人戍羯天[b]面前。如果這是真的，那麼他應該有好幾千歲了。」

我向帕帕吉問及這次與巴巴吉的會晤時，他的回答讓我很是吃驚。他說：「我從沒遇見過巴巴吉。在1950年代有人試圖說我就是巴巴吉，但是我從不鼓勵他們這麼說。」

帕帕吉從沒說過在巴德里納特在他面前顯現的那名男子是巴巴吉。雖然他當時確實喊了這個名字，隨之有人清晰地顯現了，但帕帕吉似乎並不相信那就是他所喊名字的那個人。

雖然兩次旅途——探尋通往天國之路，以及尋找巴巴吉，都沒有達到起初的目標，但卻帶來了一些有趣的靈性邂逅。還有另一次旅行，同樣是去尋找傳奇神蹟，但這次完全沒有成功。此事發生在1966年，就在帕帕吉辭去礦場經理一職不久之後。

18
帕帕吉傳・一切從未分離

a 巴巴吉（Mahavatar Babaji）：傳說中的不死的印度教聖人瑜伽士，在1861-1935年間有報導遇見他現身，人們尊稱他為巴巴吉，即「尊敬的父親」之意。尤迦南達在《一個瑜伽行者的自傳》中記載巴巴吉把瑜伽傳給商羯羅和卡比爾，現在依然與其弟子們在喜馬拉雅山區行走，誠心的有緣者能夠見到他。書中敘述了其師祖拿希里・馬哈賽從巴巴吉處得法，及上師聖尤地斯瓦爾與之相見的場景。
b 蘇羯天（Sukadev）：又名戍羯天，廣博仙人之子，為《薄伽梵往世書》的主要敘述者。根據《摩訶婆羅多》，廣博仙人修行百年後，戍羯從火把中誕生，師從迦納卡國王終至解脫。不二論上師傳承的智仙傳承的第五位也是最後一位。

達塔特瑞亞・巴克惹醫生（Dr Dattatreya Bakre）和我一起去瑞詩凱詩。他想去一趟德瓦普拉亞格，為他的先人舉辦祭祖儀式[c]。這些儀式傳統上是在阿拉克南達河和巴吉拉希河交匯處進行。我和他同行，並且問他我是否能為自己舉行這種儀式。

　　他說：「可以，只是你這麼做的話，就表示出家了。儀式結束後，你就再也不能進家門了。在你死後，你的兒子蘇仁德拉就不需要再為你做這些儀式，因為已經做過了。這比較像是當個出家雲遊僧，你不再是個『人』，而且要切斷和家庭的各種聯繫。」

　　儀式結束後，我請醫生自行回到住處，因為我想繼續一個人旅行。很多年前我就聽說在喜馬拉雅山裡有個神祕的地方，仙人們住在一個特別的道場裡，不間斷地持續唱誦著吠陀。我在一本叫做《狂喜瑜伽士》（*Mastana Jogi*）的雜誌裡讀到過這個地方，應該是很多年前我在拉合爾時讀的。寫文章的人宣稱自己在哈德瓦的訶利臺階[d]洗澡時，忽然感到自己被抬到了空中，然後被帶到了喜馬拉雅山的高處，接著似乎降落到了一片熊熊大火之中。當他被烈焰吞噬時，感到自己的整個身體在某種程度上得到了淨化，但肉體並沒有真的被灼傷。從火裡出來時，他見到許多仙人坐在面前的山洞裡。在他的描述中，仙人們都有著長長的灰色頭髮，雜亂濃密的眉毛，以及非常寬大的紅眼睛。

　　很顯然，仙人們很久沒有見過訪客了。他們看著他，並問他現在是哪一時。在一劫中有四時[e]：圓滿時、三分時、二分時、爭

c　祖先祭 (shraddha)：字面意義為「以全部真誠和信心行一切事」，是傳統印度教祭祀儀式，用來利益先祖，尤其是過世的父母。

d　訶利臺階 (Har-ki-Pairi)：Hari，訶利，毗濕奴的神名之一；ki-，表示從屬關係；Pairi，指臺階。「訶利臺階」是哈德瓦的一處聖地，是恆河流下高山進入平原的地點，印度教徒們經常在此進行恆河的敬拜儀式。每十二年於哈德瓦舉行的大壺節活動起始點就在此。

e　時 (yuga)：為印度時間單位，一劫 (kalpa) 有四時：（一）圓滿時 (krita yuga，此處英文作satya)，相當於一百七十二萬八千年；（二）三分時 (treta yuga)，相當於一百二十九萬六千年；（三）二分時 (dvapaya yuga)，相當於八十六萬四千年。（四）爭鬥時 (kali yuga)，相當於四十三萬二千年。四者凡四百三十二萬年。此外，據上記「一劫四時」之說法，婆羅門教認為四時相較，時間上愈形短少，人類道德亦日趨低落，若爭鬥時結束即為劫末。

鬥時。每一時都持續數千年。

　　仙人們還說他們打算要住在那裡唱誦吠陀直至爭鬥時，也就是這一劫中最後一時結束。當爭鬥時快結束的時候，他們就計畫下到平原，去卡舍（Kashi，即瓦拉納西）。他們正在等待宇宙消融的那刻，也就是大消融（mahapralaya）。他們說，到那時大地上每個生靈都會被徹底摧毀。

　　這個故事一直讓我好奇，我想知道喜馬拉雅山上是否真的有住了數千年的仙人。我遊遍了文章中提到的那個區域，但沒有找到任何洞穴或仙人的蹤跡。

　　1960年代末，帕帕吉開始遇見一些來瑞詩凱詩尋求開悟的外國人。第一批遇到他的人中有一位比利時女子，名叫吉內維耶芙·德古（Genevieve Decoux），之後他為她改名為蜜拉（Meera）。以下是她講述與帕帕吉在1968年12月相遇的情景。

　　我在非洲度過了非常快樂的童年，但來比利時上高中和大學後，我開始對生活中的一切都深深不滿。「什麼是生命？什麼是活著的意義？」這些問題始終困擾著我。我沒能力找到滿意的答案，這讓我愈發不快樂了。我極度渴望找到答案，因為我知道自己一切的幸福都依賴這點。考古學系二年級的課程中有哲學課，我在複習考試時讀到蘇格拉底的名言「認識你自己」，這句話深深打動了我，我知道我找到了問題的答案。

　　我當天就從大學退學，回家對母親說：「我必須要去找一位像蘇格拉底一樣的智者，我聽說在印度能找到這樣的人。我打算立刻動身，沒有找到一位能讓我知道自己是誰的上師，我就不打算回來。」

　　儘管我當時才二十歲，母親卻沒有反對我的計畫。我想她見到了我的決心，很可能知道無論說什麼都不會改變我的決定。

　　之後幾天我又是乞討又是借債，才籌到足夠的錢上路，一周

內我就動身了。我記得大概就帶了一瓶紅酒、一袋麵包和洋蔥在路上吃。我囑咐母親在我離開前不要告訴父親，因為我知道他會阻止的。因為我還沒滿二十一歲，所以他在法律上有權利阻止我這趟旅行。母親幫了我一把，對父親說我要去朋友家住上幾天，她在我動身後第三天才對他吐露實情。

我沒什麼錢，於是就一路搭便車到了伊斯坦堡，之後隨著嬉皮們的腳步到了印度。

我在阿富汗停留了一段時間，和一位住在喀布爾山區一帶的蘇菲派教徒住了兩三個月。但最後我認定他不是我尋找的老師，於是我繼續上路，大約在1968年8月到達印度。

我一出德里火車站，就開始打聽各方上師的情況，立刻收集到一長串地址，遍佈全印度。不知怎麼，我沒有什麼熱情去一一考察列表上的名字，相反，我認定如果我註定要遇見一名老師，那麼就會在對的時間、對的地點發生。我自然而然地認定，只要見到這個老師，我就能認出來。

由於我聽說的大部分道場和上師都在喜馬拉雅山區，我決定直接去瑞詩凱詩，順其自然。到達後，我在斯瓦格道場找到了住處，而且立刻愛上了恆河。我在那裡過著簡單的生活。每天大部分時間都在瑞詩凱詩或哈德瓦沿著恆河岸邊行走，希望能遇見我那神祕莫測的上師。

有一次，我在七湖[a]附近散步，那是哈德瓦的上游，我找到了一名叫倡陀羅・斯瓦米（Chandra Swami）的人，他獨自住在恆河中間的島上。我感覺他也許是位聖人，值得留在他身邊，於是我開始每天去找他。他給我灌頂，傳了一句咒語，對他來說這也是一個新的開始，因為之前他從沒給婦女或外國人灌過頂。

在超過兩個月的時間裡我會定期去見他，但最後我決定：「我

---

a　七湖（Sapt Sarovar）：位於哈德瓦，傳說七位仙人在此禪修而恆河為不打擾其修行在此分為七股小泉。

已經聽夠別人的教誨了。我想親自找到真理。我會自己過下去，等到真理自行向我揭示。」

我離開斯瓦格道場，搬進了附近的一個山洞裡。之後幾周我大部分時間都在打坐或在恆河沐浴。午飯時我會從道場取一些佈施。說是「打坐」，但我並沒有任何正式的禪修。我只是靜靜地坐著，看著在我內在所發生著的……我一直這麼過到了12月初。雖然簽證已經過期，但沒達成此行目的之前，我沒有絲毫離開的打算。

儘管生活簡單，但我偶爾也需要用到錢。12月的某天，我發現自己只剩下最後一個盧比，就決定去吉祥天女旅館（Lakshmi Hotel），用這個盧比買杯茶。那時我有一本書，是卡比爾的詩集。我帶著書去了旅館，邊喝茶邊看。

我坐著讀書時，有位男子走了過來，站在桌邊說道：「你想理解這些詩說的是什麼嗎，我親愛的孩子？也許我能幫你。」

我已經受夠了別人殷勤的幫助，於是就編了個說法打發他：「不，謝謝。我在濕婆南達道場（Sivananda Ashram）聽課，如果我有需要，可以請那裡的人幫忙。」

這人看來非常慈祥。他再次提議並補充說：「如果你需要我，每天早晨五點你能在恆河邊找到我。」

兩天之後我做了個很清晰的夢，夢境如此清晰，一定是某種淨顯。我眼前出現了這個男子的臉，他說：「可能我就是你在找的人。」

第二天早上我決定去他說的地方找他。如他所說，他就在那裡，坐在河邊。他認出我後就開始大笑，但那是一種溫和而友好的笑。他一邊笑一邊讓我坐在他身邊。

等他笑完了，就轉頭問我：「你想要什麼？為什麼你要來見我？」

我那時很無知，以一種非常戲劇化的方式大聲宣佈：「我想要宇宙覺性，如果有別的比這個更好，我也想要！」

這又引起了他的一陣爆笑。

「那麼為了得到它，你要做些什麼呢？」笑聲停了，他又這樣問道。

「我打坐。」

「那麼打坐一下讓我看看。」他說。

我閉上眼睛，試著在他面前打坐。我不記得眼睛閉了多久，但過了一段時間我突然決定睜開眼睛。我環顧四周，看到了天空和恆河。就在看的這一瞬間，茅塞頓開：一個極其簡單而明顯的東西，向我展露無遺。雖然它鮮明生動，但卻不是什麼戲劇化的爆炸場景，更像是一種安靜的領悟，突然之間認出了某個一直都在的東西。

我看向他，但能說的只有：「太簡單了，太簡單了。」我拜倒在他腳邊，知道自己找到了一直在尋找的上師。我知道他是我的上師，不單單是因為他給了我這種體驗，還有別的東西。我看著他的時候，強烈感覺到我認識他已經很久了，只是暫時忘記了他是誰。隨著這種奇怪的感受，出現一種強烈的吸引。我想要一生都和這個人在一起，我不想讓他離開我的視線。可是，他接下來的話，卻重重打擊了我。

「你現在可以走了。你已經得到了想要的。你現在可以走了。」

我嚇了一跳。經過幾個月的艱辛尋找和修行，我終於找到了我的上師。他給了我這次非凡的體驗，現在卻又要走出我的生命。我再三乞求，但他拒絕讓我留在他身邊。我覺得自己就像闖入了某個瘋狂的禪宗故事，又被踢了出來。

最後他把我推開，並說：「我現在必須走了。如果你還需要我，我會再找到你的。」

他走後，我才意識到我竟對他一無所知：我不知道他的名字，不知道他是哪個城鎮過來的，不知道他之後要到哪裡去……我甚至不知道他在瑞詩凱詩的住處。我唯一知道的是他早上五點會坐在恆河某段岸邊。

我走回了斯瓦格道場附近的山洞。雖然以這樣的方式丟失了上師的蹤跡讓我很失望，但我還處於某種狂喜的狀態中。空氣中有種奇特的香氣，我辨別不出是什麼。在他身邊我的那種體驗似乎是終極而圓滿的。我覺得他也不可能再給我帶來更多的東西了，但與此同時，我卻懷有一種折磨人的渴望，揮之不去，想要在身體上靠近他，想一直陪在他身邊。不過，狂喜最終掃除了所有失望的痕跡，徹底地充盈了我，我開始奔跑，開始跳舞。我跑進附近的森林裡，開始擁抱和親吻那裡所有的樹。我感到與周圍的一切徹底融為一體，我想擁抱見到的一切來表達我的愛。

之後，我坐下來，開始琢磨怎麼才能再次見到這個人。「他偶爾會出現在河邊。」我想：「雖然他說早上五點他會來，但他隨時都可能出現。我要是不一直盯著這段河岸，就很可能錯過他。我必須找個地方能時刻不停地監視這段河岸。」

我向四周張望，看到了河邊一棵漂亮的大樹。坐在樹蔭下，我發現能把老師可能出現的這片區域看得清清楚楚。我回到山洞，簡單收拾了下行李，就開始住在那棵樹下。狂喜的狀態抹去了露天生活的諸多不便。在瑞詩凱詩這樣的朝聖中心，這麼生活並非難事。我穿著傳統的雲遊僧橙色袍子，所以當地人非常尊重我，雖然我從不和他們說話。我只有這麼一件衣服，所以要洗的時候我就站在齊腰深的河裡，穿在身上直接洗衣服。我有一條毯子，剛好夠我在攝氏三到四度的夜裡禦寒。

一開始我會去某些道場領取佈施，因為我沒錢買食物，不過當地人見我大部分時間都在樹下打坐，有些人就開始供養我。我打坐一段時間後睜開眼睛，會發現面前有盤食物。我從不知道那些食物從哪裡來，或是誰給的。我散步、在恆河裡游泳、打坐，但大部分時間我只是坐在樹下，看著人們沿著河岸來來往往。我知道遲早我的老師會再回來。

八個月後，他終於來了。一個傍晚，我正在樹下打坐，突然心生一念，要睜開眼睛向某處看去。他正向我走來，臉上帶著認

出了我的微笑。過去的八個月間，他離開了瑞詩凱詩，在印度別的地方會見弟子，但現在他回來了，要在恆河邊住上一段日子。

資料搜尋過程中出現這則故事時，帕帕吉評論道：「我認出了她內在的火，渴求解脫的火。這種火很罕見。我只在極少數人的臉上見到過，但是只需看這個女孩一眼，我就能明白她已把一生都用來尋求解脫了。」

帕帕吉不知道蜜拉一直在樹下耐心等著他。他離開八個月再回瑞詩凱詩時才發現這點：

我從勒克瑙回到了瑞詩凱詩。我乘船過了河，坐在岸邊一棵大樹下的長椅上，面對恆河涼爽的流水。我身邊坐著一對來自古吉拉特邦[a]的夫婦，指著岸邊一個女孩說：「她是我們在瑞詩凱詩見到唯一的女性苦行僧。」那就是我在吉祥天女餐廳遇見的女孩。他們告訴我這個女孩只有一件衣服，一條毛巾，大部分時間都在樹下坐著禪修。

古吉拉特來的女子對我說：「有一次，她出去散步，我丈夫在她坐著的布堆下面塞了點錢。她回來後發現了錢，就只是把錢扔進河裡，再回去打坐。」

蜜拉繼續敘述：

他仍然不讓我跟隨他，但他保證每天都會來樹下看我。從那天起，他每天都會在中午時出現，給我帶來一碗食物，坐在我身邊，我一邊吃，他一邊回答我所有累積起來要問他的修行問題。我告訴他第一次見面時有的體驗，以及那種隨之而來的妙樂讓我在物質條件上來看毫不舒適的情況下，以一種美麗平靜的狀態度

---

a　古吉拉特邦 (Gujarat)：位於印度最西部，西接阿拉伯海，北臨巴基斯坦。

過了八個月。我告訴他雖然過了幾個月，狂喜就開始消退了，但有一種強烈的平靜感取而代之。打坐時我有許多不尋常的體驗，我把所有的細節都跟他說了。他非常仔細地聽我說的每件事，大部分都給出了正面評價。在這些早期相處的時光中，我知道了他的名字是彭嘉，在勒克瑙有家庭，大部分時間都在周遊印度，與眾多弟子見面。

有一天他來得非常早，早到他不得不叫醒我。陪同他前來的是一位弟子，名叫巴爾提婆・拉哲（Baldev Raj）。在瑞詩凱詩大部分時間裡，他們兩人好像都在一起。

巴爾提婆・拉哲是帕帕吉在勒克瑙的弟子。他和帕帕吉在童年時就住得很近，但直到1960年代他們才再度相逢。兩人都在1940年代去勒克瑙避難，在城市的不同地方安頓了下來。

帕帕吉告訴我在六十年代末七十年代初，巴爾提婆・拉哲對帕帕吉有非常強烈的虔愛心，他的臉開始變化，變得很像帕帕吉。帕帕吉解釋說，當心裡充滿了對某種特定形象的愛時，身體和臉就會轉變為所愛的人的模樣。在這個例子中，這一轉變相當驚人：帕帕吉說巴爾提婆的太太有一次把他認錯是自己的丈夫，而給了他一個擁抱。

蜜拉剛開始和帕帕吉在一起的幾個月也發生了同樣的情況。幾年後，帕帕吉寫信給室利・德塞（Sri B. D. Desai），對此做了評論。提到這個話題是因為帕帕吉注意到室利・德塞的筆跡開始變得像他的了：

我看到你12月3日給塞萬・吉（Sewan Jee）信裡的筆跡和我的一模一樣。在這裡（勒克瑙）的每個人都相信那是我寫給塞萬・吉的信。只有蜜拉才能嗅出其中真正的含義，那就是虔愛的汨汨流動，若以上師之心為中心，那他的筆跡就可以變得與上師的相似。蜜拉告訴我三年前她也有過類似的情況。有次她在恆河沐浴

帕帕吉在步行去普洽提的路上休息，蜜拉的頭部出現在背景上。照片攝於兩人1969年第二次相遇後不久。

的時候，一個和她很熟的雲遊僧來找她，還問：「蜜拉在哪裡？」當蜜拉表明身分時，雲遊僧對眼前的變化大為震驚。

他說：「你已經長得太像你老師了。我沒有認出你來。你的外形，甚至你的性別似乎都已經變了。」

巴爾提婆‧拉哲和帕帕吉年齡很相近，身高也差不多，還來自同一個地方，所以他變得像帕帕吉也並不難。但蜜拉當時是二十歲的金髮女孩，必然是經歷了非同凡響的轉變才能讓非常熟悉她的人也認不出來了。現在就讓她繼續講述她的故事吧！

那天他一大早把我叫醒，邀請我和他與巴爾提婆‧拉哲一起上路。我們去了普洽提，當時的路並不像現在那麼好走。那是一間小道場，位於恆河岸瑞詩凱詩以北六公里處。這是他第一次允

許我和他一整天都在一起。我發現他住在當地的一處道場，他說我想找他的時候隨時能去那裡。從那時起，我就有更多時間和他一起了。除了中午帶食物給我，他早晨和下午也常來。就算他不來，我受到長期有效的邀請，可以去道場的房間找他。

這田園般的生活持續了大約一個半月，之後帕帕吉打擊我，說他要動身去南方，而我不能和他一起走。

我問他為什麼，他回答：「我這樣旅行時都是一個人上路，有時我需要一個人獨處。況且我之前也從沒和外國人一起上過路。」

我再也無法想像沒有他的生活，我再三乞求，他終於妥協了。他最終答應時，讓我簽了一份他寫在筆記本上的「合約」。合約明確規定，如果在旅途中他要求我離開，我承諾將不予爭執、不加推脫，說走就走。我快快樂樂地簽字了。只要能和他在一起，我什麼都會簽。

第二天早上我們坐著小船過了河，因為那時還沒有橋，然後再搭乘火車去往沃林達文。

帕帕吉的猶豫還有一個原因。他對我說：「沃林達文不是一個禪修的地方，而是虔愛的地方。我當時就告訴她了，但她不在乎，還是想和我一起來。我請她來了，但我請她答應無論何時我請她回瑞詩凱詩，她就必須得回去。」

現在是帕帕吉敘述之後的事：

到沃林達文後，我想和蜜拉一起拜訪朗嘎納塔寺[a]，但看門人說規定不允許外國人入內。他相當頑固，照章辦事。有個已經進

---

a　朗嘎納塔寺（Ranganatha Temple）：沃林達文的一座寺院。建於1851年，供奉朗嘎納塔（Ranganatha），即毗濕奴在神蛇舍沙身上休息的姿勢。英文原版記作Sri Ranganathaswamy Temple，這是位於泰米爾南都的著名供奉同一主尊的寺院，應為筆誤，故在中譯中加以修改。

1970年代帕帕吉在哈德瓦。巴爾提婆‧拉哲在最左，帕帕吉的妹妹蘇蜜特拉在最右，她的故事在《帕帕吉傳：一切從未發生》〈早年生活〉一章中多處提到。帕帕吉身邊分別是蘇蜜特拉的女兒和女婿。

入寺院朝拜的人見到我們和守門的人在爭執，就過來調解。他帶我們去見了道場的秘書，解釋說我們想進寺院拜神。秘書溫和有禮，但他解釋說寺院的章程就是禁止外國人入內。他說，他也反對這條規定，但同時，他必須強制實施，因為這是他受雇於寺院的職責所在。他已經提議改變這項章程，但至今寺院的管理委員會還沒就此事討論或投票表決過。他表示同情我們的處境，而拒絕我們入內並非他個人所能掌控，但他為我們安排了貴賓房住宿。後來我們發現這個富麗堂皇的房間以前只用來接待參觀沃林達文的部長級官員。他說我們想留多久都可以，他會安排早、中、晚飯送到我們房間。

我和蜜拉談到這件事，她記得其實他們後來進了寺院，還成功朝聖了：

他帶我們去了一座大寺院，但門口的人拒絕讓我們進去。帕帕吉拒絕接受「不准」的回應，和寺院的幾個負責人熱烈討論起來。不知怎麼的，我覺得他最後算是給這些人施了某種咒語，因為過了大約一個小時，他居然讓他們相信我是個婆羅門，儘管我有一頭金髮，不會說印度語。我們不僅進了寺院拜神，還被安排進了貴賓客房，那間房之前顯然只用來招待過首相。我們甚至沒有可以替換的乾淨衣服，但不知怎麼，最後我們受到了皇家般的禮遇。

當我踏進沃林達文的那一刻，就感到似曾相識。我之前從沒來過，但一切看起來都那麼熟悉。一走到街上，我就知道下一個轉角會出現什麼。

我之前從沒接觸過虔愛之道。我禪修是想開悟，但我從沒有聽過聖者會在對神的虔愛中迷失自己。帕帕吉帶我去了所有和黑天有關的地方，給我講了許多神和聖人的故事。我感覺如魚得水。這幾天我倆的舉止就像是狂熱的虔愛者。我在街上唱著跳著，而帕帕吉無數次見到了鍾愛的黑天。

我們剛到時，帕帕吉對我說：「帶你來這裡我冒了很大的風險。這裡不是禪修的地方，是虔愛的地方。我不知道是否適合你，不知道在這裡我們會發生什麼。」

我們兩個在那裡度過了美妙的十天，我覺得他從未後悔那次把我帶在身邊。

我和蜜拉談到他的狂喜舉止，想知道那到底是怎麼樣的展現：

大衛：他和你一起在沃林達文時，是否展現出了很多虔愛？

蜜拉：是的，他見到很多淨相，大部分時間都在狂喜中。他的臉變得完全不一樣，我在瑞詩凱詩的幾個月裡都沒見過那種臉。我

印象極其深刻。

大衛：他見到那些淨相時，有什麼表現？你是怎麼看出來的？

蜜拉：從外表看來，一切都停止了。他對周邊發生的事都毫無反應。然後，過了一會，他的身體略微顫抖。偶爾眼淚會從他的臉上滑落。

大衛：眼睛睜著還是閉著？

蜜拉：大多數時間他都睜著眼，但狂喜太過強烈時，他會閉上眼睛。淚水溢出，有時他還會無法控制地大笑。處在狂喜中時，他會發出一種極其特別的笑聲，完全不像平日的笑聲。
　　他眼睛睜開時，眼裡會有一種無可言喻的美麗。他正在見到神，而當他見到淨相之時，他的眼裡會映照出這種神聖。

大衛：他會在見到的當下就描述他的所見，還是之後才談起？

蜜拉：他會在之後談論他的淨觀，從不在發生的當下就談。淨相結束後，常會有一段時間的靜默，那時，他仍然被體驗占據著，無法開口。可能要在一個小時或更久之後，他才能說得出話，能重述那種體驗。

大衛：他見到的是什麼類型的形象？你記得什麼例子嗎？

蜜拉：這取決於他當時在哪裡，或者他剛好在說些什麼。因為當我們在沃林達文這個聖愛之地時，他經常見到黑天和牧牛女們聖愛擁抱的樣子。這種畫面經常出現在他面前。當他跟我講杜勒西達斯（Tulsidas）和卡比爾的虔愛故事時，他就會見到這些聖者。

我們去一些和黑天生平相關的地方時，他會見到數千年前在那裡發生的事情。對於那裡的空氣中瀰漫著的虔愛氣場，他都無比敞開。他會以某種方式，調到與之對應的頻率，然後他們就在他面前出現了。整個沃林達文充溢著朝聖者們的虔愛，上師只要調頻到和這無數虔愛者繫念神祇的念頭頻率一致，那些念頭就以淨相的形式展現在他面前。

這些淨相體驗有可能隨時出現。有時是他坐在自己屋裡，有時是我們外出散步時，有時甚至是我們正說著話時。

大衛：他像這樣的時候，如果有別的人在看，他會尷尬嗎？我時常感覺他喜歡隱藏他的虔愛，他不喜歡公開展現。

蜜拉：是的，如果身邊有很多人，或有他不認識的人，他會試著隱藏。但如果他和一小群熟人在一起，他似乎就不在乎了。

大衛：你認為他是有意讓這些體驗出現，還是說體驗只是發生了？

蜜拉：哦不，從來不是有意的。他似乎總會驚訝這些體驗的出現。在我看來，這些體驗像是不請自來，在他身上起舞一番，然後離開。

蜜拉所說的沃林達文浸潤在黑天虔愛者的虔愛之中，這是數千年之久日積月累的氛圍，帕帕吉也認同這種說法。帕帕吉常會說起一則有趣的故事，很好地說明了這點：

有一次我從哈德瓦坐夜車到沃林達文。路程大約要十二個小時，在清晨六點到達。同車的一人下了巴士，開始在街上走。走了幾步他遇見一名婦女正在路上大力掃著地，四周揚起了一大片飛塵。那人叫住她，問他經過時能不能暫停掃地，因為他不想弄

髒衣服。她同意了，在他走過時停下了幾秒。我當時走在他身後。

　　我和那位婦女擦身而過時，她對我說：「那個男的一定是新來的，要麼他就是來這裡辦別的事。真正瞭解這裡塵土神聖性的人不會要我停止掃地的。相反，他們會躺在地上，讓我把土掃到他們頭上，還會為此付我五或十個盧比。那人不知道這裡的一切是多麼神聖。」

　　現在再回到帕帕吉和蜜拉在沃林達文的朝聖之旅。帕帕吉享用了幾天豪華的貴賓客房後，決定搬去一間不那麼招搖惹眼的房間。他決定去看附近帕嘎爾巴巴（Pagal baba）的道場裡是否還有房間。帕嘎爾在印地語裡表示「瘋子」。

　　我帶蜜拉看了沃林達文所有重要的景點。她告訴我覺得自己曾在這裡住過，因為即使是最小的巷子她都熟悉。她相當狂喜，以至於開始像蜜拉柏[a]一樣穿街過巷地起舞。許多來鎮上的朝聖者也加入了她，跟著她一起在街上來回跳舞。

　　我決定搬出貴賓客房，去找一間較小的屋子。我去找帕嘎爾巴巴，他是鎮上的一位瘋子師父，去問他是否有住處，因為我知道他的道場裡有幾個房間。巴巴熱情地歡迎我們，並且立刻送了我一根「海軍指揮官牌」（Commander's navy cut）捲菸，在當時可算是奢侈品。巴巴是個大菸槍，而那是他最愛的牌子。他常會連著睡上好幾天，所以我們很走運能在他醒著時碰到他。就像我說的，他熱情地歡迎了我們，請他一個秘書給我們安排房間。

　　我想知道蜜拉會如何講述在瑞詩凱詩及沃林達文和帕帕吉共同度過的這幾個月，於是就在某個下午帕帕吉睡著的時候去採訪她。上述的回憶文字都來自這次採訪。等到下午四點帕帕

---

a　蜜拉柏（Mira Bai）：虔信黑天的著名詩人，柏（Bai）是女士的敬稱。

吉醒來，過來喝茶。我們沒有告訴他我們談了什麼，但他似乎都知道。

他對蜜拉說：「你還沒說在帕嘎爾巴巴道場裡那個嬰兒的故事。告訴他那個大頭嬰兒的事。」

蜜拉完全把這件事給忘了，但隨著帕帕吉給出的提示，她記起了下面的細節：

我們搬去了帕嘎爾巴巴的道場，此人是沃林達文非常有名的聖者。儘管他菸抽個不停，看起來行為怪異，但他非常慈祥而慷慨。他似乎完全愛上了上師。他之前沒有見過我倆，但我們一走進去他就請他的助手們來幫我們安頓妥當。這裡的房間比先前的要小，但卻招待得一樣周到。

有天一對夫婦走進道場，帶著一個病重的嬰兒。看得出孩子病得很嚴重，因為他頭腫脹得厲害，是正常孩子的兩倍大。我不知道出了什麼問題。也許是生了腫瘤，或是腦積水。無論如何，我們很快就知道他的父母已知無藥可醫，所以他們帶孩子去見所有能找到的聖者，希望能奇蹟般治癒這個病。我記得他們中的一人說孩子預期只能再活幾周了。當時帕嘎爾巴巴不在，嬰兒就被帶到了我們跟前。母親一把孩子放在上師腿上，就和她丈夫一起消失了。我們以為他們是去給嬰兒準備食物，或去上洗手間了。

過了幾分鐘，上師突然警覺起來。他大聲喊我：「快！去看他們在哪裡！去看發生了什麼！」

我衝出去，發現那個母親正要坐上他們的小車出發。在我看來，這兩人是準備開溜，把嬰兒留給我們。我請她回來帶孩子。她道了歉，說她心亂如麻，完全忘了嬰兒。我個人認為，她是覺得把孩子留給一位聖者是她所能做的最好選擇。上師把嬰兒交還給他們，過了幾分鐘他們就都離開了。

一個月後她再來，帶著甜點、花環和一個健康的嬰兒。我們當時不在道場，後來才聽到這事。嬰兒的狀況推翻了醫生的診斷，

突然間就好轉了起來。

我問上師是否做了什麼，他說：「沒有。他們只是有著強烈的信心，相信如果把孩子帶給一位聖者，就會發生些什麼。所以就發生了。如果你信心足夠強，就會發生這樣的奇蹟。」

我問蜜拉，她在沃林達文街道上跳舞時帕帕吉是否會加入。我收到其他人的回信，說目睹帕帕吉在狂喜中起舞，這就促使我向蜜拉提出這一問題。一名來自瑞詩凱詩叫做巴拉瑜伽士（Balayogi）的師父深情回憶起帕帕吉於70年代早期在街上起舞，偶爾咬一口捲在他手中的某種卡惹拉（Karela）餡的烤薄餅。這一定是極不尋常的淨相，因為那時帕帕吉已經大約六十歲，體重大概有八十公斤。卡惹拉是印地語裡「苦瓜」的意思，一種很小但非常苦的南瓜屬植物。

蜜拉告訴我她從沒見過他跳舞，所以這類情形不可能是常常出現的。儘管他很少會談起，不過也曾說過一次他在沃林達文和黑天及蜜拉柏一起跳舞，蜜拉柏是七百年前著名的黑天虔愛者。帕帕吉經常在薩特桑上說到蜜拉柏的故事，通常會說到她是公主，放棄了家庭和皇室地位，只為追尋她對黑天的熱情。我向帕帕吉問及跳舞的事，得到了以下答覆：

從孩提早期我就深深被黑天吸引。我有個奇怪的想法：他只能被女人見到，因為在所有我讀到的故事裡，他只對沃林達文的牧牛女們現身。我有一些特別的女人衣服，我想要黑天出現時，就會穿上。我還買了首飾來配衣服。我會化妝，穿戴好首飾和衣服，在腿上彈奏一種叫依喀塔拉[a]的單弦樂器，向黑天歌唱。我曾在一張畫像上見過蜜拉柏以這個姿勢獻唱，黑天對其現身，所以

---

a 依喀塔拉（Ekatara）：流行於印度北部及孟加拉的一種單弦琴，以乾燥的南瓜或葫蘆附上動物皮作為共鳴箱。

我想也許我應該試一下，看看是否奏效。

後來我讀到蜜拉柏的完整傳記。有幾次，她在黑天面前起舞時，黑天就出現在她面前。我想如果我想黑天出現的話，我也可以這樣做做看。

有一次在沃林達文，我關上了房門，徹夜跳舞。黑天出現了，蜜拉柏也出現了。我們三個一起跳了好幾個小時。這場聖舞的狂喜吞噬了一切。之後的幾周，無論我往哪兒看，都只見到黑天和蜜拉柏起舞。

在帕帕吉看來，只有不經頭腦而展現的舞蹈才真的美。他說：「看到人們在薩特桑中在我面前唱歌跳舞時，我不只是在聽詞句或看動作，我還要見到這歌舞是源自哪裡。如果詞句和動作來自頭腦，那麼對我而言，即使表演者是有技巧有成就的專業人員，但看起來或聽起來都是醜的。如果歌唱和跳舞發自於心，源於無念之處，就算唱得走調、跳得笨拙，對我來說這種表演也永遠是美的。」

他這樣說的時候，常會講述兩個故事作為佐證，那是他很多年前見過的舞者。

有一次我看到一名男子在南印度高韋里河邊跳舞。看起來他只是自顧自地跳。

我心說：「他為誰而舞？」

通常有這類表演時都會有一群人圍觀。我環顧四周，森林裡杳無人煙。荒郊野外，一直延伸到河岸。他閉目而舞，根本不在乎是否有人看他。那是美麗的、無自我意識的舞蹈，是自發表達內在妙樂者之舞。我從沒見過這樣的舞者。我被他的表演深深打動了，想走上前和他交談，但他已完全沉浸於內在世界了。有一兩次，他睜開了眼睛，但他見不到我，即使我就在他的視野中。他睜著眼睛，但一無所見。他的注意力絲毫不向外。我能感受到，

這是內心的美妙外現為肢體動作，我於是悄然離去，讓他繼續享受他的舞蹈。

我還見過許多舞蹈表演，包括西方和印度的，但我從沒見過任何一名專業舞者能有這個人所具備的美。這人的舞姿中有一種氣韻、一種況味，是無法單純靠練習而獲得的。

我見過另一個有類似表現的人。那是很久之前，在1945年，我還住在馬德拉斯時。我參拜一所濕婆神廟時見到有人起舞。他同樣覺知不到自己正在跳舞。他整日整夜地跳。人們把吃的放進他嘴裡，但他甚至意識不到別人正在餵他。他觸到了內在之美，而那種美給予他能量，讓他能持續美妙地起舞數小時。這並不只是某個人在狂喜中亂跳一番。他所有的步伐、所有的動作全都恰到好處，所以他必然接受過常規訓練。但由於對濕婆的虔愛，他學會了超越身體和心識的限制。由於對濕婆深切的虔愛，他學會了像濕婆一樣跳舞，那就是不帶著頭腦、不帶著對身體的覺察地舞動著。當你愛上了你的真我時，這就是最美的藝術、最棒的展現。

在沃林達文住了十天後，帕帕吉決定回勒克瑙去銀行領錢。他本來打算去拉瑪那道場，但到勒克瑙後改了主意。蜜拉繼續敘述道：

到勒克瑙後，我立刻被介紹給了上師的父母。在我看來，他母親是位非常堅強的女士。她好像是幾位婦女的上師，她們來聽她的拜讚歌。我沒法和她交談，因為她只懂旁遮普語，但她家的氛圍很好，整所房子裡都充滿著虔愛。上師父親的英文說得非常出色，但他幾乎不和人說話，有一種無聲的莊重。

除了我同他和巴爾提婆·拉哲共處的日子，我之前沒見過上師和眾弟子在一起。在勒克瑙，我驚訝地發現他是那麼多人的上師。當大家知道他在鎮上，無論他住在哪裡，都有絡繹不絕的人

來拜訪他。那段時間並沒有特別的薩特桑。無論人們什麼時候上門，他都會接見。

在瑞詩凱詩，他用一種純粹的不二論方式和我交談。在勒克瑙，就轉成更為傳統的虔愛道的方式。他會講述聖者的生平，對《羅摩衍那》、《薄伽梵歌》等經文裡偈頌進行解釋。上師似乎是按照來人的不同根器而調整教法，並不是給所有人說一樣的話。

那時他非常自給自足。他常常親自下廚，喜愛出門採購，為家人買菜做飯。我看著他賣力地討價還價，還發現他會仔細挑選每棵蔬菜，然後才放進袋裡。如果他在廚房準備什麼，會經常讓我進來，教我怎麼烹飪。

其他時間裡，如果沒有訪客，他就靜靜地坐著，或者大聲朗誦《薄伽梵往世書》（*Bhagavatam*）的章節。他非常愛這本書。有一次，他在哈德瓦時決定要向恆河大聲朗誦整本書。他坐在一個人跡罕至的地方，每天向她朗誦一段，直到念完整本書。

《薄伽梵往世書》有好幾個版本，但帕帕吉最喜歡的是著名聖者伊喀納特[a]的譯本。帕帕吉曾對這部作品作過評論，奧地利學者貝蒂娜・鮑默（Bettina Baumer）用錄音帶錄製下來了，帕帕吉的開示非常精彩。她把錄音帶帶回了瓦拉納西，她在那裡擔任講師，但錄音帶卻被偷了。當時她的房間鎖著，裡面沒有別的值錢物品失竊。

失竊的消息傳到帕帕吉這裡時，有弟子評論說：「您並不真的希望那個被公開，是嗎？」

他搖著頭說：「不希望。」

帕帕吉坐在七湖附近、哈德瓦以北的一座島上向恆河朗誦

---

a 伊喀納特（Eknath, 1533-1599）：著名的馬拉地聖者、學者、詩人。他寫過多種《薄伽梵往世書》的改編版本（被後人稱之為《伊喀納特往世書》及《羅摩衍那》的改編，新創馬拉地文學中巴洛德（bharood）的道歌形式，還開啟了在居民門外唱誦拜讚歌用以傳道的方法，並以馬拉地語共寫作了三百餘篇宗教詩歌。

《薄伽梵往世書》。他每天蹚水到島上待上幾個小時。有一次他遇見幾名全裸的年輕人，正用烏爾都語交談：

> 我用烏爾都語向他們問好，和他們聊了幾分鐘。
>
> 其中一個人見到我帶的《薄伽梵往世書》，就問我那是不是《古蘭經》。
>
> 「是的，是的。」我回答。
>
> 他們是穆斯林。因為聽我說烏爾都語，就認為我也是穆斯林。我不想掃他們的興，說我念的是印度經文。
>
> 「你們在這裡做什麼？」我問：「而且你們為什麼赤身裸體坐在一起？」
>
> 「我們是人力車夫，」其中一人答道：「我們都住在哈德瓦另一邊，每天早上搭第一班巴士到這裡待上一天，就這樣不穿衣服坐著。到七湖來朝聖的印度教徒聽說這座島上有裸體瑜伽士，就會渡河來看我們。我們見到他們過來了，就盤腿坐好，裝作是在入定。這是一門好生意，因為朝聖者總會給我們留下錢。如果沒有朝聖者，天氣變冷的時候，我們就穿上衣服，回到城鎮另一邊做人力車生意。不過，做這個可比拉人力車賺得多太多了。」

蜜拉繼續講述她和帕帕吉的旅途：

> 我們在勒克瑙住了一段時間，他取消了去拉瑪那道場的行程，決定要回哈德瓦和瑞詩凱詩。到達後，他在一間道場住下，而我住在附近另一間。我們大部分時間都在一起四處散步，走上長長的一段路或只是坐在恆河邊。有時候我們走得太遠，就會在森林裡或河邊過夜，第二天才回去。有幾次，我們在外住了好幾天。那是非常自由而輕鬆的生活，很貼近自然。由於那時沒有別的弟子需要上師的關注，他就自在地四處漫遊，做他想做的事。
>
> 在城外時，我們會在恆河邊紮營吃飯。我每天早晨從森林裡

收集些柴火，放在陽光下曬，這樣午飯前就能完全乾透。食物總是非常簡單。我們可以幾周就吃馬鈴薯、優酪乳醬（raita，印度優格和生蔬菜）以及碎麥粒。無論去哪裡，我們都帶著一口做飯的鍋，而上師總會在口袋裡帶著小包的糖和茶葉。如果我們走在路上需要喝茶休息，上師就會坐下來，拉出他的小袋子，那就是我該去找些柴火來煮茶的信號了。

我們從不帶盤子或餐具。吃飯的時候，上師會挑幾塊平整的石頭，把食物放在上面。我們總是用手吃飯。他很講究，要挑選合適的石頭。有時候會在河邊花個十五分鐘來挑揀合適的「盤子」。

那是我的極樂時光。那種生活中有種簡單而平和的妙樂，我之前從沒有過。

在這段時間，帕帕吉和蜜拉決定結婚。帕帕吉肯定知道他進行這個儀式時，等於同時公然蔑視了傳統和法律，因為他在1930年左右娶的太太維迪雅琶提還活著，就住在勒克瑙。歷史上有很多印度教男子娶二房的先例，但在近期，除非第一任太太不能生育，這種婚姻已不被社會所接受。實際上，這一習俗在1950年代已被定為非法，印度通過了一項議會法令，對一切與傳統印度教習俗相關的結婚、離婚、繼承等等作了明文規定。而由於印度社會的多樣性，國家允許不同宗教對此類事務的制定上擁有自己特有的法律。

帕帕吉和維迪雅琶提從未很親近或融洽地相處過。儘管他一直自願在財務上供養她，但1950年代之後，他並沒在勒克瑙家裡住過太長時間。他回勒克瑙時，通常喜歡住在他父母家，或他弟子在城裡的房子中。

雖然說，維迪雅琶提一定在家中所舉行的薩特桑中，看過很多人產生了不同尋常的轉變，但是她從沒真正地相信過自己的丈夫足以擔當上師。她偶爾說起拉瑪那尊者身邊那種非凡的

帕帕吉太太，維迪雅琶提晚年照片，攝於1990年。她於1992年離世。

寂靜，但她從沒對帕帕吉的薩特桑做過類似評價。她盡責地打
點這些沒日沒夜上門拜訪的弟子，但她向來好像只認為她的丈
夫就是一個讓她惱火、時常對家庭生活所需不負責任的經濟支
柱。

　　我向帕帕吉問及他生活的這一面：

大衛：您的家人，特別是您的夫人對您雲遊四海的生活方式是怎
麼看的？您的家中多少人認為您只是家人，又有多少人視你為一
名智者？

帕帕吉：家人都不接受我的行為。我太太對此特別不高興。她認
為我很不負責任。從1940年代早期開始，我總是把修行放在首位。
我辭去了軍隊的職務，去尋找能幫我見到神的上師，因為我當時
認為那才是世界上最重要的事。我太太不這麼看。在她看來，我
不去工作養家，卻周遊全印度，把所有的錢都白白地用來尋找能

幫我的上師。她從沒有真正明白或親身感受到我對神的熱情。她只是認為我又放縱又懶惰。

我每次回家，她都衝著我發火，質問如果我不去工作的話，誰來養活她和孩子們。

「你打算怎麼教育他們？你打算怎麼養活他們？我們沒有錢的話，你打算讓他們拿什麼結婚？要是別人發現他們的爹沒工作，所有的時間和錢都浪費在沒完沒了的朝聖上，沒有人家會要他們的。」

我就對她說：「每件事都被照顧著，不用擔心。神在照顧著我們，他會給我們所需要的。」

不過，這類回答只會讓她更生氣。

為本書收集這部分材料時，我問帕帕吉是否願意講述他和蜜拉的婚姻。他提供了一些基本事實，但拒絕進一步加以解釋或詳述。

我們在哈德瓦時決定結婚。我帶蜜拉去了雅利安社的寺院，請那裡的祭司來主持儀式。他不確定是否能讓印度人和外國人成親，所以要我從印度內政部和比利時大使館取得書面許可。我知道獲取這些文件的程式漫長又複雜，所以我們決定在恆河岸邊舉行自己的儀式。拿到一張婚約樣本後，我帶蜜拉來到河岸，自己舉行了儀式。我們按照儀式要求，向彼此發下了誓言，把花鬘放在對方脖子上，然後作為整個儀式最後一步，我們在恆河中沐浴。

儘管這聽起來像是私下交換誓言，但對印度教徒來說這是有約束力的儀式。婚禮儀式可以漫長而複雜，但也可以簡短而單純。在印度，只包含交換花鬘和誓言的婚禮，是法律上承認的。

我向蜜拉問及此事，她肯定了帕帕吉的敘述，並說之後幾

次在只有他們兩人一起在恆河岸邊時，又數度重申了彼此的誓言。

迎娶蜜拉讓帕帕吉的許多印度弟子很失望，許多人就不再來見他了。我從沒聽帕帕吉提起是什麼促使他開始這一連串行為，但我聽他說過幾次，自己並沒有能力選擇應該做什麼或不應該做什麼，因為這種選擇的能力，對他已不復存在。以下是1994年在談起證悟者的言行舉止時，他所說的話：

沒有任何要做的，也沒有任何不要做的。在這種狀態下你還能做什麼？什麼都沒有。證悟後，無論你做什麼都只是對周圍環境的回應。「我應該做這個，還是應該做那個？」這是在未覺悟的頭腦裡才有的問題。沒有頭腦，問題也就不復存在了。真我會讓身體進行種種行為，而所有這些行為都會是正確且完美的，因為這是由真我驅動的。頭腦不會介入來決定那些行動是對是錯，因為頭腦不再存在了。覺悟中止了所有關於行為舉止的爭論。能做決定的頭腦，才有操守和道德的問題，在真我中這些完全不存在。這點很難理解，因為我正在說的是理解所無法進入或企及的。這個狀態無法被描述，無法被想像，也無法被觸碰。

現在讓我再回到帕帕吉1960年代末期在瑞詩凱詩的生活。

他剛退休在瑞詩凱詩開始住下來時，城鎮安靜而保守，但搬來幾年後，城鎮的面貌發生了戲劇化的轉變。帕帕吉描述發生了什麼：

1960年代末期，一大批西方人湧進了瑞詩凱詩，大部分都是年輕男女。他們的打扮像是苦行僧，有些人的所作所為也像苦行僧。他們蓄著長髮長鬍，點著提拉克[a]，戴著金剛菩提子念珠，甚

---

a　提拉克 (tilak)：印度教徒塗在前額或其他部位的標記，不同教派有不同色彩和圖案。

至會花大把時間在恆河岸邊打坐。在1960年代讓LSD[a]大受歡迎的蒂莫西・李瑞教授[b]曾來過瑞詩凱詩，並宣佈這裡是「人間天堂」，這句話立刻在西方世界傳開了，很快鎮上湧入了大批吸食LSD和抽大麻的嬉皮。一年之內，在某些道場，外國人甚至比印度人還多。

在此期間，我大部分時間都在恆河岸邊打坐。有些這樣的人會接近我，告訴我LSD是多麼美妙。有些體驗也頗為可觀。一個男孩吸食了LSD後來見我，對我講述了他在藥物的作用下的體驗。雖然他毫無修行背景，但他所講的內容聽起來好像直接來自奧義書。還有人告訴我他們在幻覺中進入某種超覺狀態，覺得自己通達了全世界的所有經論。

「藥效退了之後會怎樣？」我問。

「用藥大概六小時後體驗會消失，但消失的時候，我們就再來上一劑。」

我對他們說，不應該把自己的幸福寄託在轉瞬即逝的狀態，或只能帶來暫時效果的化學藥品上。我解釋說有一種幸福是恆常的，不需要依賴外部因素。

「如果你找到這種幸福，」我說：「你永遠不再需要吃藥來保持什麼或拿回什麼了，它永遠都在。」

但並沒有太多人對我所說的感興趣。

有些嬉皮住在鎮外幾英里遠處一個巨大的山洞裡。那個山洞在瑞詩凱詩以北，通往瓦西斯塔洞穴（Vasishta Guha）的路上，1969年我曾去過。大約有二十個人住在那裡，其中一位年長的外國人據說是他們的上師。那人穿著某種長袍，看起來像是個出家人。他正在教導嬉皮們禪修、覺醒，而他的教法中就包括定期吸食大量的LSD。

a　LSD：即麥角二乙醯胺，一種半人工致幻劑。

b　蒂莫西・李瑞（Timothy Leary, 1920-1996）：美國著名心理學家、作家，以其對迷幻藥（LSD）的研究和推廣而知名，成為1960至1970年代一個頗受爭議的人物，同時也對1960年代反主流文化產生了重要影響。

嬉皮們第一次湧進來時，當地還沒有人知道什麼是LSD。事實上，這也確實是一種並不廣為人知的毒品，那時持有或使用LSD甚至不違法。後來印度政府終於通過一項法律明令禁止持有及使用LSD後，嬉皮們就請國外的朋友們幫忙，把一部分信紙浸潤在液體的LSD溶液中，收到信後，他們就把信紙吞下去，來達到興奮狀態。

我發現LSD似乎會削減食欲。那座山洞裡的嬉皮可以數日不吃不喝，只是定期服食一定劑量的LSD。他們團隊中的一個人會去拉克什曼橋取來一大壺茶，讓他們所有人過上一天。他們會坐上幾個小時，試圖在藥效中禪修。他們的老師偶爾介入一下，教導他們應該怎麼做。有一次他們也想讓我試一下LSD，但我拒絕了。我確實心懷好奇，想聽聽他們的體驗，但我不需要他們的小藥丸來讓自己開心。

我和幾個住在那裡的年輕男孩聊了一下服藥後發生的事，其中幾人言之鑿鑿地說起自己進入神祕境界，他們所說的很動人。我不能否認這些體驗，但我斷然否定了他們獲得這些體驗所使用的手段。他們的老師說LSD是覺悟的捷徑。我不相信。它能帶來有趣的、暫時的體驗，但任何暫時的東西都不是覺悟。

大部分瑞詩凱詩的道場最初都很歡迎這些新來的訪客。他們看起來像修行人，其中許多人也真心對禪修和覺悟有興趣。問題在於，他們不懂規矩。他們在房裡大肆喧鬧，打擾了鄰居；很多人就在大家視線所及之處，赤身裸體地睡在一起；女孩子不穿衣服，就在恆河裡沐浴；還有許多人不吃素。瑞詩凱詩和哈德瓦是印度教的聖地，其實在這兩個市鎮內買賣肉類或飲酒，都是違法的。只是新來的訪客們無視這條規定，也不管其他規定。許多人從境外運來肉類罐頭和包裹，把吃完的空罐頭和包裝盒隨意丟棄在路上。當地人讀到包裝上的標籤，知道這些外國人吃了什麼後，紛紛表示厭惡。許多道場對這些人關上了門，因為他們不持守也不尊敬修行人傳統清淨的生活方式。

一小部分嬉皮最終變成了真誠的求道者。他們放棄了荒唐的行為，不再嗑藥，將自己融入一些大道場的生活中。我見過幾位前嬉皮在濕婆南達道場、韋德尼克檀（Ved Niketan）和吉塔道場（Gita Ashram）表現得非常好，但這些人只是例外。

　　當瑜伽士瑪哈里希·馬赫什開始吸引一些著名的西方人，比如披頭四和好萊塢電影明星時，嬉皮入侵的情況就變得更糟糕了。因為這些新來的人不知道規矩，最後總得靠警察來解決。干擾鎮上的平靜、破壞當地的法律的人太多了。警方的鎮壓造成嬉皮們大批逃亡。那些對禪修有興趣的人，要麼到山上獨居，要麼去往印度別地的道場。有些人去迦尼薩普利[a]追隨穆克塔南達·斯瓦米[b]，一些去了比哈爾邦[c]的蒙格埃爾鎮[d]薩提亞南達·斯瓦米[e]的道場。其他人最後去了沃林達文的尼姆·卡洛利·巴巴[f]或去找瑜伽士瑪哈里希·馬赫什。幫助蒂莫西·李瑞推廣LSD的理查德·阿爾波特[g]最後跟隨了尼姆·卡洛利·巴巴，後者給他起名羅摩·達

帕帕吉傳·一切從未分離

a　迦尼薩普利（Ganeshpuri）：印度馬哈施特拉邦村莊，位於孟買以北八十公里，因尼提阿南達·斯瓦米（Nityananda Swami）的靈祠在此而聞名，其弟子穆克塔南達·斯瓦米在七十年代初於此建立道場。

b　穆克塔南達·斯瓦米（Muktananda Swami, 1908-1982）：印度僧侶，師從尼提阿南達·斯瓦米，悉達瑜伽創立者，寫有多部關於拙火、吠檀多和喀什米爾濕婆派的作品。

c　比哈爾邦（Bihar）：在印度東北，與尼泊爾接鄰，為佛教的起源地，菩提伽耶等佛教聖地都在邦內。

d　蒙格埃爾鎮（Monghyr, Munger）：印度比哈爾邦城鎮，由薩提亞南達·斯瓦米創辦的比哈爾瑜伽學校坐落於此。

e　薩提亞南達·斯瓦米（Satyananda, 1923-2009），印度雲遊僧，瑜伽老師，為濕婆喜馬拉斯瓦提的學生，於1956年創辦國際瑜伽同修會，1964年創辦比哈爾瑜伽學校，推廣「整體瑜伽」或稱「比哈爾瑜伽系統」、「薩提亞南達瑜伽」。

f　尼姆·卡洛利·巴巴（Neem Karoli Baba, Neeb Karori Baba）：印度靈修上師，生年不詳，於1973年在沃林達文離世，修持哈努曼虔愛，主張無私服務眾生。1960-70年代一些來到印度遊歷的美國人拜他為師，如羅摩·達斯、薄伽梵·達斯（Bhagavan Das）、克里希那·達斯（Krishna Das）等。在沃林達文、瑞詩凱詩等地及在美國新墨西哥州道斯（Taos）有其道場。

g　理查德·阿爾波特（Richard Alpert, 1931-2019）：美國當代靈修老師，曾任哈佛大學心理學教授，因與蒂莫西·李瑞在六十年代早期全球推廣LSD而聞名，1967年在印度拜尼姆·卡洛利·巴巴為上師，後成為歐美頗為知名的靈性導師，有諸多著作。1997年中風後一度患失語症，2019年12月在夏威夷過世。

斯（Ram Dass）。

我在1990年遇見羅摩‧達斯，他來勒克瑙參加過我的一次薩特桑。和他說起LSD，我發現他對此仍然給予正面的評價。

我先對他說：「我聽說一個人只能服食三次LSD，就這幾次也只能在專家的指導下進行，要不然就會發瘋的。」

羅摩‧達斯回答：「那樣的話我肯定已經徹底瘋了，因為我已經服用了至少三百次了。它對我無害，我依然相信它能幫助開悟。」

「我不這麼認為，」我回答：「我觀察過許多嗑藥的人，還有很多人對我說他們都曾吃過藥，但其中沒有人因為吃藥而開悟。」

另一次，羅摩‧達斯的一個學生來問我是否可以在我的薩特桑上服食LSD。他是個來自洛杉磯的男孩。

他說：「如果我吃藥的話，會讓薩特桑更帶勁，這是我之前幾次的體驗。」

我告訴他大可隨意。「你就坐在角落，」我說：「不要告訴別人你在做什麼。讓我們看看會發生什麼。」

整個薩特桑上他都閉眼坐著。我們試圖叫他去吃午餐，但沒有人能喚醒他，他似乎處在一種半無意識的狀態中。

我們吃完食物，把盤子都洗完後，在我房裡做工的男孩郭帕勒（Gopal）到他身邊說：「你現在必須離開了。我要出門買點蔬菜做晚飯。要鎖門了，所以你得離開。」

男孩非常失望：「你怎麼能在這個時候說什麼蔬菜？我快要證悟了。我只需要幾分鐘。不要管我，讓我證悟吧。」

我請他在那裡坐了一會兒，但半個小時過去了，沒有任何跡象表明他證悟。我請一個弟子把他塞上人力車，帶回了鎮上他所在卡爾頓旅館的房間。他語無倫次，完全沒有照顧自己的能力，一路上只是癱倒在人力車夫的背上。送他回去的弟子，還不得不留在那裡照顧了他一宿。

有些人回報說因為LSD得到了非常好的體驗，還有些人就像

這個男孩那樣陷入某些狀況，還有一些人似乎徹底瘋了。我在瑞詩凱詩的一所道場裡，曾遇見過一個男孩就陷入了第三類狀況。男孩名叫約瑟夫（Joseph），住在我附近的房間裡。有時我們一起在恆河裡游泳。他是個善良的英國男孩，大概十九或二十歲。

有天晚上，我聽見房間外面傳來陣陣尖叫聲，有時聽起來像狼嚎。到了早上，負責道場的師父來向我抱怨，說那個男孩整晚都坐在樹上大喊，尖叫或長嚎不止。這名師父不懂英語，他希望我告訴男孩不能再住在道場了。我便去找約瑟夫，想了解他到底怎麼了。

他說：「我吃了點LSD，因為我想打坐。吃了之後，我很快就發現房間四周有許多猴子。我覺得牠們想伺機進入房間，偷走我所有的食物。我覺得我得採取點措施。我就爬到牠們坐著的樹

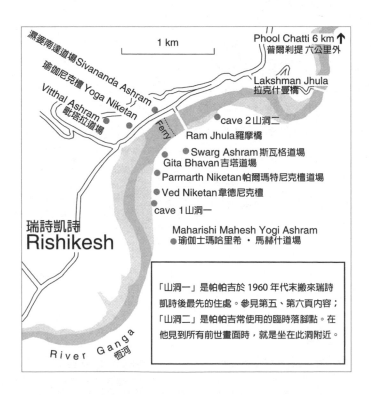

1 km

濕婆南達道場Sivananda Ashram

瑜伽尼克檀Yoga Niketan

Vitthal Ashram
毗塔拉道場

Ferry

Phool Chatti 6 km ↑
普爾剎提 六公里外

Lakshman Jhula
拉克什曼橋

cave 2山洞二

Ram Jhula羅摩橋

Swarg Ashram 斯瓦格道場
Gita Bhavan 吉塔道場

Parmarth Niketan帕爾瑪特尼克檀道場

Ved Niketan 韋德尼克檀

cave 1 山洞一

瑞詩凱詩
Rishikesh

Maharishi Mahesh Yogi Ashram
瑜伽士瑪哈里希·馬赫什道場

River Ganga 恆河

「山洞一」是帕帕吉於1960年代末搬來瑞詩凱詩後最先的住處。參見第五、第六頁內容；「山洞二」是帕帕吉常使用的臨時落腳點。在他見到所有前世畫面時，就是坐在此洞附近。

上，開始模仿牠們的聲音。我喋喋不休，尖叫著，在樹枝間上躥
下跳，還試著吊掛在樹枝上，很快我就真的以為自己是一隻猴子。
我整晚都在樹上發出猴子的叫聲，因為我確信自己已經變成猴子
了。

「有一次我想從一根樹枝跳上另一根，卻從樹上摔了下來。他
可能就是在那個時候聽到了我的尖叫。其他時候我只是發出猴子
的聲音。本來我決定整個過程中把所有注意力都集中到眉心，並
融入其中。但我莫名其妙分了心，最終專注在猴子上。」

我回去見師父，對他說：「那個男孩昨晚一直處在狂喜的狀
態中。他說你是一位偉大的證悟者，你的力量無形中對他有很強
烈的影響。他處於那個狀態時，就會爬到樹上大喊大叫：『這位
師父是那麼有證量，那麼有智慧，那麼慈悲！他在他了不起的道
場裡給了我一個房間！和他在一起我是多麼快樂，他待我的方式
讓我那麼快樂！我在全世界別的地方都沒見過這樣的師父！』今
天早上我去了解狀況時，發現他正在打坐，唱誦著你的名字。」

「他非常喜愛你，」我繼續說：「但他有點發愁，因為他沒法
繼續住在這裡了。他的錢已經用光了，很快就得離開，因為他負
擔不起這裡的開銷了。」這部分故事是真的。那男孩花光了錢，
正等著父母再給他寄錢。

師父非常高興找到了這樣一名弟子。他說：「沒問題，如果
他不再在晚上大叫，他就可以留下來。我不收他錢，他可以和我
一起吃三餐。」

我回去找約瑟夫，告訴他我幫他找了個免費的住處。「你所
要做的，」我說：「就是每次見到那位師父時都要禮拜他。只要
你一直這麼做，他就會很樂意給你提供免費的食物和房間。」

在那些年裡帕帕吉如何和嬉皮們打交道，蜜拉都看在眼裡。
我問她對此有什麼印象：

他對他們很感興趣。他們中的大部分人都放棄了西方舒適的環境，來印度過苦日子，尋找生命的新意義。這一點引起了他的好奇。因為他們是在尋找新的方向、新的前途，許多人對他所說的一切都持開放的態度。他們各有各刁鑽古怪的樣子，但上師似乎很欣賞這點。他好像總是被那些瘋瘋癲癲的人逗得很開心。他對這些人非常溫和，也常常開他們玩笑。我們跟他們有過許多次很棒的薩特桑，可惜他們從來都沒有認真當回事。總是有太多怪事發生。

剛開始的時候，他從不批評他們嗑藥的行為，但一兩年後，在他見到藥物是如何損害他們的心靈和身體時，就經常鼓勵他們戒斷嗑藥的習慣。

在最近勒克瑙的一次薩特桑上，帕帕吉提到：「在哈德瓦有一位巴巴，一輩子都在抽大麻（ganja）。他似乎就只吃這個了。過去的六十年裡我每年都會去那裡見他。每次見到他，他都叼著一根菸管（chillam），而我在那裡見到的外國人都不能像他一樣，整天抽大麻卻不損害自己，所以我開始鼓勵那些人停止吸食。」

蜜拉繼續講述六十年代後期她和帕帕吉的生活。在這一部分，她講述了帕帕吉如何尋找那些出現在瑞詩凱詩尋求解脫的真心求道者，以及如何跟他們打交道。

上師從沒有試圖去尋找弟子，但他的內在有種雷達，可以感受到附近有誰會從薩特桑中受益。我們可能正坐在河邊，他會突然感到一陣衝動要去什麼地方。他不會說：「有什麼人在哪裡哪裡等著我。」他只是有一種感覺，自己應該去某個特定的餐廳、商店或道場。他到了之後或在去那裡的路上，就會遇見幾個需要指引的新手求道者，然後我們會有一次美妙而自發的臨時薩特桑。這對我來說非常棒，因為我們在一起時，他幾乎不說話，除了偶

爾聊聊烹飪或他在周邊的見聞。只有遇見這些新人時，我才能見識到他是多麼了不起的老師，而他的教法又是多麼的直接和深刻。

他從不知道自己為什麼會被送去赴約，只是內在有個聲音促使他起身，向著某個方向前進。一開始我覺得所有這些相遇好像都是偶然，但後來我意識到，這是真我在選擇合適的時機，引領著求道者遇見上師。我自己的情況就是如此，而我在日後見過無數次這樣的情況。上師告訴過我很多次，他這輩子的任務不是坐擁一座道場，被上百人圍繞。相反，他莫名被選中了，為那些已經準備好接受直接體驗的求道者，送上臨門一腳。對的人會在對的時間被送來，而上師的「內在聲音」只是把他帶往那些人所在的地方。上師是有道場的，但那是看不見的道場，不存在於地圖上，而那些渴望解脫的人會發現自己的腳步被引向了那裡。

這一切的副作用就是永遠無法規劃生活。上師可能說：「我們去什麼什麼地方吧。」半路上，他會突然轉身，沒有多做解釋就轉向。你沒法問他為什麼要改變計畫，因為他自己也不知道，他只是跟隨內在的指引。

非常奇妙的是，這麼做其實省了很多事。他既不必把時間浪費在一大群不成熟的求道者身上，也不必出去尋找需要他的人。他在河邊坐著或散步，閒然自得，召喚來了，他就起身，做他要做的事，完事後又回到河邊坐著。有種感覺：一切都很圓滿，每件發生的事都按著神聖的計劃在執行著。

當然，一旦他開始給予求道者這些體驗，便總會有人打聽他的行蹤。有時候他允許人們來見他，另一些時候他會避開所有人。如果他不想見人的話，那股帶他去見有需要的求道者的力量，也能讓他變得見不到、找不著。如果他不想見的人快到了，同樣的內在聲音會促使他在那些人到達之前，往別的地方去。

我請蜜拉舉一個弟子巧遇帕帕吉的例子，她腦海中出現的第一個名字是一名法國女性，名叫悉塔（Sita）。

帕帕吉消失了幾天，把我一個人留在瑞詩凱詩。在城鎮裡散步時，我好像見到了一個在西方的老朋友。我衝到她身邊打招呼，結果發現原來是別人。我向她道歉自己認錯了人，然後開始聊了起來。對我而言，這很不尋常。除了上師，我在那些日子裡幾乎不和人說話。談了幾分鐘，我就發現她也是一個求道者，來印度就是專門為了找自己的老師。幾天後，我們成了好朋友。

帕帕吉去了勒克瑙，告訴蜜拉在那裡有些事，過些時候就會回來。在勒克瑙待了幾天，他感到一陣衝動要去南方拜訪拉瑪那道場。他買了票，但就像他在之後的故事裡所說的，他並沒上車。他回到瑞詩凱詩，遇見了蜜拉的新朋友。

1970年我曾計畫去一趟拉瑪那道場。那時候南下的火車線路不是很好。火車一路開到馬德拉斯，但車上只有一個轉轍器。那列火車每週只發一次。我到車站搭車，卻發現那個去馬德拉斯的特殊轉轍器不知怎麼的，在火車到達勒克瑙之前已從車上鬆落了。沒有人知道轉轍器掉在哪裡，下一輛去馬德拉斯帶轉轍器的車要過一周才開，於是我決定還是去瑞詩凱詩。我已經帶了行李，所以那不成問題，只要上另一輛車就行。

我到了瑞詩凱詩，過了恆河。我沒有什麼特別的住宿計畫，正想著去哪座寺院或朝聖者休息站時，一個女孩向我走來，站在我面前。

「我想和您談談。」她說。

「沒問題，」我說：「說吧。」

「現在不行，」她說：「我剛在商店裡買了些東西。我得去把東西拿回來，付錢給老闆。我過幾分鐘就回來。」

幾分鐘後她提著一包堅果回來，做了自我介紹。

「我是教師，住在巴黎。三天前我到了這裡。在巴黎我有位修行指導，是位泰國老師，一直在弘揚佛教。

「有天他對我說：『我不是你真正的老師。我只是你的嚮導。你另有老師住在印度。他是位看不見的老師，有間看不見的道場。你去印度，你會找到他的。』」

我們又談了一會，我發現她不知道更多的細節了。她不知道老師的名字、地址，或在哪裡能找到他。她只是被告知，會在印度找到老師。

然後她告訴我之後發生了什麼。

「我的學校還要舉辦幾場考試，我必須在場監考。考試時間是在泰國老師告訴我那番話後的一個月，我也知道自己必須得參加。我請了假，也准假了，條件是我必須在考試前回到學校。校長說把我的假期延長到考試那天是不可能的。我最多只能有二十天的假。

「我立刻就飛到了德里。我之前從沒到過印度，所以完全不知道要到哪裡去找修行老師。我在德里機場叫了一輛計程車，對司機說：『載我去聖者住的地方。』」

計程車司機覺得來了筆好買賣，開車帶她到了瑞詩凱詩，開了五個小時，把她放在濕婆南達道場門口，收了錢回德里。她進了道場，但那裡沒有空房間了，因為當時正好有一個特別的瑜伽課程，所有的房間都住滿了人。道場的人建議她去河對岸超覺靜坐的總部。我遇到她時，她已經在那裡住了三四天了。

這個故事很有趣，但有件事情讓我不解。「為什麼你要告訴我這一切？」我問：「為什麼你錢也不付就衝出商店，給一個完全陌生的人講這個故事呢？」

「因為您就是那個人！」她歡呼道：「在過去的十三年中，我一直夢見這個人。儘管我在夢裡見過您，但之前沒有想到您就是我必須在印度遇見的人。我一認出您就衝出了商店。您願意去我那裡嗎？我在超覺靜坐中心有間不錯的房間，帶空調。我有太多的話想對您說。」

「現在不行，」我回答：「我很累，剛剛通宵旅行回來。我想

在恆河水中沐浴一下然後睡上幾個小時。你可以傍晚過來見我。」

我訂了會面的地點，然後離開去洗澡。那個下午，我長長地睡了一覺，夢到了早上遇到的那個女孩。傍晚我告訴了她那個夢。

「夢中的你大概是個七歲的女孩。我們不在印度，因為房子看起來不像是印度的。肯定是別的國家，是我認不出的地方，是我之前從沒去過的地方。在夢中我叫你悉塔，好像那就是你的名字。」

我提到這個名字時，她拿出了戴在脖子上的吊飾。

「這是兩年前我在法國的一個印度展上買的。一見到它，我就覺得得買下來。」

我看了看吊飾，上面用天城體字母寫著「悉塔」。她一直帶著這個吊飾，卻不知道上面就刻著自己的名字。對她來說這就是最終的證明，她確信自己已經找到了「看不見的」老師。

悉塔想永遠待在我身邊，但我沒有答應。「你有工作，必須要回去。你答應二十天之內回去，不可以就這樣逃避自己的責任。」

「我隨便什麼時間都能再找一份工作，」她說：「我有七年的經驗，無論什麼時候回去，都很容易找到工作。」

我對她說：「照顧孩子是很適合你的工作。你很聰明，是位好老師。我看著你就知道這點。許多孩子因為在學校裡沒有遇到好的老師，人生就被毀了。」

「如果您答應來看我，我就回法國。」她說。

我答應了她，大約一年後我去法國時，就約了時間見她。

那麼，是誰安排了這次見面？我本來打算去蒂魯瓦納瑪萊，而這個女孩在巴黎有份工作。安排了這一切的力量，把我送回了瑞詩凱詩，而它也安排了這個女孩在此時此地待了三周。而且我一走進瑞詩凱詩，她就在那裡等我了。這並不是一個特例，我已經很多次被送去赴這樣的約。

因為她也不是唯一被召喚來和我會面，而放下一切飛到印度

來的人。有一次我遇見了一位委內瑞拉的數學教授，他一聽到我的名字就放下了手邊的一切，飛到印度。

他說：「我有個朋友和我提到您。他本人並不認識您，他只是從一位在西班牙遇見您的人那裡聽說了您。我一聽說您的事，就知道我必須要見您。我向學校請了假，搭上了來印度的最近一班飛機。」

是什麼帶他來的？當時機成熟，求道者就會被道召喚，放下一切，奮不顧身地求道，我已經見過好多次了。

數學教授的故事將在之後的章節中詳述。

帕帕吉還說起另一次見面，有著同樣的開場：去拉瑪那道場的行程取消了，因為到馬德拉斯的轉轍器沒到勒克瑙。因為這個開場很類似，我懷疑下文中這次相遇，是在前述那趟旅行中發生的，就在他遇見悉塔後不久。

我本來打算去室利・拉瑪那道場，但我到達勒克瑙車站時，發現我的車次由於事故被延誤了，而且沒有人知道車子什麼時候能到。隔壁月臺有一班車是開往瑞詩凱詩的，於是我就登上了這輛車。

帕帕吉這種在最後一分鐘改變行程的作風，似乎成了大家津津樂道的故事。有一次他的女兒席萬妮告訴我，無論什麼時候與他一起乘火車，至少要火車開了一站，她才會打開隨身攜帶的食物。她的經驗讓她明白，帕帕吉雖然踏上了一段長途旅行，但開車幾分鐘後會改變主意，在下一站下車。曾經發生過一件事情，讓大家印象深刻，那時他準備去長途旅行，家人來到勒克瑙火車站為他送行，而他們回到家時發現帕帕吉已經比他們先回來了。他從對面月臺那邊的車門下車，然後步行回家，沒想過要知會送他來車站的人。

到了瑞詩凱詩後，我突然毫無緣由地產生了一陣衝動，要去巴德里納特。這個地方海拔四千公尺，在冬天極度寒冷。我沒帶毛衣，但並不操心。儘管是嚴冬，我還是上了一輛巴士，開始了我的旅程。幾個小時後，車到了魯德拉普拉亞格[a]，我有了一股要下車的衝動，要在這裡過夜。我隨身帶著一個包包進了附近的一家餐館。我打算在那裡吃飯，然後再找地方住下。飯後，我出門去洗手，一名男子走近我，問是否能聊聊。我問他想幹麼。

他說：「我們去阿拉克南達河邊坐坐，在那裡說，好不好？」

他帶我到河邊，介紹自己是一名工程師，在浦那[b]的部隊工程服務部工作（M.E.S.）。他有一位上師，叫做古爾瓦尼・馬哈拉吉（Gulvani Maharaj），一年前過世了。他死前向他弟子保證：「你會於此生證悟。」

他熱誠地看著我說：「我到現在都做不到。但我沒法不相信我的上師，我對他的預言深信不疑。他最近出現在我夢裡，說我應該來巴德里納特，儘管這裡整個冬天都被雪封了。事實上，寺廟要到五月中雪融化後才會開放。

「我來到這裡，腦子裡有兩個想法，一是他從來沒要我去朝聖，二是我不能拒絕我摯愛的上師的命令，所以就請了一個月的假。我四天前動身，今天下午到了這裡。因為我是部隊工程師，所以軍官宿舍裡幫我預留了房間。我進了旅館坐在門邊的長凳上吃飯時，我的上師出現在我面前，指著您說：『你必須和這個人說話。』我馬上就來問是否能和您談談，而您同意了，儘管您的包還留在餐廳裡。您肯定就是那個我應該遇見的人。」

我們走下斜坡，坐在臺階上。過了一會他轉向我，說道：「請告訴我如何證悟真理。」

我告訴他：「你不必修行，不必持咒，不必練習瑜伽體位，

---

a 魯德拉普拉亞格（Rudraprayag）：阿拉克南達河五處交匯（panch prayag）之一。

b 浦那（Pune）：是印度馬哈拉施特拉邦的第二大城市，印度第八大都市，人口約一百二十萬。

也不必朝聖。你只要向內看著你的真我，你立刻就會見到你一直都是解脫的。你之前覺悟不到這點，是因為你一直在向外看。」

我們深深看進彼此眼裡。突然，他整個身體顫抖起來，淚水順著臉頰滑落下來。他沒辦法說話也沒法走路，所以我扶著他起身。他邀請我和他住進軍官的平房宿舍裡，我同意了。整晚他都坐著，處於一種消融的狀態，非常寂靜。

這就是帕帕吉巴德里納特計畫之旅的終點。他明白自己被推向這次本不可能的小旅行只是為了遇見這個人，於是就取消了之後到巴德里納特的行程，返回哈德瓦，兩人之後再沒相見。

和悉塔以及軍官的這兩次相遇，都是帕帕吉在活躍的外出期間與弟子打交道的典型例子。他在對的時間出現在一個弟子的生命中，打一次交道，就能讓對方直接體驗真我，然後他神祕地消失，一如之前神祕地出現。許多年來，帕帕吉極度保護自己的隱私和獨立性。他很少透露在勒克瑙的常居地址，也不公開行程，以避免大批人跟隨他的問題。如果他決定去印度某地，就會給那個地區的弟子寫信通知行程。會面結束後，他會自行離開，或者通知其他要見的人。這個策略讓他得以如願獨處，也能讓薩特桑團體保持在一個可管理的人數範圍內。直到1990年，健康狀況使得他無法再隨意旅行，他才定居了勒克瑙，並且允許大批人聚集在他身邊。

我請蜜拉再說一些人們和帕帕吉相遇的特別故事，她提到一個名叫姚阿欽·凱貝爾特（Joachim Grebert）的德國人。他來見帕帕吉是因為悉塔對他說了自己與帕帕吉傳奇的相遇。儘管他的初次見面，不像前面敘述的兩例那樣充滿了奇妙的巧合，但依然是一則有趣的故事，值得一記，因為姚阿欽在幾年後說服帕帕吉去西方時扮演了關鍵角色。

這是帕帕吉敘述的他們的相遇：

和他相遇時，我正住在恆河岸邊的一棵樹下，靠近瑜伽士瑪哈里希‧馬赫什的道場。我沒有自己的地方，連個山洞都沒有。天氣很好，所以我常常就在河邊用餐、睡覺。

一天，有個年輕的德國人過來問我是否講英文。我點點頭。他說想問我幾個問題。然後，沒等我同意，就問了一長串問題。我回答了他所有的問題，顯然讓他很滿意。他看起來被某些回答深深打動了。談話過程中，他提到自己是德國科隆超覺靜坐中心的主席，最近一直和瑪哈里希一起待在印度的道場裡。在我們的談話中，他經歷了某種轉變，因為最後他已經準備好了要丟掉自己的過往、所有的修行，甚至他在瑪哈里希組織中的地位。

「我不想再留在這個道場了，」他告訴我說：「我已經找到在這裡要找的東西了。我不用回去了。從現在開始我要和您住在一起。」

「我沒有自己的地方，」我這麼說，還告訴他我的生活條件很艱苦。即使明白了這些，他仍然希望和我住在一起。

他解釋自己的立場道：「我曾多次請瑜伽士馬赫什回答那些今天問您的問題。我對此有許多疑惑，許多不解，我想要答案。但每次我問他，他都說我沒有準備好接受答案。他說我還不夠成熟來理解這些答案。這已經持續了很長一段時間。今天您回答了我所有的問題，我的心現在很平靜。我來的時候心很亂，但現在完全沒有了念頭。我從沒有在瑜伽士馬赫什身邊，或靠修他教導的修法而體驗過這種平靜。我想離開那個組織，和您在一起。為什麼我要留在一個不能帶給我任何平靜的地方呢？」

第二天，他帶著所有的行李來到了我的樹下。

他的離開引起了道場管理者的關注。大家很快就知道他離開了道場，並和恆河岸邊的一個苦行僧生活在一起。而眾所周知，大部分恆河邊的苦行僧整天都在吸大麻，超覺靜坐道場的管理者自然就推斷他是和某個大麻巴巴在一起了。於是他們展開了一場拯救行動，要把浪子帶回家。

幾天後，道場主席和其他四個人前來勸說德國男孩回道場。

他們和他說完後，男孩來到我面前說：「這些道場的人過來帶我回去，但我不想走。」

我建議他和道場的人一起回去，「我沒有合適的條件讓你待在這裡。我只是住在樹下。你能和我在這裡一起住多久呢？」

他不想離開，於是我對他說，如果他願意，可以繼續來見我。但我提議，首先我應該和道場的管理者談談，這樣至少我可以向他們保證，我沒有打算讓他們的前弟子吸食大麻。

他們過來問了我許多問題，特別是想知道我的教法是怎樣的。

為了安撫他們，我說：「我沒有任何教法。我只是尊貴的拉瑪那尊者的弟子，他生前住在南印度的蒂魯瓦納瑪萊。」

他們對我充滿了敵意。並不是我的教法或生活方式讓他們惱火，他們只是害怕我可能繼續從他們道場偷走弟子，於是威脅說如果我繼續留在道場附近，就會派人來揍我一頓。

這些事發生後不久，印度政府就開始禁止外國人逗留在瑪哈里希的瑞詩凱詩道場。政府宣稱外國人造成了安全威脅，其中有人是自己國家派來的間諜。而對外國人的禁令直至今日仍然有效。帕帕吉繼續敘述：

我不想和這些人吵，所以建議德國男孩跟我一起離開，繼續旅行。

我提議道：「你和我一起去室利‧拉瑪那道場吧，我們不必留在這裡和這些人爭論。」

第二天早晨，我告訴他我必須先去一趟勒克瑙，因為我身上的錢不夠去南方。第二天我們兩人離開了哈德瓦前往勒克瑙。到達後，我不想和家人在一起，所以我們就住在勒克瑙的一個弟子那裡，他之前提供給我一間房子，可以讓我在勒克瑙舉行薩特桑。

帕帕吉回城的消息傳開後，他發現自己要為大約六十人舉行薩特桑。姚阿欽·凱貝爾特也參加了，但很快意識到自己受到了一些印度弟子的批評。帕帕吉對此解釋道：

我們在瑞詩凱詩的生活非常簡陋而原始，姚阿欽似乎已經忘記了一些城裡人遵守的基本衛生準則。因為在一些印度人眼中，他看起來有點邋遢。他們對他說，如果想要在修行上有進步，他必須淨化自己的心靈和身體，並且保持兩者的純淨，要完美無染。姚阿欽有一點天真。儘管他曾經是超覺靜坐的老師，但對印度教傳統所知之甚少，於是就望文生義地理解了這些指導。

他在浴室找到了一盒衝浪牌（Surf）清潔劑，包裝盒上的標語是「衝浪洗白淨」。他覺得可以用這個來清潔自己的心靈和身體，就把整包清潔劑倒進一桶水裡，盡己所能地喝了下去。他後來告訴我，他覺得自己是染汙的，想洗刷、淨化自己的內在，這樣就能接受上師的加持了。

他開始嘔吐，最終失去了意識。很快有人發現了他，把他帶到我面前。我把他平放在地板上，臉朝下，將腹部放在一只陶罐上，然後按壓他的背部，使他儘量吐出來。我給他喝了些熱牛奶，但他也全吐了。我再試了一次，加了許多蜂蜜來緩和他的胃和神經，這一次他喝了下去，兩三天後他才恢復正常。

帕帕吉取消了去拉瑪那道場的行程，回到了哈德瓦，帶著姚阿欽和巴爾提婆·拉哲。然後姚阿欽又出了一件事，需要帕帕吉介入。蜜拉對此描述道：

我們和上師一起走在瑞詩凱詩，陪著他回到房間。那時夜已經深了，我們連腳踩在哪裡都看不到。姚阿欽踩到了一條黑蛇，蛇在他腿上反咬了一口，直到幾分鐘後我們才意識到發生了什麼事。那時上師已經進了房間，他和巴爾提婆·拉哲同住，已經鎖

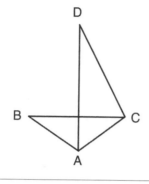

Site of the sting　＊
蟲蜇處

疼痛範圍
Extreme point
of the pain　＊

帕帕吉用來治癒蠍蜇的圖形。雜誌中給出以下建議：

可用任何形狀的鐵製品，按下列順序一筆劃出這個圖案：A到B，B到C，C到A，A到D，最後D到C。幾秒後，疼痛感染區域就會消失。繼續在疼痛區域邊緣如此作出新圖形，直至疼痛區域縮小，並最終消失於蟲蜇點。整個過程只需幾分鐘。

D

B　　　　　　C

A

帕帕吉用來治癒蠍蜇的圖形

上了門。我請姚阿欽先回房，我趕緊把這事情稟告上師。

　　巴爾提婆‧拉哲加入了談話，對上師說：「您得幫幫這個男孩，您的名聲全繫在這件事上。這裡所有人都知道他原本是瑪哈里希道場的重要人物，現在他跟隨了您，立刻就被毒蛇咬了。如果您不做點什麼救他，大家都會說是瑪哈里希因為他的離開，對他下了詛咒，才造成了這樣的結果。」

　　上師對此沒有評論，但同意去看看姚阿欽的情況。他找到毒蛇咬傷的齒印，在附近的皮膚上畫了一個護符（yantra）。幾分鐘內姚阿欽就開始好轉，差不多半小時就恢復正常了。

　　「帶他出去走走，」上師下令道：「晚上別讓他睡著了。帶他去恆河邊，讓他整晚保持注意力。別讓他靜靜坐著，和他玩，讓他的腦子別停下來。」

　　於是我帶姚阿欽出去，我們又跳又鬧，在恆河邊度過了好笑的一晚。這場玩鬧也莫名沖洗了他的頭腦和身體。第二天，姚阿

欽完全忘記了被蛇咬和上師來探望他的事。

這是我第一次見到上師治癒蛇傷，儘管我已經見過他處理過數起蠍蜇。他在治癒蠍蜇上很有名氣，當地人一被蜇就來找他。那年（1970年）瑞詩凱詩蠍子成災，幾乎每天都聽說有人被蜇。上師都比照辦理：用金屬筆尖或鐵製品，比如鑰匙，在傷口附近的皮膚上畫一個特殊的護符。幾分鐘內病人就不痛了，而且行動如常。那年有太多的人被蜇，上師也獲得了奇蹟療癒者的聲譽，當地人開始稱他為「蠍子巴巴」。有人告訴我，現在他去瑞詩凱詩時，經歷過那個時期的人仍然認得出他，稱他「蠍子巴巴」。上師不喜歡眾人聚在他身邊，所以有一天晚他溜出了瑞詩凱詩，直到他的事蹟幾乎被人們忘記時才回來。之後，我再沒見過他實施過這種療法。

帕帕吉使用的護符出現在1965年《山道》（*The Mountain Path*）雜誌的一篇文章中，雜誌由室利・拉瑪那道場出版。文章中名叫埃瑟爾・梅斯通（Ethel Merston）的婦女描述了一種鐵路職工廣泛用以治療蠍子蜇傷的護符：這像是一個精心書寫的數字4，必須用金屬物件畫在傷口附近。她說，不需要任何神奇的力量，普通的鐵路工人經常用這個護符來緩和毒物蜇咬帶來的疼痛腫脹。文中對這種神祕現象沒作解釋，但是我知道許多人用這個護符都成功了。

我請帕帕吉述他作為「蠍子巴巴」的短暫經歷。他確認了蜜拉的話，還透露說自己在另一個地方也事業興旺。

我們當時住在瑞詩凱詩的韋德尼克檀道場。那塊區域有許多黑蠍子，許多朝聖者都被蜇傷過。這些蠍子蜇人非常疼，疼痛通常能持續四十八小時。就連住在韋德尼克檀道場的人也被咬了。人們開始來找我，因為我不用施藥就能治好。這個消息在斯瓦格道場和別的一些地方傳開了。每天傍晚都有四五個人過來，通常

是疼得滿地打滾。他們抬進來的時候都哭著，但幾分鐘後，就能笑著走出去。

有一次我住在奈米沙蘭雅[a]，這是個著名的朝聖地，古代曾有八萬四千位仙人在此修行。他們的修行地是一個名叫聖輪泉（Chakra Tirth）的池塘。這個名字源自於摩訶婆羅多大戰結束時，黑天的善見輪[b]墜落並深陷此地。

迦伽阿闍黎‧納蘭達南達‧斯瓦米（Jagadacharya Swami Naradananda）準備舉辦一場大型的吠陀儀式。數千學者要參加，帳篷已經搭好了，能容納十萬人。

我準備去參與其中一個儀式——納蘭達南達‧斯瓦米朗誦《薄伽梵歌》。半路上見到很多人列隊快走，我攔下其中一個，問他們要去哪裡。

他說：「有人被大蠍子螫了，我們正抬著他。這附近沒有醫生，所以我們要在情況進一步惡化前趕去最近的公立醫院。」

我注意到一個女子，肯定是病人的太太。她一邊哭泣著，一邊咒罵諸神。

她捶打著胸口，大聲哭喊：「我們是來這裡朝聖的！為什麼要讓我們受苦！」

我走到她面前說：「這並不嚴重。如果你答應的話，我幾分鐘內就能治好他。最近的公立醫院也在四十英里外，你不用浪費時間跑那麼遠。」

隊伍中的人要她不要理我。

「不要停下來和這樣的人說話，」他們說：「我們正在浪費寶貴的時間，要儘快把人送到醫院。這男人只是個江湖郎中，來要點錢，然後搞一些沒用的治療。」

a 奈米沙蘭雅（Nemisharanya）：印度北方邦城市，位於勒克瑙西北約九十公里，著名朝聖地。
b 善見輪（sudarshan chakra）：毗濕奴的武器，形如飛盤，快速旋轉，邊緣有一○八個齒輪，為印度教神話中最具力量的武器，能究竟摧毀一切怨敵。在《黎俱吠陀》、《夜柔吠陀》和往世書中均有善見輪使用的記載。

我沒有理會他們的說法，再次和病人妻子說：「我只要你們一分鐘，我不要錢。讓我試一試能有什麼損失呢？」

他妻子猶豫著答應了。我請搬運工把病人放到地上。我見到受傷的腳踝已經發黑腫脹了。

我在傷口附近畫了一個護符，還不到一分鐘，他就完全好了。他站起身來哈哈大笑，讓每個人都很開心。他妻子要把脖子上的金項鍊送給我，他還想硬塞一千盧比給我，我都婉拒了。排隊的人都想知道，如果再有人被螫，能到哪裡找到我。消息就這樣傳開了，幾天後我每天得見上十到十二個人。這片區域蛇蠍成災，所以我從不缺病人。但過了大約一個月，人來得越來越多，我就悄悄地離開了，回到了哈德瓦。

儘管帕帕吉一直表示他沒有神通，但不可否認神奇的事情似乎總是在他身邊出現。我和他許多老弟子聊過，從中我感覺尤其在1960年代末期和1970年代早期，每天他的身邊幾乎都會發生無法解釋的現象。下面是蜜拉敘述的兩件這類事情：

我們住在馬赫什瑜伽士道場附近，在一棵巨樹下露營。附近還有些山洞，我們偶爾也會去那裡。悉塔、姚阿欽和其他一些人每天都來和我們待上幾個小時。

我們那段時間吃的是碎麥粒，幾乎每天都吃這個，把木頭點著火後燒水煮。因為隨時都會下雨，下一會兒又停了，所以很難把木頭弄乾。當時恰逢雨季，通常每天都至少下一場雨。剛開始煮飯時，只有我們兩個人，所以我只在壺裡放了一小把碎麥粒。我才剛把火點上，突然一場大雨傾盆而下，把我們整個淋濕了，也把火給澆滅了。我們跑到樹下去躲雨，站在那裡等雨停的時候，姚阿欽、悉塔一行人來找我們，他們是從城裡走過來的。

雨停後，我意識到沒有乾木材了。我告訴了上師，他淡淡地回答說：「哦，那就表示今天沒有飯吃了。把麥子扔進恆河吧，

也留不到明天了。麥子已經浸了水，放在水裡會發酵的。至少我們可以給魚一些吃的。」

我走近壺邊的時候，發現蒸氣冒了出來，我打開壺蓋，發現麥子在雨中已經煮熟了。明明之前火生起來幾秒後就下雨了。

我拿著熟麥子給上師看，他只是笑著說：「非常好，我們可以用來招待客人了。」

我照做了，想著每人只能分到很少的份量，因為我放的麥子只夠兩人份。可是當我開始分配餐點時，每個人都分到了足夠的量，之後壺裡還剩下不少。用餐時，一對印度夫婦從山裡步行回端詩凱詩，看到我們吃飯就加入進來。上師邀請他們一起吃，壺裡又出現了滿滿兩人份的量。

我還記得這個時期的另一個故事。我想應該是發生在前面那件事之前或之後幾天。上師和我沿著恆河走了很遠，最後我們停下來，開始準備午飯。我發覺上師看起來有點累，就開始在周圍尋找平整的石頭，好在準備午餐時能讓他坐一會。在河灘上我沒有找到合適的，就走下恆河，看看淺水裡是否有合適的石頭。我站在水中正搜尋著，忽然順流漂來了一張木凳，就在我面前擱淺了。凳子大小完美，很適合上師坐。

我大笑著喊：「恆河送了您一張凳子坐！」

上師看了看，也同意是恆河發現了我們的需求，提供了一張椅子。所以儘管搬運起來不算方便，我們還是帶著凳子回了家，在之後一次去勒克瑙的時候給上師的母親看，這凳子被視為恆河賜予的加持品，被她保存在了自己的普嘉房裡。

六十年代末七十年代初在帕帕吉身邊的人，無論待過多長時間，都能說出類似的故事。我就再引述一件最近吸引我的事。阿諾·威邁亞（Arno Wehmeier）是個澳洲弟子，他的事蹟會在後文詳述。他對我說在哈德瓦和帕帕吉在一起時，蜜拉的衣服破了，她請帕帕吉和阿諾外出散步時買些針線回來。帕帕吉

忘了，回來後蜜拉對此略有微詞。以下是阿諾回憶之後的事：

帕帕吉和我坐在地板上，盤著腿，面對面。蜜拉在隔壁房間裡，隔著敞開的門說我們兩個都忘了買針線。帕帕吉的雙手一直放在膝蓋上，掌心朝上。我們就這麼坐著，一根針和線忽然出現在他手心裡，甚至線的顏色都和那件破掉的衣服配得上。帕帕吉咧開嘴輕笑了一會，請我把針線拿給蜜拉。我走過房間時，他把手指靠在唇上，示意不要告訴她這些針線是從哪兒來的。

帕帕吉從不有意製造這些現象，它們只是發生了。他從未對這些奇特神妙的事情做過任何理性解釋，不過幾年前他對此表達了看法：

我有時候會想，為什麼這些奇怪的事情會發生在我身邊，但是我不認為自己對此有什麼責任。有一天我想：「也許我還有一些細微的、無意識的欲念，希望這類事情發生，因為無論這世界顯現了什麼，都只是欲望的展現。」我不想要這種潛在的欲念，所以我下定了決心。

我對自己說：「我不想要這類事情再在我身邊發生了。」此後，這種事情就不再那麼頻繁地發生，最後終於停止了。

有次帕帕吉在勒克瑙時，一個勒克瑙大學的碩士生唵·普拉喀什·西亞勒（Om Prakash Syal）找上了他。以下是唵·普拉喀什描述他們初次相遇及後續的情形：

我第一次遇見帕帕吉是在1969年11月22日。當時我正走在路上，要去勒克瑙火車站寄信。早上大概七點的樣子，我在鐵路警察局附近走著。我注意到帕帕吉站在火車站前的空地上，蜜拉和他在一起，還有另一位印度男子，我不記得名字了。他們三個都

站著，似乎在等人。後來證明我猜得沒錯，他們是在等一個名叫貝蒂娜‧鮑默的女子，她坐火車從瓦拉納西來。我後來遇見了她。她是奧地利人，在瓦拉納西的貝納瑞斯印度教大學讀博士。我不知道為什麼帕帕吉要站在車站外面等她，大部分人接人都會進月臺的。

　　我寄完信，走向車站西邊。我經過帕帕吉然後繼續走，但在走了大概一百碼[a]後，卻發現自己的身體不能繼續向前了。我不得不轉回頭，朝著這個在車站外見到的陌生人走過去。我不知道為什麼如此被他吸引。他的外表看起來與那天我在車站外見到的人群完全沒有兩樣。他穿著街上常見的普通襯衫，沒有做出什麼引人注意的舉動。但我仍然走了回去，再看了看他。

　　我又一次經過他，沒有介紹自己。因為他完全是個陌生人，我覺得就這麼走上去問他是誰未免太冒昧了。我又走出了一百碼，再一次停住。那種牽引的力量還在。我有種不同尋常的感受，覺得不能就這麼離開這個人，儘管我之前從沒見過他。有什麼阻擋著我，讓我不能離開他身邊超過一百碼。我一次又一次嘗試走開。每次我經過他，不出一百碼就必然停下。而一旦停下，就會有一種奇特的力量把我拉向他，我就這樣來回走了大概五次。每次經過他身邊，我都感到有某種力量從他的前額傳遞到我體內。他並沒有盯著我，也看不出在用什麼力量吸引我。那只是我的一種感覺。每次靠近他，我都明顯感到有某種能量從他那裡傳到我身上。我完全不覺得他是什麼瑜伽士，因為他穿的衣服那麼普通，他身邊的兩人也穿得很簡單。

　　最後，我再也無法抗拒那種牽引力了。我走到他面前說：「先生，我已經從您身邊經過五次了，每次走過，我都感到您散發出的某種力量，我不知道您對我做了什麼，但是我沒辦法離開您。每次我試著走遠，就發現不管往哪個方向都走不出一百碼。所以

---

a　一百碼約莫九十一公尺。

請原諒我的冒昧，這種情況下我覺得必須要更加瞭解您。請告訴我您是何方神聖。」

一開始帕帕吉只是微笑，沒說一句話。他看向和他在一起等人的蜜拉和另一人，後來我才知道那人是帕帕吉的高徒。

沉默了幾秒後，帕帕吉開始笑：「這問題很實在，」他笑著說：「但在我告訴你我的身分前，你必須先告訴我你是誰。」

我對此沒有意見。「先生，我的名字是唵・普拉喀什，是勒克瑙大學的學生。我就住這附近。」

這是我常用的自我介紹，但帕帕吉對此並不滿意。

他說：「這不是你真正的身分，告訴我真正的你是誰。」

這讓我很困惑，我已經向他如實地介紹了自己，但他似乎在指責我對他說了謊。

我對他說：「我保證，我真的就是我說的那個人。我是唵・普拉喀什，我是勒克瑙大學數學系的學生，我住附近。」

他搖搖頭：「不，這不是你的名字。告訴我你真正的名字！」

我沒有意識到他拋給我的是一個哲學性的質問。但凡涉及哲學的一切我都不太開竅。我在勒克瑙大學讀數學一直到碩士，但對其他學科不太感興趣。儘管我也做印度教日常儀式，可從沒去研究過儀式背後的哲學觀念。在我整個人生中，直到那時，都不曾想過我會是別的人、別的什麼，而不是我一直相信自己所是的那個人。

雖然他剛剛指控我沒有說實話，我依然感到被他強烈吸引著。

「先生，」我說：「如果您不告訴我您是誰，如果您還是不相信我就是我所說的人，那麼您是否至少可以讓我時不時拜訪您？我被您強烈地吸引了，希望我們能更認識彼此。」

儘管我直截了當地問他的地址，他卻拒絕告訴我。他只是看著我說：「如果這是註定要發生的，那麼我們會再見面的。」

雖然這次交流並沒有給我多少訊息，但這次見面讓我無法忘懷。這個男人有一種令人無法抗拒的魅力，我想能說的就是在見

到他的那刻起我就愛上了他。那次見面結束時，我在街上向他跪倒禮拜。我不知道他是否是聖者，這麼做是因為我感覺到了對他的崇敬與尊重。我內在潛意識層面有什麼東西認出了他的神聖和偉大，同樣還有一種自發的臣服。在我靠近他的那一刻，我知道無論他要什麼，我都會給他，有必要的話，甚至可以獻出我的生命。

我記得那次分別時，我對他說：「我願意把自己所有的一切都給您。哪怕您要我身體裡的最後一滴血，我也會很樂意。只要最後一滴血對您有用，那就拿去吧。」

我不知道第一次見面時自己發生了什麼，我也不知道自己為什麼有那麼可笑的提議。我只能說是我融化了，臣服於這個完全陌生的男人，以至於願意對他傾盡我的所有。

我無法用理性的方式談論這些。現在我已經跟隨帕帕吉滿二十六年了，我仍然不知道自己為什麼會去找他。有種力量持續地一次又一次拉拽著我。在家裡和家人坐在一起時，我會忽然間就起身離開，因為知道自己必須再次見到這個人。我無法離開他。我一次又一次地去見他，但始終是沒有原因的。這是個不解之謎，因為我對他一無所求。我從不曾出於有意識的動機去見他。我只是一次又一次，有股難以抵抗的衝動要去待在他身邊。

幾周後我又一次見到了他。我當時正在瑪哈那嘉拜訪我的數學老師默赫拉博士（Dr Mehra）。我從他的住處騎單車往尼沙特岡吉[a]方向，途中見到帕帕吉正沿著貢提河（Gomti River）行走。我記得他穿著一條白色裹裙，折起來捲進了褲腰，上身穿著庫爾塔。他一進入我的視野，我就感到體內一陣顫抖。我跳下車，衝向他，在地上向他禮拜，整個人都被歡樂淹沒了。

沒等我發問，他就邀請我一起回到了他的住處。不是他在納希的住宅，而是他父母的屋子，就在貢提河邊。他當時和蜜拉住

---

a 瑪哈那嘉（Mahanagar）與尼沙特‧岡吉（Nishat Ganj）都是勒克瑙城內的地名。

在那裡。

我們走進廚房，帕帕吉問蜜拉：「你記得這個人嗎？他就是我們幾周前在火車站遇到的那一位。」

蜜拉見到我很高興。她歡呼雀躍，甚至在廚房翩然起舞。

帕帕吉邀請我共進午餐。我欣然接受了，儘管我長期以來一直備受各種胃病的困擾。我之前對吃的東西都很注意，但此時我完全沒有向帕帕吉提及。我才不要因為之後可能的胃痛而錯失與他一起用餐的機會。只要能和他一起吃飯，任何痛苦我都願意忍受。

他請我坐在地板上，放了一張芭蕉葉在我面前。一頓豐盛的南印度菜餚端到我面前：有米飯、扁豆咖喱、生菜優酪乳和一些奶粥。帕帕吉告訴我有幾道是他親手做的。

我津津有味地吃完了所有飯菜，之後也沒有一絲胃痛的症狀。事實上，這頓飯把病灶徹底治癒了。從那天起，我再也沒犯過胃病。

午餐後，他不經意地對我說：「我必須向你介紹我的上師。我想帶你見見我的上師。」

這讓我翹首以盼，兀自激動不已。我心想：「這個人已經如此偉大了，他的上師至少要跟他一樣偉大吧。」

帕帕吉牽著我的手到了另一間房間。他手臂大大一揮，宣佈：「這就是我的上師！」

我四處看看，那裡並沒有人。然後他五體投地，向尊貴的拉瑪那尊者的相片拜倒。這是他第一次向我介紹他的上師，而我的第一印象就是他對自己的上師是多麼地虔愛。他從不用過去時態談論他的老師，很明顯室利・拉瑪那仍然活在當下。

那裡還有些別的相片，有很多是黑天的圖畫。後來我知道那些都屬於他的母親，一位熱情的黑天虔愛者。

我之前從沒聽說過拉瑪那尊者。就像我之前說的，我對修行界一無所知。我當時唯一聽說過的上師是賽西亞・塞・巴巴

帕帕吉和唵‧普拉喀什在二十世紀70年代早期

（Sathya Sai Baba）。他很有名，所以我對他略有所聞。

我談起塞‧巴巴，並說起他展現的一些奇蹟。

帕帕吉立刻表達了對此類行為的厭惡：「他就是個玩雜耍的。如果你想要這種能力，你可以用某些方法修練。如果練得如法，六個月內就能搞定。」

那天晚些時候我問他是否能再過來見他。現在我知道能在哪裡找到他，我想盡可能地來見他。

他回答：「你必須先想好這輩子要的是什麼。如果你要的是我所提議的，那麼歡迎你來。但你必須得到父母的同意才可以來。每次你決定要來見我時，就得先問問父母你是否能來。向他們禮拜，徵求他們的同意。如果他們不同意，你就別來。」從那天開始，我試著每天都去見他。

第三或第四次去找他時，屋裡只有他母親在。

「他在哪裡？」我問。

「我想他是去了火車站，送幾位之前在這裡的外國人。我不知道他什麼時候回來。」

那時貝蒂娜‧鮑默和阿比什克塔南達‧斯瓦米來見他。我推測他是去車站送他們去瓦拉納西。我看了下時間，知道車什麼時候離站，發現這時間趕過去剛好。我衝到火車站，發現他正站在月臺上。

他送完訪客後，我走向他說：「我家離這裡很近，您願意過來坐坐嗎？我們可以走過去，不遠。」

一開始他拒絕了，說：「不，我們得去吃午飯。」

「但那裡不遠，」我說：「就五分鐘，來看看我住的地方吧。」

看到我熱情的期盼，他接受了邀請，過來看了看我家。這是他第一次來，之後他成了常客，這裡幾乎成了他第二個家。

那時候我的工作是在坎普爾（Kanpur）當講師，但我調整了行程，以便每天都能去見他。我早上七點左右動身去坎普爾，這樣就能在九點準時到達教室。我十點五十分講完課，然後衝到車站趕十一點的火車回勒克瑙。到勒克瑙的時間大約是十二點三十分，我會直接去帕帕吉家，而不是先回自己家。大概下午一點鐘能到他家，然後在那裡度過當天剩下的時間。如果他晚上不叫我回家，我就在那兒過夜。

遇見他大概一個月後，我決定向他請教一些修行法門。到那時為止，我從來沒問過他任何問題，他也沒給過我任何建議或指導。我們只是一起坐坐，消磨時光。他躺下時，有時我會給他按摩雙腿，但那就是我們互動的極限了。他從不要求我給他按摩腿，只是這件事吸引我去做，他也總是允許我去做。

我對修行一竅不通，而現在覺得是該從他那裡得到某種修行教育的時候了。帕帕吉躺在地上，讀著一本羅摩‧提爾塔（Ram Tirtha）的書。只有我們倆，所以看起來是個向他提問的好機會。我早年常稱他「斯瓦米吉」而不是「帕帕吉」。

「斯瓦米吉，」我開口說：「我已經來見您一段時間了，但您從沒要我做過任何事，也從沒給過我任何修行法門，或讓我去學些什麼。請教我一些能幫我開悟的技巧或方法。我想學禪修。請傳我一些咒語，或教些別的適合我的方法。」

他沉默了半個小時。我很確定他聽到了我的問題，但他似乎沒想回答。半個小時後，我重複了問題。依然沒有得到回答。他又沉默了半個小時。我問了第三次，再一次等了半個小時，仍然沒有應答。他沒睡著，只是靜靜坐著，眼睛睜著，但沒有看向任何特定的東西。

最後，我大為受挫，就輕輕搖搖他的肩膀，想把他從沉思中喚醒，並說：「斯瓦米吉！這個問題我已經問了三次，但您拒絕回答我。如果您不想給我任何建議，至少可以說不。您至少跟我說一聲告訴我您不願意回答我的問題。」

帕帕吉只是微笑著，說：「唵·普拉喀什，我在和你說，但你沒在聽。」

這讓我很吃驚。我一直盯著他，看了一個半小時，等一個答案，我很肯定他沒有發出一點聲音。

我沒有直接表達，而是對他說：「我沒聽見呀。請再對我說一次。」

「哦，」帕帕吉依然微笑著說：「那麼你的耳膜一定有什麼問題。」

「我怎麼可能在這種情況下錯過您的回答？我就坐在您身邊，期盼著您的回答。我只是盯著您看了一個半小時，那段時間都沒見您動過嘴唇，也沒有聽見任何聲音。」

而他說：「你聽得不對。你說我沒跟你講話，那個我不說話的沉默就是我對你的回答。」

他又坐了幾分鐘。他的坐姿很奇特，是穆斯林常用的一種：雙腿彎曲，跪坐在腳踝上。那段時間帕帕吉常常這樣坐。

最後，他用一根手指指著我，一針見血地說：「必要時才動念，

必要時才去看，必要時才開口。否則，保持安靜！」

在剛認識的幾個月裡，我每天都去見帕帕吉。如果我沒有在晚上九點到達他家，他就會去找我。他會出門去看為什麼我沒有來。我通常不會晚到，但情況發生時，一般就是我的火車誤點了。

儘管他很希望我每天都來，卻很少和我說話。我們只是一起靜靜地坐上幾個小時。

偶爾他會說些實用的話，比如「唵・普拉喀什，你能給我拿些水嗎？」或「唵・普拉喀什，拿點檳榔給我」。那就是我們交流的極限了。我從沒提過任何問題，而除了一些與他當下的個人需求相關的話，他幾乎不開口。那時候他對每個人幾乎都這樣。在我認識他的頭二十一年裡，也就是說，從1969年到1990年，我聽他講話的時間不超過二十一個小時，即一年一個小時。

有時弟子們會來找他尋求開示。他會聽，然後給出恰當的回答。但如果沒人向他提問，他就保持沉默。這並不是說他不通情理，他只是非常安靜，只在必要的時候才開口。沒人對他的沉默介意，因為我們都從中受益良多。大部分來見他的人都只是靜靜的和他坐在一起，感到被他的加持所觸動。

我來舉個例子。我大部分空閒時間都在帕帕吉那裡，我父母對此不太高興。可以說事實上他們非常煩惱。我有次聽到他們在背後抱怨：「他全部的時間都和帕帕吉在一起，不好好照顧我們。我們是他父母，但他不再陪伴我們了。他空閒的每一分鐘都用在這個帕帕吉身上。他可是我們的長子，有責任要留在家裡，待在我們身邊。」

父親決定去找帕帕吉抱怨，但去了之後卻只是靜靜地坐在那裡，什麼都沒說。

帕帕吉根本沒看向他，甚至沒和他說話，但當天我父親回家後卻對我說：「唵・普拉喀什，我今天遇見帕帕吉時，感覺自己好像坐在我爸爸面前，或我祖父面前。我不是說他們長得像。我只是有這種感覺，是我家祖輩中的一位長者在陪伴我。」

這次見面後，父親再也不抱怨我的行為了。事實上，過了一段時間，他也開始對帕帕吉產生了某種信心。

後來他問帕帕吉：「我能見到您已經覺醒的拙火。您能喚醒我的拙火嗎？」

帕帕吉只是微笑，說：「這會自行發生的。」

我必須談談這個微笑。對我而言，帕帕吉微笑時，並不表示他高興或友好，而是有種穿透性的力量在其中。帕帕吉朝某人微笑時，他的凝視中有一種力量或能量，直抵人心。頭腦無法承受。當微笑遇上頭腦，頭腦只能讓位。當頭腦觸到那個微笑時，整個頭腦裡的垃圾都會被一掃而空。

無論何時去見帕帕吉，我都不想離開。在持續見他的這些年裡，我從不曾動念對他說：「帕帕吉，我現在必須走了。我能回家嗎？」

所以總是帕帕吉在說：「唵·普拉喀什，你現在可以走了。」只有那時我才能夠離開。

有時他會忘記叫我走，或者他想讓我留下。這種情況下，我通常就在他那裡過夜，因為就像我前面所說的，我從來無法跟他說我得走了。有過這麼一次，我在他家裡連續住了兩晚，因為那兩個傍晚他都忘記叫我回家了。第三天我父親過來看我為什麼沒回家。

他到的時候非常非常生氣，開口道：「我兒子連基本的禮貌都沒有，也不告訴我他在哪裡，要去哪裡。這是什麼兒子？！他對我們毫不尊重！」

帕帕吉對他說：「你說你是唵·普拉喀什的父親。從某種意義上你說得對。但我也是他的父親。你是把他拋進母親子宮的父親。這樣的父親讓唵·普拉喀什一次又一次投胎轉世。我是負責讓他不再進入另一個母親子宮的父親。請記得我也是這個孩子的父親。」

唵‧普拉喀什與帕帕吉的後續經歷會出現在本書的其他章節。現在我回來敘述帕帕吉在哈德瓦和瑞詩凱詩的活動。

1950年代和60年代，許多來見帕帕吉的外國人都是由那位法國僧人阿比什克塔南達‧斯瓦米推薦來的。他和帕帕吉在南印度的會面記述在之前的章節中。整個1960年代，阿比什克塔南達‧斯瓦米本人也一直到瑞詩凱詩或者勒克瑙見帕帕吉。蜜拉有如下印象：

> 我第一次見到他是在1960年代末期，當時我和上師住在哈德瓦的七湖道場。那時阿比什克塔南達住在烏塔爾卡希 [a] 的茅棚裡，坐公車幾個小時就能到。於是當他去南邊的地方，或在回程時，都會停下來見上師。第一次見面前，上師已經和我說起過他，所以在他到來以前，我已經完全瞭解他了。阿比什克塔南達覺得上師是個有魅力的人，但他從來沒有成為真正的弟子。他對基督教有著不可動搖的忠誠，這讓他沒法接受上師的教導，無法視其為上師。即使如此，他還是一再地來，永遠都帶著一長串修行的問題。
>
> 有他在場，薩特桑就很歡樂，因為他的提問能讓上師給出精彩的回答。儘管他對密契主義（mysticism）很有興趣，也長久打坐，但他對基督教理論和印度教哲學依然抱持著極為理性的態度。他想找到基督教和印度教之間的某種共同點，很多問題都是圍繞這個目的展開的。有時候上師會和他討論哲學來讓他開心，但更多時候還是試圖告訴他，一切想法，無論是基督教的或印度教的，都必須放下。上師一再告訴他，正是對基督教各種觀念的執著才阻止了他發現自己那種思考和寫作的運作狀態，但阿比什克塔南達始終無法接受這點。

---

a　烏塔爾卡希（Uttarkashi）：印度北阿坎德邦的村鎮，坐落於恆河岸，位於瓦魯納河（Varuna）和阿西河（Asi）交匯處。鎮上有眾多道場。

上師的薩特桑從來沒法長時間保持嚴肅。大家總是在笑，開許多玩笑，有時候阿比什克塔南達會抱怨我們不夠認真，說我們總是完全無來由地大笑，但這只能讓我們笑得更厲害。有一次，他和我們在勒克瑙，上師對他說了些什麼，他因而有了某種狂喜體驗。他完全意識不到自己的舉動，絆了一跤，摔倒在地，一頭跌進了一碗麵粉裡。那時我們正坐在上師的廚房裡。看到他起身時，臉上全白了。當然，大家捧腹大笑，以至於阿比什克塔南達開始光火了。

「我再也不要待在這裡了！」他氣憤地嚷嚷：「我要回烏塔爾卡希，嚴肅地禪修。我要禪修三個月才能從這一次薩特桑裡恢復過來。」

威脅被付諸實施，他好幾周都沒有出現。

那段時間上師經常見到基督顯現，阿比什克塔南達對這些淨相的描述又著迷又困惑。他完全無法理解，既然上師總是斥責過分執著基督教教義的行為，為什麼基督卻經常出現在這個人面前？有次淨相發生的情景我記得特別清楚。上師突然停下手邊的事，躺了下來，把毯子拉到下巴上，幾個小時中完全一動不動。之前我從沒見過他這樣。他回復平日狀態後，很緩慢、字斟句酌地描述了他剛剛見到的基督的宇宙形象，基督看起來就像是充滿了整個宇宙，張開雙臂歡迎他。上師描述時，我看著他。他的臉隨著故事的講述完全融化了。

這一特別的境界很可能發生在1970年11月，因為當月23日帕帕吉給阿比什克塔南達寄去了下面這封信：

……我想讀一讀《薄伽梵往世書注疏》，但不知怎麼無法開始。我把書放在一邊，然後就見到了祜主基督實實在在站在我面前。他腳踩著大地，但頭越過了重重天際。一開始他的雙手放在胸前，接著雙臂完全張開，寬廣無邊，然後，他又將前臂收回。

阿比什克塔南達・斯瓦米

最後，他向我靠近，要擁抱我。這大約持續了一個小時。之後我起身去了森林，但這淨相持續留在我的心裡。請用你的方法來解讀一下。

阿比什克塔南達的世界觀沒辦法消化這個淨相。在詹姆士・斯圖亞特神父（Jame Stuart）為他所著的傳記中，阿比什克塔南達承認這種淨相讓他不知所措。他無法理解基督是如何、又是為什麼以這種宇宙形貌出現在一個不二論印度教徒面前。

蜜拉繼續說：

上師在約旦河（Jordan River）岸邊見到耶穌和彼得時，阿比什克塔南達也在場。上師描述他所見到的，而阿比什克塔南達就以自己對聖經和這片地區地理的知識來評價和解釋。

阿比什克塔南達深受觸動，所以推薦了好幾位基督徒來見上師。有個女孩叫貝蒂娜・鮑默，她在上師身邊待了好幾年，有一位叫瑪麗娜（Marina）的義大利女子在1960年代定期來見他，還

有其他幾位。只有一個人，安瑞克‧安圭拉（Enrique Aguilar），
才算是真的放棄了基督教的過去。他來印度時是本篤會修士，但
在上師的影響下，很快就放棄了自己的各種基督教觀念。

　　就如蜜拉所言，帕帕吉在回答阿比什克塔南達時，有時鼓
勵他找到印度教和基督教的相通之處，有時則鼓勵他徹底放棄
所有的基督教觀念。下面說的是第一種情況，摘自帕帕吉1970
年11月寫給他的一封信：

　　　　我一定程度上已經瞭解了那些外國基督教徒。他們為
求真理來見我，只消片刻就回到了自己的本然狀態。這表
示在見我之前，他們已經以一種基督教的方式準備好了。
我個人沒有發現基督教思想和奧義書真理之間有任何區
別。我發現奧義書的偈頌與聖經的話語絕對相似。但為什
麼要稱之為相似呢？必須是兩個不同的東西才能稱之為相
似啊。而事實上，只有一個神，無論是黑天所說，還是基
督所說，說的都是同一個天父（ONE Father）。無論是唵
或阿門。

愛的擁抱

H. W. L. 彭嘉

而之後的這則故事就很好表現了第二種相反的手法。我聽帕帕吉在好幾個場合都講過：

阿比什克塔南達‧斯瓦米和我坐在瑞詩凱詩附近的恆河岸邊。

我們一直靜靜地坐著，突然他轉向我，問道：「羅摩，我離解脫有多遠？」

他一直稱我羅摩，那段時間好些人都這麼叫。

我回答：「就像天空到大地那麼遠。」

我能看出這個回答讓他非常失望。

「但是我出了什麼問題？」他哀怨地問：「我已經禪修了好些年，還進行了密集的靈熱苦修。我一生都在追尋這個目標。」

「如果你真的想解脫，」我告訴他：「我立刻就能告訴你怎樣做到。為什麼要等五個禮拜，或等上個五年？你隨身帶著一個包，把那個包扔進恆河的話，我保證你能立刻解脫。但你為什麼不扔呢？」

這是個很嚴肅的提議，但他無法接受。他包裡裝著幾本基督教書籍和彌撒法器。我實際上是要他把基督教信仰全部扔進河裡。他做不到。

他說：「我辦不到，我已經決心投身於基督教了，我是永遠不會放棄的。」

他一定是把這番對話寫了下來，因為幾年後我發現這個故事出現在了一部關於阿比什克塔南達生平的紀錄片裡。兩名演員扮演我們，對話差不多就是我所描述的那樣。

阿比什克塔南達最後對帕帕吉感到幻滅，不再來見他了。唵‧普拉喀什記得1970年早期在勒克瑙發生的以下這則對話。

在勒克瑙，阿比什克塔南達和帕帕吉聊著天，我和他們坐在一起。他說：「羅摩，你不再是我1953年第一次見到的羅摩了。

那時候你是那麼有力量。現在的你看起來變了好多。」

帕帕吉看著他，回答：「是你的眼鏡看到了這種變化。你戴上了一副新的眼鏡，所以你現在看到的就不一樣了。我是同一個。我一直都是同一個。如果你看到任何變化，只能是你看我的方式有了變化。」

將近二十年來，帕帕吉一直讓阿比什克塔南達要放下基督教，卻沒有成功。但是，當阿比什克塔南達在瑞詩凱詩得了心臟病，半癱瘓在街上時，他的基督教見地卻自動消退了。這事發生不久後，他在給基督教朋友的信中解釋了躺在路上時，他是怎樣直接親證真我，而這又如何令他之前的所有信仰全部崩塌的。

誰能承受這種顯容[a]的榮耀，這種死亡而顯榮者的榮耀；基督是什麼，是「**我在**」（I AM）！唯有從死亡中醒來的人才能如此說⋯⋯這是非凡的靈性體驗⋯⋯我走在街上，在兩個世界的交界，無比平靜，因為不論世界如何，**我在**！我已找到了**聖杯**！⋯⋯

我越深入，越不能以一種還能稱之為基督徒的方法來彰顯基督⋯⋯因為基督首先是一種概念，是由外界施加於我的概念。在73年7月14日我有了「超越生死的體驗」後，我的目標只能是讓人們醒悟他們真正所是的那個。任何宗教裡，任何關於上帝或神名（the Word[b]）的一切，任何並非基於深層「我」之體驗的，都只能

---

a 基督顯聖容（transfiguration）：聖經新約記載關於耶穌在大博爾山改變容貌並且發光的事。對觀福音（《馬太福音》17:1-9、《馬可福音》9:2-8、《路加福音》9:28-36）都有記載此事。在這些記載中，耶穌和他三個門徒前往大博爾山。在山上，耶穌開始發出明亮的光線，顯示出神的容貌。然後，先知摩西和以利亞出現在他兩旁，耶穌和他們談話。耶穌其後被一把從天而來的聲音呼喚為兒子，這被視為上帝對耶穌的工作的肯定。

b 此處原文為 Anything about God or the Word in any religion，Word 首字母大寫，並在下文中出現數次，指的是「四字神名」，為古代希伯來人尊崇的唯一之神的神名，在《希伯來聖經》中，用四個希伯來子音來表示，轉寫為拉丁文是 IHVH，在英文中為 JHVH、YHVH 或 YHWH。《出埃及記》記載，當摩西問上帝，應當讓以色列人如何稱呼他時，上帝說了四個字，可以翻

是純粹的「概念」，而不是真實存在。

我對基督教義完全失去了興趣，對在歷史上喚醒人類的上帝之名也了無興趣……「上帝」之名，源自或歸根於我本來的「當下」；這就是那個覺醒，是我自己的覺性。我在基督身上最重要的發現，就是他的「**我在**」……這個「**我在**」體驗才是真正重要的。基督就是這個最神祕的「**我在**」，透過體驗以及真實存在的了知，一切基督的教義都分崩離析了。

「具基督教特色」的覺醒又是什麼意思呢？在覺醒之時，所有的這些「特色」都留不下來，只能消失……「特色」是會隨著聽者而變化的，但本質的東西則超越於此。發現了基督的「**我在**」，就摧毀了一切基督教神學，因為所有的觀念都在體驗之火中被燃燒殆盡……我已經充分感受到，「**我在**」的耀眼之火越來越熾盛，所有關於基督其人、本體論、歷史生平等等，全都消失於其中。

1970年某段時期，帕帕吉和蜜拉在勒克瑙住了一段日子。那時，一名日本老師大信田（Oshida）教授上門拜訪。帕帕吉說過幾次他們見面的故事。下面記錄的是他對一位日本婦女講述的版本，當時那位女子正跟帕帕吉說她不相信證悟是發生在未來的事情，這會推遲自己的證悟。

這是非常好的態度。如果你現在就想要，現在就會得到。不要執著地想著你要取得什麼進步，然後再達到目的。所有這些概念都只是花招，讓你一直不能明白當下的你到底是誰。

我見過幾個像你這樣的日本人。他們在日本聽說了我，立刻決定到印度來。如果解脫才是你真正想要的，沒什麼能阻擋你的

譯為英文 I am that I am，即「我是我所是」的意思。因為猶太人所受的十誡中有「不可妄稱你神的名」的誡命，故避諱直呼神名。四字神名最常見的漢語譯法是即《和合本》譯者所採用的「耶和華」。

路。你一聽到召喚，就會立刻回應。

有一次，一個名叫大信田的日本人到我納希的住處來找我。我家裡的人告訴他我在樓上帶薩特桑，歡迎他參加。

起初他不願意爬樓梯，因為他只有一葉肺，另一葉手術移除了。東京的醫生不准他爬樓梯，認為這會給他剩下的那葉肺造成太大的負擔。

然後他對自己說：「我大老遠跑來見他，他現在就在幾米之外。如果我必須要爬上樓梯才能見他，那我就爬吧。」

你看，沒有任何拖延。他大可以等到我下樓，但他不願意。他完全不考慮這會給剩下的那葉肺帶來多大的傷害，就上樓來見我了。

他在後面靜靜地坐了一會，過了幾分鐘後，他開始大笑。幾秒鐘後，他無法自抑，連續不停地笑了一個鐘頭。

薩特桑結束前，我邀請他一起午餐。吃飯時他說了自己的故事：

「我只有一葉肺，」他開口說道：「醫生們都建議我要非常小心。我不應該爬樓梯，甚至不應該笑。這類會加重肺部工作的行為都被禁止了。如果不小心笑了，我就得吃些藥。」

他給我看了他的X光片，他帶在身邊以備在印度治療時用，還給我看了一瓶一直帶在身邊的藥。

這是我頭一次聽說笑也是一種病，甚至意外發笑還得吃藥。我印象中，日本人笑得不太多。只有這樣一個國家才會把笑當作一個問題，還發明了對治的藥物。

教授心情非常愉快，很明顯他不再擔心自己的病了。

「今天我爬上了樓梯，坐在您周圍笑了一個鐘頭。我絲毫不覺得疼痛或有什麼負擔。事實上，我覺得自己好像長出了一葉新的肺。我好久沒有像以前有兩葉完好的肺時那麼輕快地呼吸過了。和您一起大笑是種非常好的治療。我打算忽略醫生們的建議，每天來爬您的樓梯，盡可能地和您一起笑。」

一周後他回到了日本，他的同事都想知道為什麼他會去印度，在那兒做了些什麼事。於是他講了我的事，提到我是印度教傳統的靈修老師。

他的朋友們也都是老師，馬上想要知道我教些什麼。我想他們很可能期待能聽到某種哲學思想，但教授只是開始大笑。

他的同事們再問了一次，而教授又再次大笑起來。

他們開始有些為他擔心，大家都知道醫生禁止他笑，也擔心他從印度回來後的精神狀況，因為無論何時問及我教什麼，他都只是大笑。

最後，當他們又一次問到我的教法時，他回答：「笑就是教法。要說我從印度帶回了什麼，這就是最好的回答。」

他寫信對我說了這一切，我才知道後來發生了這些事。

笑是自然的。快樂是自然的。但是當各種念頭塞滿了你的頭腦，你就無法再笑了。當你擺脫了所有的念頭，歡笑和快樂會自行到來。

你永遠沒法找到兩個同意彼此治療意見的醫生。他們在學校學習時讀了同樣的教材，但實踐時就會開始相互否定。日本的醫生們認為笑是糟糕的，因為會給肺部帶來太多負擔。最近我讀到美國一項研究，表示每天笑一笑，醫生遠離我。我更喜歡美國的醫療。

大信田教授再也沒回來見過帕帕吉，但二十五年後，蜜拉與他在布魯塞爾不期而遇：

我正走在街上，一位日本男子向我跑來，看起來很眼熟。他給了我一個大大的擁抱，我突然意識到他就是那位1970年左右在勒克瑙遇見的大信田教授。他依然在笑，從他的表現來看，我可以說他身體非常健康。我們聊得很開心，他告訴我自從遇見帕帕吉之後，他過得很快樂。

幾周後蜜拉和帕帕吉回到了瑞詩凱詩，繼續他們通常的日程：散步、游泳、接待訪客。有些訪客是嚴肅的求道者，但有些只是試圖治療自己的精神問題。下文中，帕帕吉描述了這段時期他是如何應對來見他的一些人。

過去的六十年間，我走遍了瑞詩凱詩，也在那裡遇到了許多年輕人。有時候會看到非常年輕的孩子。我碰見過一個才十七歲的女孩。後來知道她是英國人，從倫敦乘火車一路到了這裡。鎮上的一些印度人向我提到了她。

「去看看那個坐在河邊的女孩吧。她不分晝夜，一動不動地坐在那裡。就算烈日當空、大雨傾盆，她也不動。鎮上所謂的苦行僧也做不到這樣。我們不過每天在恆河沐浴一兩次，但這個女孩全部時間都在那裡了。」

儘管還沒有遇見她，我立刻感到被她強烈吸引了。當你有了這種決心，老師就會來找你，不需要外出去找老師。我問明了方位，去恆河邊坐到了她身旁。

「你是和父母一起來這裡的嗎？」我問。我覺得這種情況最有可能，因為她看起來是那麼年輕。我想她也許正在過暑假。

「不，」她回答：「我自己一個人從倫敦來。我今年就畢業了，上大學前決定放一年假。」

「那你的父母呢？」我問：「他們允許你獨自來印度嗎？」

我想她肯定是偷偷溜出家的，因為沒有任何印度父母會允許十七歲的女兒獨自走過半個地球。

「是啊，」她回答：「他們同意了。他們說我進大學前可以在印度待一年。」

「那你為什麼來這裡？」我問：「你為什麼選擇了這裡？」

「我想要開悟，」她以一種非常堅定的語氣回答：「離上大學前只有一年了，我不想浪費時間。我打算在恆河岸邊用一整年的時間禪修。」

我問：「你是怎麼聽說瑞詩凱詩的？」這座城鎮在印度頗具盛名，但我不認為一名倫敦的中學生會對此有所瞭解。

「我在倫敦有個朋友，他的父母曾經在印度工作過。我早就知道自己是要來印度尋求解脫的，所以我問他們，如果印度人想認真禪修的話會去哪裡。他們告訴我是這裡。」

我被她毫不動搖的決心打動了。當你有了這種對解脫的渴望，當你能拋棄生命中其餘一切只為成就時，諸神自然會來找你，為你效勞。

她應該是意識到我能帶給她些什麼，因為她問我是否能幫助她打開心靈。

「是的，」我回答：「但那只會在恰當的時機發生。」

我定期去找她，帶她去當地的一些餐廳吃飯，邀請她和我去附近的山丘散步。我們共同愉快地過了幾周，一起吃飯散步。

過了一段時間，我發現她父母完全不知道她到底在哪裡。她來到印度後沒有給他們寫過信。我請她坐下來，寫了一封信。我也給她父母寫了封信，告訴他們不需要擔心，因為她在很好的地方，得到很好的照料，幾周以來我待她如同孫女。

最終，她一直追尋的直接體驗如願發生了。之後我告訴她：「你不需要再留在這裡了，你已如願以償。現在你可以回家了，讓你父母高興高興吧。」

她接受了我的提議，很快就回去了。這一類對解脫的渴望很罕見，而當它偶爾出現在年輕人臉上時，真的很美。

我在瑞詩凱詩見到有些禪修的人非常年輕，我必須去問問他們如何解決來印度的費用。有些人靠打工，有些人問父母要錢。我見過一個十幾歲的女孩，她賺錢的方法非常快速簡單。

她看起來過得很好。我問她錢都從哪裡來時，她回答說：「我給一本男性雜誌拍半裸照。一張照片得到的報酬足夠我在印度住上好幾年。」

同一段時間，有個巴西女孩來找我，她的年齡要稍大些，約

二十歲。當時我正坐在恆河邊，她帶著水果來找我，用蹩腳的英語講述她的故事。

「我來自一個巴西的富裕家庭。我來印度禪修，最後在韋德尼克檀道場住下來了，因為別的道場不接待外國人。那裡的師父給了我一間房，我已經住了六個月。儘管師父對我很友好，我卻不再認為他是證悟者。他把我照顧得很周到，但我沒有從他那裡得到任何教導或禪修上的幫助。我來印度尋求證悟，可現在我知道這個人沒法幫我。有個曾住過那裡的男孩離開了道場來找您。最近我在市集上碰見他，他對自己做的決定很高興。我也想像他一樣定期來見您。但有一個問題，我的師父不允許我拜訪其他的老師或道場。為了能見到您，我今天不得不對他說要來市場買水果。他把我的旅行支票和護照鎖在道場裡，所以我很難離開。我為他感到遺憾，也很想要幫助他。如果您能幫我開悟，我想回去，也幫他開悟。我每天只能出來一小時，所以沒辦法逗留很久。」

我一生中見過許多事，但這可是件新鮮事：弟子想讓自己的上師開悟。過去都是上師要讓自己的弟子開悟。可是，現在在這個爭鬥時（kali yuga）中每件事都顛倒了，弟子要讓上師開悟了。

我對她說：「去那裡可不是個好主意。當時你剛到印度，留在了唯一願意接納你的地方。你可以再四處走一下，比如去瓦拉納西這類地方，在你決定把成道之路交付給某人前，再在這個國家多看看。」

「但那位師父拿走了我所有的錢，」她說：「我要怎麼離開？」

「你說自己來自一個富裕的家庭。給家裡寫信，再拿點錢。錢一匯到，就去拿你的護照然後離開。」

許多道場都試圖掌控弟子，禁止他們拜訪別的老師和道場。我在瑞詩凱詩時遇見過許多人，被自己的師父禁錮在無形的屋子之中。

有個來自法國南部的女子名叫蘇珊娜（Suzanne），她從法國男孩伊萬·阿瑪爾（Yvan Amar）那裡聽說了我。伊萬曾和我在一

起待過很久。她也聽說了倡陀羅‧斯瓦米，這位師父在哈德瓦有間道場。她先去了那裡，她在那裡接受了入門儀式。蘇珊娜想要見我，但她知道倡陀羅‧斯瓦米不喜歡自己道場裡的人去找我，她只能秘密地計畫著。那幾年我有時會住在勒克瑙的一家旅館，她找到了那裡。有人給了她地址，但她需要找個理由來見我。

她對倡陀羅‧斯瓦米說：「我必須去趟德里，安排回程的機票，幾天後就回來。」

她乘杜恩快線來到了勒克瑙，早上九點到了我門前。見面很愉快，我們聊了一整天，聊到差不多當晚十一點。我讓她在我們家過了一夜，她沒別的地方可以去。

第二天我給了她一杯咖啡，問她情況怎麼樣。我這麼問是因為她看起來非常快樂。

「昨天傍晚您離開後我感到無比幸福，喜悅而平靜。現在我心裡完全沒有一點念頭。只有平穩與寧靜。這是不是就是您所說的解脫？」

那天晚些時候她回到了哈德瓦，她答應過師父，兩天後就回去的。她肯定之前和某些朋友說過準備秘密地去趟勒克瑙，因為她回去時，發現房間被清空了，她的行李被打包，丟在樓梯下。

不是所有來見我的人都是為了修道。許多人來見我只是因為他們憂鬱，心神不寧，甚至是發了瘋。

有個來自紐約的人來見我，說他多年來一直被一個鬼魂糾纏。他自己是精神科醫生，但同行沒人能幫得上忙。經過多年的治療，最後，有個認識我的人建議他來找我求助。那幾年我住在瑞詩凱詩附近的山上一棟三房的屋子裡。他坐計程車抵達了之後，立刻向我傾訴起來。

「有個女鬼纏著我。我沒法擺脫她。如果我躺下來，就會見到她坐在我胸口上，手上拿著把匕首。她要麼是想刺死我，要麼就是想勒死我。如果我坐下來吃飯，她就坐在我身邊，想偷走我所有吃的。無論我去哪裡，她都跟著我。她甚至還跟著我一起來了

印度。我買票時，她就站在我旁邊排隊。她還買了票和我同一個航班。我登機坐下後，發現她整趟行程就坐在我旁邊。在德里她進了我的計程車，和我一路到了這裡。我靠近這棟房子時，她才消失了。這裡肯定有什麼她不喜歡的東西。我能留在這裡和您一起嗎？如果可以待在一個她不出現的地方，我會很幸福的。」

我同意他把行李放在某個空房間裡。

「你現在可以住在這裡。」我說：「今晚就睡在這裡，明天我們繼續談談你的問題。」

當晚淩晨一點，他來敲我的門，說：「她又來了！我躺在房間裡，她坐到我胸口上。我不要再住在那裡了。我能進來和您一起睡嗎？」

我讓他進來了，他太害怕了，沒法一個人睡覺。

之後幾天，我試著弄清楚他到底是怎麼回事。毫無疑問他是見到了一個鬼魂，光是見到這個情景，就令他恐懼不已。他向我重複了幾遍一樣的故事，但沒有提供任何線索來解釋自己怎麼變成這樣的。最後我決定做些調查，我請他去鎮上買水果，這趟差事能把他支開兩個小時。他不在的時候，我翻了他的包，想看看他身邊是否有什麼線索。

在包底有一塊絲布，仔細地包裹著一張年輕女子的照片和一枚戒指，看起來像是枚婚戒。戒指是金的，鑲嵌著一顆鑽石。我曾經好幾次問過他個人生活的情況，希望能找到相關的資訊，但他從來沒有提到過類似的女子。我認定這個女子一定和他的問題有關。

之後我和他聊起他的煩惱時，我問他認為那個鬼是誰，是不是前妻或前女友？他說不知道。我還問他是否結過婚，或和女友同居過。他說自己結婚了，但當我請他談談妻子時，我發覺那並不是照片上的人。最後，我發現無法讓他主動開口提起那名神祕的女子，就趁他不注意把照片從他包裡翻出來，給他看，問這是誰。

「很抱歉這麼做，」我說：「我試著在你心裡尋找，但你不讓我進去，所以我就在你包裡尋找了。我想這位就是你的鬼魂。為什麼你不告訴我她是誰呢？」

看著這張照片，他終於承認這就是一直纏著他的女子。這是他的第一任太太。多年前他們一起野營時，他殺了她，因為他愛上了另一個女人。他在她的咖啡裡下毒，把屍體丟進了河裡。他把痕跡掩蓋得很好，讓所有的朋友、親戚甚至警察相信她只是毫無蹤跡地消失了。就是從那時起，那個女人就會一直出現糾纏著他。之前他從沒向任何人承認過這個女孩就是困擾他的鬼魂。

我能看出他已經準備好卸下包袱了。

「是時候放開她了。把照片和戒指都帶到河邊，我們來為她好好進行一場得體的葬禮。」

我給了他一些花來向河水供奉，要他請求亡妻的寬恕。簡短的儀式後，我建議他靜靜坐上半個小時，專注於亡者的靈魂。

「願她一切安好，」我說：「送她上路吧。她對你，應該就像你對她那樣，已經厭倦了。也是她應該繼續前行的時候了。帶著愛和關懷送她離開吧。」

三十分鐘後，我請他把戒指和照片投進河裡。這是真正的測試。如果他能心甘情願地這麼做，就表示他已驅散了自己的鬼魂。他毫不猶豫地把那些都扔進了河裡。接下來的六個月，他都和我在一起，當他回到美國的時候，他已經痊癒了。他寫信來，說和第二任太太以及他們的女兒快樂地生活在一起。

像這樣背負著沉重的包袱並不是好事。惡行的秘密會毒害心靈。不如承認做過什麼，道歉，承擔後果並且繼續前進。帶著這種過去的故事只會生出心病來。

還有其他來找我的人，也像是帶著心病。1960年代末，有個傳教士送來一個加拿大男孩。他大約十九歲，身心似乎已經被毒品和濫交摧毀了。他告訴我一直是怎麼活著的，我很難相信有人可以在這麼年輕時，就用一種墮落得如此徹底的生活毀了自己。

有人建議他和我共同住上一段時間，死馬當活馬醫吧，因為他看起來註定是要英年早逝了。年輕人通常充滿了生命力，但這個男孩看起來已經油盡燈枯了。他一直在有意地自毀，我想這是因為他內心有種變態的死亡渴望。他告訴我事實上他已經嘗試自殺過幾次。幾周內我定期去見他，但他始終無精打采，死氣沉沉。他什麼都不想做，有時候甚至不想吃東西。他的身體越來越虛弱，被憂鬱折磨著。

男孩想要戒掉舊習，他知道自己的生命所發生的一切，但我幫不了他什麼。他需要一種健康而健全的生活方式、友善的陪伴以及大量的體育鍛煉。我建議他去加爾各答的德蕾莎修女（Mother Theresa）那裡工作一段時間，但他不認為修女會接受他。當時她在印度之外還鮮為人知。我送他過去，寫了一封推薦信。儘管男孩看起來是那麼狼狽不堪，修女還是收下了他。幾周後他寫信給我，說已投入了那裡的工作，很愉快。

美國精神科醫生和加拿大男孩，他們是因為不負責任的行為給自己帶來了麻煩。我遇見一些病人，則是他人罪行的受害者。一個女孩在菩提伽耶（Bodh Gaya）的緬甸寺聽說了我，來找我。她是佛教徒，在泰國和菩提伽耶時都曾長時間地打坐。儘管她非常虔誠，也長時間禪修，但她心裡似乎有什麼東西並不太對勁。我感到她心裡有很多恐懼和不快樂，而她不願意說出來。最後我從一個法國女人那裡聽說了她的故事，她們曾一起住在香港，成為了朋友。

這個女孩十三歲時，她問母親：「為什麼我看起來和你們不一樣？我是金色頭髮，淺色皮膚，而你和爸爸都是黑頭髮，膚色較深。」

她母親決定告訴她實情：「我們在你嬰兒時收養了你。沒人知道你的生母是誰。領養中心告訴我們你被裝在塑膠袋裡丟棄在街邊。你幾個月大的時候我們就開始收養你了。」

這一事實讓她大受打擊。她感到自己不被需要、不被愛，最

後逃離了她的養父母，儘管他們一直細心照顧著她。她皈依了佛教，每天長時間打坐。她的禪修隔絕了痛苦的記憶，但並沒有治療背後的問題。她需要愛和關懷，她需要感到身邊的人在乎她，需要她。

她的心受了傷。剛開始，她沒法向我打開她的心，因為她感到自己被剝奪了來自親生父母的愛。她的經歷及對此的困擾讓她的心靈生病了。這類問題在西方並不罕見。我去過許多國家，和很多求道者們談及他們的過往。許多西方人告訴我，他們如何因為父母的虐待而飽受傷害，對此我始終感到驚訝。看起來一個人要足夠幸運，才能在西方生於一個善良而有愛的家庭。

她第二次來的時候，我請她進行更多社交，讓她整天忙東忙西，不讓她躲在自己的禪修中。我們一起去恆河游泳，我帶她在森林走了很久。我鼓勵她用一種放鬆的方式談論自己的過去，希望她不要感到那是一種要隱藏的罪惡秘密。比起所有曠日持久的強制性禪修，這幾周裡她感受到的愛與關懷能讓她更幸福。

她離開時狀態很好。我對她說：「你不需要在身上背負那些過往，那不關你的事。你的生母拋棄了你，她做得不好，並且終有一天她要為此受苦。但那不再是你的事了。在印度我們有種傳統，如果你達到解脫，你家族的所有先祖，無論在何處都會被賜福。所以與其對你媽媽抱著敵對情緒，不如以你的證悟來祝福她。她很可能需要幫助，就如同你剛來這裡時那樣。」

我天性快樂，也樂於見到人們在我身邊快快樂樂的。我遇見的大部分人，即使是嚴肅苦修以求解脫的人，也懂得怎麼大笑，讓自己快樂。但有些人就是無可救藥地毫無幽默感。我做什麼或說什麼都完全沒法讓他們的臉上產生一絲笑意。住在瑞詩凱詩時我見過幾個這樣的人。

其中一個人來自美國加州的米爾谷（Mill Valley）。他特意來見我，所以我帶著他在瑞詩凱詩走走，看看重要的景點。那天我興致很高，極其享受大自然提供給我們的一切美景。一路上，我

向他指出一切我覺得他可能會感興趣的事物，解釋當地風俗，以便他能瞭解身邊的情況。當你來到一個新地方，看到當地人的各種活動，總是會覺得新奇有趣的。但此人在行走中始終沉默不語，全程保持嚴肅。最後我們坐在恆河岸邊。水波蕩漾，鳥鳴啾啾，我心裡激起一陣幸福感，我開始笑。我的同伴明顯覺得我的行為非常古怪，儘管他出於禮貌沒有說出口。

過了一會，我轉向他問道：「為什麼你一直這麼嚴肅？你掛著一張死人的臉。看起來是那麼僵硬刻板，我覺得就算你想要微笑或大笑，你也笑不出來。」

「你們印度人可以毫無米由地大笑，」他說：「而且沒人會對此有任何反應。在美國，您今天表現的行為是不被容忍的。如果人們坐在公共場合毫無理由地大笑，警察會來關注的。像您這麼做的人，很可能會被押到最近的精神病院去。」

他一本正經地說完了這番話，很可能他認為這類人就應該被關起來。

還有次我帶了一位來自巴黎的教授遊覽瑞詩凱詩。他也是外表嚴肅的人，但他還有另一面。

「米歇爾，」我對他說：「你看起來是個非常嚴肅的人。今天天氣很好。我們坐在恆河邊，大自然為我們佈置了美妙的景色。魚兒在跳舞，鳥兒在歌唱。這一切難道不能讓你快樂、讓你平靜嗎？如果是的話，為什麼你一點都不表現出來呢？」

可悲的是，他這樣回答：「我已經學會了嚴肅，這樣才能合理地做好我的工作。我是哲學教授，如果我站在學生面前，像您今天那樣大笑或傻笑，誰還會認真聽我的課？哲學應當是門嚴肅的學科，所以當我站著談論哲學時也應該看起來嚴肅些。」

「但我不是你的學生，」我說：「和我在一起時你可以放鬆，表露出你真實的感受。」

「太難了，」他承認道：「在我們的社會裡，大部分時間我們都被約束著要嚴肅。從童年開始，如果我們表現得不夠嚴肅認

真，父母和兄長就會責備我們過於輕佻。我們也許心裡在大笑，但不能表現出來，因為總有人等著批評你。所以我們假裝嚴肅，但過了一段時間，這種習氣就開始生根發芽，我們也沒辦法阻止，無法放鬆地去展現自己真正的個性了。我們被社會期盼的這種形象禁錮住了。我想這也發生在我身上。有時我也渴望毫不掩飾地表達喜悅和歡樂，但一想到社會規範的行為舉止，我就開始壓抑自己，甚至不敢跨出一小步。我想西方有很多像我這樣的人。我們需要保持嚴肅，以此保住自己的工作以及身邊人群對自己的認可。」

到此為止，這一章中我聽到的大部分故事都是關於帕帕吉在瑞詩凱詩和哈德瓦遇見的外國人。其實這段時間他並沒有忽略舊日弟子，他依然定期去隆達、孟買和勒克瑙見他們，而他們也會時不時來哈德瓦拜訪他。下一個故事是帕帕吉和弟子們一起經歷的一趟曲折的旅程。帕帕吉和其中幾位弟子的邂逅故事已在之前的章節中敘述過了。

有幾個弟子從南方來，希望和我一起去巴德里納特朝聖。他們跟我說了幾次想和我同行，希望在上師的陪伴下參訪聖地，最後我答應了。除我之外，還有五個人。一位是來自隆達的醫生那羅衍‧巴克惹；一位是來自貝爾高姆的森林承包人；第三位是老師；第四位是B‧D‧德塞，他在孟買的泰姬大飯店會計部工作；第五位是康拉尼，在隆達火車站經營一家餐廳。

我們一起從卡納塔克邦來到哈德瓦，這裡是去喜馬拉雅朝聖的客運交通中心。當時正值旅遊旺季，七天以來我們都沒能訂到車票。這並不要緊，我們有足夠的時間，在哈德瓦和瑞詩凱詩有許多景點可以看。我們在這個禮拜購置了去巴德里納特旅行所需的所有物品。我們要買很多東西，因為還計畫順便去一些臨近的地方比如百花谷（Valley of Flowers）。其中一些地方海拔超過

五千公尺，所以得確保有夠好的靴子、大衣、雨傘等等。我們還準備了不易腐壞的食物，因為知道那些景點不太會提供食物，景點之間也相距很遠。一起旅行的醫生買了些特別的藥品，他說如果有人出現高山症時能派上用場。

到了指定日期，我們集中在客運站，把行李綁在車頂架上，然後坐到預定好的座位上。過了幾分鐘，我向所有人宣佈：「我們不去巴德里納特了。所有人都下車。我們要留在這裡。」

大家都震驚了。大家等這班車等了整整一個禮拜，而就在發車前幾分鐘，我卻對他們說不希望任何一個人繼續這趟旅行。

他們都想要知道為什麼，但我沒有給出任何理由。我命令我的人下車，把行李從架子上卸下來。車上所有人都想知道為什麼我們要離開，但我也沒有給他們任何理由。

一位穿橙色袍子的苦行僧問我們其中的一個人為什麼要下車，他回答：「他是我們的上師。我們都是從南印度來這裡和他一起旅行的。我們準備和他一起去巴德里納特，但現在他命令我們下車，說我們不去那裡了。我們等這班車足足等了一周，可是現在他說我們不能走。」

這位留著長鬍子的師父說：「不要相信他，他是個瘋漢！什麼樣的上師才會阻礙你們去巴德里納特那樣的聖地？他不是什麼上師，是騙子！不要聽他的。回車上來，忘了他說的話。」

為了確保我的隊伍沒人會回到車上，我把車票交給售票員，退了款。他立刻把票重新賣了出去，因為附近有許多人正在等最後一刻的退票。

五個人中有三人樂於接受我的決定，但醫生和老師還是很想去。他們長途跋涉到了這裡，期待已久的旅行卻在最後一刻取消，他們感到非常失望。

看到他們很失望，我建議去別的地方。

「我們去喀什米爾吧。我們可以去毗濕諾女神廟[a]，還能去看看阿馬爾納特石窟的冰柱林伽[b]。」

毗濕諾女神廟是印度最繁盛的寺院之一，每逢重要節日，成千上萬的人來此朝聖；而阿馬爾納特的冰柱林伽同樣極富盛名，位於喜馬拉雅山區的山洞裡，是自然形成的林伽。每年八月，成千上萬的人辛苦跋涉來到這個山洞朝拜林伽。到這裡需要徒步走上幾天，最後到達一萬二千英尺（約三千七百公尺）高的地方。

我們搭乘了火車出發。第二天到達阿姆利則[c]時，兩個男生下了車，說想在月臺喝杯茶，事實上他們是想去抽根菸，但不想在我面前抽。他倆其中一個人買了份《論壇報》，立刻讀到巴士車禍的新聞，而那輛巴士正是我們之前預訂的那班車。巴士開出哈德瓦四十英里（約六十公里）後，墜入了恆河中，車上三十八人全部喪命。隊上有幾個人之前還在抱怨去不成巴德里納特，但他們看到報紙時就突然安靜了，再也不提這回事了。

下一段旅程是坐巴士去到一個叫做喀特拉（Katra）的地方。從那裡開始，我們只能徒步爬上陡峭的山，才能到達寺廟。朝拜完寺院，我們開始了漫長的下山之路，返回查謨。回程很難走，因為下起了大雨，道路失修，狀況很糟，我們數次死裡逃生。

當時情況實在太糟糕了，隊伍中有個人開始抱怨：「您把我們從車禍中救了出來，但現在我們要死於另一場災難了。」

到達目的地之後，我們才發現實際上之前走的那段路並不對巴士開放。在道路檢修完成前，政府禁止巴士通行。但我們的司

帕帕吉傳・一切從未分離

---

a　毗濕諾女神廟（Vaishno Devi Temple）位於查謨、喀什米爾、卡特拉山區，是祀奉毗濕諾女神，毗濕諾是德嘎的化身。這座廟是北印度一個重要的朝聖地，每年都有百萬人前來朝聖。

b　阿馬爾納特石窟（Amarnath Cave）：印度教最神聖的濕婆朝聖地之一，位於印度查謨－喀什米爾邦，海拔3888公尺，周圍雪山環繞。洞窟一年中大部分時間為積雪覆蓋，只有夏季向朝聖者開放。洞窟高約四十公尺，朝聖的目標為洞內的冰石筍，被視為濕婆林伽，在夏季逐漸融化。根據印度教的傳說，濕婆在此洞窟解釋生命和永恆的秘密，另外兩塊冰代表他的妻子雪山神女和兒子象頭神。

c　阿姆利則（Amritsa）：印度西北部旁遮普邦城市，靠近巴基斯坦邊境。阿姆利則原意為甘露池塘，城內的金廟是錫克教中心。

機無視禁令，帶著我們上了路。這些九死一生的遭遇，熄滅了我們前往高海拔地區探險的熱情。因為沒有去海拔高地紮營的裝備，我們決定不去阿馬爾納特朝聖了。我提議可以去瓦拉納西和敕特拉庫特（Chitrakoot）。

這次行程的取消也許避免了另一場災難。那一年由於天氣格外惡劣，四十人喪生於阿馬爾納特的朝聖途中。

帕帕吉繼續講述：

我們隊上的人已經向各自家人寫過信，說要在車禍發生的那天去巴德里納特。我一看到新聞，就請他們都再寫了一封信報平安。但這些信件沒有按時送達。最後當我回到勒克瑙時，一大串電報等著我，全都是和我同行者的親人發來的。我們不在的那幾天，這些親戚們每天打電話到我家打聽，但沒人知道我們在哪裡。因為很多人都知道我們原本計畫要搭乘的就是那輛墜毀的大巴，但好幾天裡我們都沒法向他們及時回報消息。

巴士墜毀發生在1969年8月。帕帕吉回勒克瑙後，在給阿比什克塔南達的信中簡要地提到了這起事故：

1969年9月4日
勒克瑙

我親愛的朋友：
收到了你8月31日的來信。我們確實預訂了8月5日開往巴德里納特的巴士車票。有五人來自孟買，和我一起從邁索爾（Mysore）出發。我內心的聲音禁止我們搭乘那輛巴士，因為它會遭遇事故，因此我取消了行程，在同一天轉去了喀什米爾。

次日在阿姆利則我們從報紙上得知那輛巴士遭遇了重大事故，車上三十八位朝聖者全部遇難。

1995年我和室利·B·D·德塞談起他對這次旅行的記憶。他確認了帕帕吉所說的，還補充了一些有趣的細節。

從毗濕諾女神廟回程的巴士對每個人都是場噩夢，只有帕帕吉不這麼認為。雨非常大，幾段山路都坍方了。雖然車還在開，我們都看到洶湧的雨水侵蝕著道路、讓前方的道路坍方；好幾次在濕泥上打滑，險些就要從數百英尺高處垂直墜落；甚至一度，幾個車輪還懸在道路之外。帕帕吉似乎是唯一一個毫不擔心的人。每當我們覺得在劫難逃時，他都寬慰我們，告訴我們不必擔心。那時我知道他已經救了我們一次，所以我有強烈的信心，他不會讓我們喪命的。

在給阿比什克塔南達的信中，帕帕吉說是「內心的聲音」告訴他取消巴德里納特的行程。我問室利·德塞，帕帕吉當時說了什麼，他告訴我，其實帕帕吉說得很明確：

「他說的是有位女神出現在他面前，告訴他要取消行程。女神還說我們應該轉去毗濕諾女神廟。」

室利·德塞最近某次來勒克瑙時，我偶然聽到他和帕帕吉一起回憶起這次事故，帕帕吉也肯定了是位女神給了他訊息。

在印度有傳統認為上師可以帶走弟子的某些業報。也就是說，如果某個弟子命中註定要遇到嚴重的事故，因上師的臨在或加持能將之消解到某個程度。業依然會結果，但會以一種不那麼嚴重的方式顯現。帕帕吉如今不再相信是他帶走了弟子的業，儘管在過去的教導生涯中，他曾有過這個想法。不過他依然承認說，那次旅隊中的眾人本來是註定要死於車禍的，並且

也說到其中幾人之後不久就遭遇了同一個業的展現。

我很高興他們都健康安全回了家，因為我知道他們本應全部死於那場車禍。正因為躲開了這一劫，我很確定他們將會不得不遭遇別的事故。

甚至旅程還沒結束，事故就開始了。

我們在毗濕諾女神廟朝拜了所有天神後，開始走回山腳的村莊喀特拉，朝聖者都是從這裡開始往山上徒步攀登，這是最後的一程。隊中的一個男生，來自隆達的那羅衍·巴克惹醫生仍然很生氣我取消了去巴德里納特的行程。他加入旅行就是為了去巴德里納特、凱德爾納特（Kedarnath）、崗果德里（Gangotri）和亞穆諾翠（Yamunotri），但最後我們一個都沒去。他還是帶著怨氣，不想和我們一起走常規的返程道路。相反，他說要走一條以狹窄和危險聞名的小徑。我們其他五人都走了普通的大路。我們在喀特拉等了幾個小時，巴克惹醫生也沒出現。那時我非常焦慮，因為我知道他肯定遇到了什麼才會遲到。

當他最終出現時，沒有搭理我，而是和火車站餐廳老闆室利·康拉尼說了自己的遭遇。

「雨下得很大，地面很潮濕又打滑。我從一條窄路滑進了深谷，我覺得自己肯定要摔死了，但下墜途中我的腳勾住了一棵樹。我沒再往下掉了，但腿也被纏住了。我就這麼在樹上倒掛著過了一個多小時。我大喊救命，最終有一隊返程的朝聖者聽到我的叫聲，把我救了上來。他們嚴厲地指責我獨自走這條路。常來往此處的朝聖者都很清楚那條路有多麼危險。」

從喀特拉到查謨的車程又險些車毀人亡。我當時坐在車上靠近山谷的那一側座位。有次我那一側的車胎滑出了山路，就掛在懸崖外。司機非常謹慎地把車倒回了山道上。到處都有山崩，後

來我們才發現，那條路早被宣佈不適合巴士通行。

　　室利・德塞在查謨時發高燒病倒了。身體狀況使得他無法繼續旅行，所以我送他回孟買的家。其他人繼續去了瓦拉納西、阿拉哈巴德（Allahabad）和敕特拉庫特。過了一段時間，我送他們各自回家，希望他們個個平安，卻擔心其中幾人還要經歷一些事故。

　　那羅衍醫生後來給我寫信，說他在一次摩托車事故中斷了腿。室利・康拉尼之後不久彙報說他由於嚴重的傷寒而臥床不起。

　　帕帕吉在瑞詩凱詩和哈德瓦期間從不曾有固定居所，他住道場、朝聖者的休息站、租的房間或山洞。從他去的次數來判斷，他最喜歡住的地方是斯瓦格道場（Swarg Ashram）、毗塔拉道場（Vitthal Ashram）、杜利尚德芭提雅旅店（Dullichand Bhatia bhavan）、雅利安旅社（Arya Nivas）和七湖道場（Sapt Sarovar Ashram）。最後一處位於哈德瓦的正北方，由帕帕吉家鄉的某個人所建造的，所以他在那裡總是受到優待。

　　由於帕帕吉沒有自己的地方，他不能招待訪客的食宿。訪客必須在附近的道場或旅館自行安頓。從1970年代初期，許多帕帕吉的印度弟子就想說服他擁有一處自己的地方，好安頓訪客。儘管帕帕吉偶爾對這些提議表示出興趣，但沒有一項最終落實。

　　以下幾封信是1971和1972年寫給室利・B・D・德塞的，似乎某段時間裡帕帕吉確實有興趣擁有一個自己的地方：

　　　儘管我不想要一塊很大的地，也不想建什麼機構，我還是贊成有塊小地方，足夠建四到五間屋子，讓幾名非常優秀、心裡只有一個念頭、一個目標、一個目的的求道者，能每年一起來住上幾天，一起閉關，為解脫而彼此交

流。如果找到比先前討論的那塊更小的地方，我會讓你知道的，這樣我們就不用再找人籌錢了⋯⋯

我正在找一間屋子，準備先租上六個月。之後我會試著拿到地，在上面蓋幾間屋子。如果能讓你們都來這裡，各隨所願住下就好了。我偏愛〔哈德瓦〕鎮外靠近康喀爾[a]的地方。我想聽聽你對此事的建議⋯⋯我每天清晨都在恆河岸邊朗讀圖卡拉姆（Tukaram）的詩歌和伊喀納特的《薄伽梵往世書注疏》⋯⋯

如果齊特尼斯先生（Mr. Chitnis）還在孟買，請與他聯繫，關於你上次提及的那塊地，向他詢問更多細節。最好是在瑞詩凱詩有個地方，讓我們可以每年聚會。如果他去了瑞詩凱詩，請給他我的地址。多做些調查，甚至可以派人去實地勘察。我們不需要很大的地方，如果是片森林，就可以用更低的價格拿下來。請向他打聽價格。如果你有興趣的話，我的弟子們也能夠來分攤成本⋯⋯

這封信也是告訴你，我正要離開這裡〔勒克瑙〕，去瑞詩凱詩看看你提到的那塊地。如果合適的話，我會通知你。我甚至可以住在那裡，直到建造完工。我會在瑞詩凱詩租間屋子，因為想讓我父母搬來，這樣他們就可以一直留在瑞詩凱詩，在恆河邊直到生命的盡頭⋯⋯

只是購地計畫從未實現。帕帕吉在父親過世後，接受了邀請去西方旅行，買地的計畫就擱置了。他不在印度的期間，另一群印度弟子有了一個新計畫，想為帕帕吉在哈德瓦或瑞詩凱詩找個常駐處。下面這封信轉寄給了帕帕吉所有的印度弟子。

---

a 康喀爾（Kankhal）：哈德瓦城內朝聖點之一，阿南達·瑪依·嬤的道場所在地。

前訊已會知尊前，大恩上師室利・彭嘉吉・馬哈拉吉數弟子謙卑祈願為吾等摯愛上師建一小方駐足之處。上師健康狀況已每況愈下，他希望能常駐於恆河慈母聖岸邊。

同盼吾輩能有一共同場所。吾等門下有福侍者能於上師心愛之地朝拜上師，承奉足下，得享恆河聖母及喜馬拉雅聖山無比尊榮陪伴，於吾等自有之地。

如尊前所知，上師迄今未曾許建任何道場，亦未曾開尊口提議，然鑒於上述原因，籌建道場之需迫在眉睫，故吾等提此拙計，在喜馬拉雅山腳及恆河聖母岸邊建立吾等自有之道場。幸得上師慈悲，對吾等提議表示興趣，吾等確信贏得上師對此事之祝福。

為此，上師兩名堅心弟子：室利・K・K・沙瑪吉（Sri K. K. Sharmaji）和來自德里的室利・普樂辛吉（Sri Phoolsinghji）會同哈德瓦的室利・悉塔羅摩・班智達吉（Sri Sitaram Panditji）一直積極尋找地點。有一處名叫穆克蒂丹（Muktidham），地處瑞詩凱詩的斯瓦格道場後面，我們中有許多人已經看過這塊地，都認為此處是最佳選擇，然而如今得知收購此地手續頗為複雜。常住此地的室利・班智達吉亦考慮到在哈德瓦一幢名叫尼拉達拉（Neeladhara）的美麗平房，然室利・班智達吉現在告知，此處也因某些因緣，並非吾等命定之地。

在對所有可能的入選之地的大小和方位，及每一處相關的法律難題做了陳述後，信中繼續寫道：

> 　　無論如何，最好還是等大恩上師返回印度後徵詢尊
> 意。現階段，即使恩師與一些外國師兄共同前來，也能做
> 好周全安排，可供眾人覓適地住上五六個月，直到我們的
> 房舍動工。一切詳情已寫信向恩師告知……
>
> 　　　　　　　　　　　　　　　　　　永在您聖足下
> 　　　　　　　　　　　　　悉塔羅摩・班智達 敬上

　　悉塔羅摩・班智達（Sitaram Pandit）是來自果阿的弟子，會定期去瑞詩凱詩一所名叫薩達納薩丹（Sadhana Sadan）的道場。在帕帕吉身邊有了一次深刻的體驗後，他開始計畫為帕帕吉尋找常駐道場。只是就像所有此類計畫那樣，這次也不了了之。

　　帕帕吉還說過另一個人要送他道場：

　　一次有人要送我一棟恆河邊的農舍，帶花園和一幢小屋，這裡是加爾各答一位企業家的地產。

　　這人有天給我打電話說：「我現在老了，想和兒子們住在一起。我想把這些地產置於您的名下。」

　　他還想送我一個廚子、兩頭牛和一名管家，但是我都謝絕了。

　　如今我可以肯定，從1947年來勒克瑙後，帕帕吉從未擁有過一棟房子或一塊土地。在此之前，他作為家族成員擁有旁遮普（Punjab）的家族產業，但在印巴分治後這些都被巴基斯坦政府沒收了。

　　我和蜜拉談到這些為他建道場的方案，她評論道：

　　1970年代這樣的計畫幾乎每年都會出現，對其中一些提議，上師似乎會聊上個幾周，但過一段時間他就失去了興趣，計畫也

就無疾而終。我目睹這種情況發生過好幾回，最後我得出了結論，他並不是真的想要一塊地方。

帕帕吉在1992年回覆邀請他去德國的傳真時，肯定了這一點：

許多年前我應邀去德國。我一到那裡，就有人試圖給我買房子並想為我建道場，但是我謝絕了，說：「整個宇宙都是我的道場！天空就是屋頂，大地就是地板，虛空就是牆壁！你能為我買這些嗎？如果能的話，我肯定會接受。」

我完全不想要道場，我想要的是，這個世界的一切眾生都能享有愛與和平，沒有別的願望了。我完全沒有興趣擁有道場。我已經八十歲了，現在要道場有什麼用？人們送給我房屋、道場，甚至島嶼，有一次有人要送我一整座島！可是我不想被拴在一個地方。我一輩子教人，都是走進一戶戶人家中。我從沒真正對擁有一個常駐住所感興趣。我去那些人們需要我的地方。他們不必前來找我。

在瑞詩凱詩和哈德瓦兩鎮的多年時間裡，在眾多修行道場的經歷更加深了他對道場的厭惡。他對所有道場都做了負評，並且毫不掩飾他的鄙視。我曾聽他說過幾次，這些道場是由未開悟的生意人打理的，而那些人是在向輕信的公眾販賣虛假的靈修。

1993年我第一次去哈德瓦，他帶我看了幾個地方，但都不加介紹。

在第一個地點，我問他：「這裡怎樣？」他厭惡地哼了一聲。

「這是度蜜月的地方！漂亮的花園、精緻的房間、精美的食物、美麗的恆河觀景……一對夫妻還要別的嗎？」

每到一處我們停下時，他會對每所機構的負責人或其籌錢

方式都給出負面評價。我很快明白，他是有意帶我來看看這些地方是多麼腐敗，多麼缺乏靈性。

在本章開頭帕帕吉曾說過有個巴西女孩被某間道場的師父困住，扣押了她所有的錢，還禁止她拜訪別的師父。帕帕吉和這個師父很熟。在他談及眾多假師父以及他們欺騙弟子的方法時，這人總是第一個出現在他腦海中。

在1970年代早期，我常住在韋德尼克檀道場。負責管理的師父是個聰明人，知道如何從他的訪客那裡最大可能地榨出錢來。他的一個前弟子對我說，這人之前是在阿利格爾[a]炸糖耳朵（jalebi）的，很窮，他轉行做師父是因為這筆生意完全不需要勞動，卻能獲得高出很多的利潤。

許多來哈德瓦和瑞詩凱詩的有錢人帶著成千上萬的現金，希望能捐贈一些有價值的事情而獲取福德。這些人在生活工作中花每一分錢都精打細算，而來到哈德瓦卻盲目撒錢，許多師父靠從這些人手裡收錢而致富。

有一天，一對夫婦來到韋德尼克檀道場，提著一個大行李，很明顯裡面裝滿了錢。師父找我去替他數錢。包裡有五萬盧比。師父有些吃驚，因為他之前從沒見過這兩人。在明白他們帶來多少錢後，師父把我拉到了一邊，要我去招待正坐在道場裡的這對夫婦。

「帶他們去最好的房間。你要盡可能摸清底細。也許他們之前在什麼地方見過我，但就算是這樣，我也已經全忘了。如果我之前見過他們，而他們現在又開始說起當時發生了什麼，我對他們卻毫無頭緒，那就太尷尬了。我肯定在什麼時候給他們留下了好印象，否則他們不會給我帶那麼多錢來。」

我帶他們去了房間，開始聊天，問他們認識這位師父多久了，

a　阿利格爾（Aligarh）：印度北方邦的一座城市。

出人意料地是他們回答之前從未見過他。

「那為什麼你們就這麼走了進來，給他五萬盧比？」我問。就算以哈德瓦的標準來看，這樣的舉止也非常奇怪，而他們的解釋也相當有趣。

「我們來這裡是因為想要做捐贈，希望能利益那些來瑞詩凱詩的修行人和朝聖者。我們先去了斯瓦格道場，發現那裡正在給排著長隊的修行人分發佈施物（bhiksha）。那所道場相當富裕。他們有許多房間，還在通往巴德里納特、崗果德里[a]和亞穆諾翠的主要朝聖路上建造了朝聖者的休息站。我們心想，他們不需要我們的錢，他們自己的錢已經足夠了。

「接著我們去吉塔宮走了一圈，調查一下那裡在做什麼。他們出版書籍，運作一間大食堂，以成本價向朝聖者出售食物。他們的吉塔出版社（Gita Press）也得到了很充足的資助，同樣以成本價出售書籍，或者直接免費贈送。看起來那個地方經營得很好，也有充裕的資金，所以他們也不需要我們的錢。

「我們查看了別的一些地方，發現情況都一樣。在帕爾瑪特尼克檀道場[b]，我們發現他們已經有能力給數千人提供住宿了，有免費的醫務室，向朝聖者提供低價牛奶。這些都要花很多錢，所以肯定有人已經在大手筆支持他們了。薩達納薩丹道場告訴我們，他們也不需要捐贈了。那裡有個人說：『有德里的富人資助，我們不需要從過路人那裡拿錢了。』

「最後，我們發現了這裡。這裡看起來很破，快要倒閉了。有幾棟樓的牆壁和屋頂甚至還沒完工，也沒見到這裡有工人。肯定是在建築完工前你們就用光了錢。我倆都覺得這裡就是我們要給

a　崗果德里（Gangotri）：印度北阿坎德邦北卡什縣下屬的一個城鎮，位於恆河上游的巴基拉蒂河畔。距根戈德里十八公里的高穆克（Gaumukh）是根戈德里冰川所在地，此處被認為是恆河之源，是傳統的印度教聖地。

b　帕爾瑪特尼克檀道場（Parmarth Niketan）：Parmarth是「究竟真理」之意，Niketan是「住所、家」的意思，這是瑞詩凱詩最大的一所道場。

錢的地方。給這筆錢，是因為我們希望你們能建完道場。」

　　我回到師父的辦公室，說明了情況。他是個聰明人，立刻就意識到，他能從這間未完工的道場上能賺到錢。他讓道場就保持著這種樣子，四處傳播消息說他需要資金來完成建設。隨後幾個月裡，陸陸續續就有富裕的訪客為此前來捐錢。所有的錢都被這位師父中飽私囊，而道場依然維持著原貌。

　　與此同時，他決定從這對夫婦身上榨取更多錢。他把兩人叫到辦公室，極其熱情地感激了一番，又向他們傳授了咒語。

　　然後他說：「你們慷慨捐贈的這筆錢會用來建設道場的房間。你們的行為極其值得讚歎。不過，通過對我的禮足儀式（pada puja），並以傳統方式進行普供（bhandara，供養大眾食物以禮敬智者），你們可以獲得更大的功德。你們得邀請五百名修行人，供養他們每個人五盧比。然後，因為這是對上師的禮足儀式，你們還必須做上師供養（guru dakshina）。這種情況下最適合的金額是一萬一千盧比。我們可以把一切都安排好。你們可以把錢給我的秘書，一切都會如法進行的。」

　　那對夫婦毫無異議地就再給出了一萬三千五百盧比。普供訂於之後的那個週五。師父要我去送邀請函，但他只給了我五十張，都是發給附近道場的師父的。供養當天，只有四十個人現身。師父向那對夫婦解釋說，五百位師父不能全都親自到來，每間道場都派了代表，而這些人會把所有的食物都帶回給各自道場裡的修行人。事實上他只分派了少量食物，自己則從伙食費中狠賺了一筆，他甚至還向前來領取供養的師父預先收取了二十一盧比。

　　見到這對夫婦依然毫無怨言，師父就對他們說：「到現在為止你們做得非常好，但還有一個儀式需要完成。一旦完成了，你們必定能得到完美的幸福和好運。成辦這個儀式需要供養一筆笈多施（gupta daan，匿名捐贈）。你們必須把錢放在包裡，秘密供養出去。就算是我也不能知道包裡有多少錢。這筆錢會匿名進入我們的功德箱。」

這對夫婦滿心歡喜地走回房間，在一個包裡裝滿了紙幣，把包放在了道場的功德箱裡。午餐時師父找了個藉口離開房間，衝出去數錢，發現又得到了兩萬五千盧比。他把包鎖在自己的保險櫃裡，再回來繼續午飯。

用餐期間他說：「我不知道你們給了多少錢，但我很肯定這一定會賜予你們極大的福德。你們的生活會充滿成功，死後你們會重聚於天堂。為紀念你們的偉大善行，我會在恆河岸邊建一條長凳，上面刻有二位的名字。來恆河沐浴的朝聖者能在那裡休憩，或者在沐浴時把衣服放在上面。」

這是師父花他們的錢做的唯一一件正事。他安了長凳，放了塊銘牌，標明這是由嘉雅普爾地方的喬凡德·達斯伉儷（Sri and Smt Govind Dass of Jayapur）捐贈的，剩下的錢全都進了他的口袋。

師父深諳朝聖者樂於見到自己的名字刻在牌子上，尤其是那些注明屬於慈善捐贈的銘牌。他用這一招做了筆好買賣。人們來為他的「半成品」道場完工而捐錢時，他會收下捐贈，然後如法炮製一塊牌子，刻上捐贈人的尊姓大名。在捐贈者逗留期間，這塊牌子會得到醒目的展示，一旦他們離開，牌子就會被摘下來。師父不希望潛在的捐贈人認為資金已籌措完畢了。當捐贈人寫信說將再次來瑞詩凱詩時，他就翻出來客的牌子，醒目地擺好。若訪客不期而至，並想要知道自己的牌子在哪裡時，他會給出一個巧妙的解釋。有戶人家在前一年捐贈了兩千盧比，想為道場建造房間，他是這般對他們解釋的：

「稅務部門的官員正在突擊檢查瑞詩凱詩的道場。他們會記錄所有給出大筆捐款者的姓名與地址，把這些名字寄給捐款人住處當地的稅務機構，核對收入進行調查。我一聽說這件事，就立刻把你們的牌子摘下來了。你們很幸運。許多給別的道場捐錢的富人都被抓住了。」

受騙的那家人對他的機智表示感謝。數年來，他搜羅錢財建

造屋子，所得的錢財遠遠多於實際建築所需，所有的捐贈者都得到了一塊牌子。無論什麼時候捐贈者來訪，他們的名字就會立刻出現在某個房間裡。

他拿這些錢都去做了什麼呢？我不是很確定，但有個與他相識多年的人對我說，師父有老婆和三個兒子，都在阿利格爾經營農莊。很顯然他給農莊寄錢，幫助打理家族產業。他的妻子常常來找他，裝扮得像個弟子，甚至沒有人發現這是他太太。

帕帕吉有一陣子無償地為這位師父當秘書，所以瞭解他的這些荒唐事。我向蜜拉問及此事。

是的，有時候我們兩人都住韋德尼克檀道場，而上師為這位師父做些工作，我對這事情很不好受。我們都很清楚那就是個無賴，而上師卻替他寫信，給他送信，還充當司機給這個師父開車。我想是因為師父不識字，所以沒法自己寫信。上師的弟子都不明白為什麼他要示現出某種侍者的樣子，因為每個人都清楚這個師父完全不是道人，又那麼的不誠實。有次上師甚至要我向這個師父磕頭，好取悅那人的自尊心，但我斷然拒絕。

我說：「他又不是我的上師。我還寧可到街上給驢子磕頭。」

上師大笑，也沒有堅持。從那時起，我們都叫那人「驢子師父」。

我覺得上師被師父可恥卻坦蕩的詐騙行為給逗樂了。他一直都喜歡形形色色的怪人，似乎從這些人的奇特行為中獲得了許多樂趣。我常常驚歎，他怎麼能一直陪伴這種人，喜歡讓這種人在他身邊。神情恍惚的嬉皮、確診的神經病患、各類騙子和小偷，都能暫時留在他身邊。沒人知道他會接受誰，又會拒絕誰。

而對於這位師父，我想上師事實上是樂得觀察他如何思索出新奇的方法來詐錢。上師並不同情上當的富人。我想他覺得這些捐贈人毫無分辨力，是活該被騙錢的傻瓜。

住在這所道場期間，上師還順便治好了我的肝炎。當時我感染得很嚴重，有時甚至覺得自己可能會死。我渾身發黃，完全沒有力氣從床上坐起身。上師過來見我時，我告訴他病情有多嚴重，還說覺得自己會死掉。

「胡說八道！」他大聲說：「你什麼毛病都沒有。起床，和我一起走走。」

他把我拉下床，帶我去了最近的檳榔店，讓我吃了根香蕉和一片塗了檸檬醬的葉子。幾分鐘內，我的症狀全部消失了。我已經按照標準的治療肝炎方法臥床幾周了，但用了檳榔店療法後，我再也沒有因為這個病受過苦。

儘管帕帕吉對瑞詩凱詩所有的師父和上師都評價不高，但從表面來看，他對他們都禮貌而友好。他帶著訪客四處遊覽時，常常會帶人去某些道場，參加薩特桑、開示、誦經、拜讚等等。通常他整場都坐著，不評論，也不打擾。下面是蜜拉的評論：

如果有著名的聖者或老師來鎮上，他都會去看一下，但並沒有興趣彼此交流，似乎只是想要好好觀察一下對方。我們在哈德瓦那段時間裡，阿南達・瑪依・嬤[a]可能是最有名的來訪導師了。上師帶我去見她，我知道他還帶過其他幾名想朝拜她的弟子去過。等著見她的人總能排起長龍，而上師會耐心地排隊，並且在她身邊靜靜站著。他見到其他老師時也是如此。他會靜靜看著他們，然後不做自我介紹就離開。他回到家可能會對剛才見過的人發表負面評論，但在這些老師身邊時，他一定會保持安靜。

不過有一次，帕帕吉被一個弟子說服，在其他老師的法會

---

a 阿南達・瑪依・嬤（Ananda Mayi Ma, 1896–1982）：印度近代著名的女性靈修導師，以參問或虔愛的方式來教導人們了悟真我。

上進行了提問。帕帕吉對這件事做了以下說明：

　　有一次我離開勒克瑙，和勒克瑙的朋友室利・米塔爾（Sri Mittal）一起到瑞詩凱詩住了一個月。當時正逢上師節（Guru Purnima），所有的道場都在舉行法會，試圖吸引盡更多訪客，展示各自教派大聖者的殊勝之處。

　　斯瓦格道場舉辦了一場《羅摩衍那》朗誦會。吉塔宮和帕爾瑪特尼克檀道場互相競爭，各自進行《薄伽梵歌》和《薄伽梵往世書》的章節朗誦。

　　我的朋友和我去吉塔宮的上層大廳參加《薄伽梵歌》的朗誦會。我們進場時朗誦還沒開始，有個名叫普納南達・斯瓦米（Swami Purnananda）的男子在回答聽眾提出的修行問題。他是聞名遐邇的著名學者、偉大聖者，脾氣很大，如果聽眾中有人不理解他的回答，他就會立刻暴跳如雷。我的朋友不喜歡他這種舉動，就要我提些問題難倒他。

　　我不想激怒他，所以只是站起來，非常謙卑地問：「師父，我有個問題。按照您自己的體驗，是否能告訴我，人成為即身解脫者後，他的行為舉止是怎樣的？這樣的人會有怎樣的行為？」

　　師父沉默了一會，接著說道：「我沒有辦法回答這個問題。我自己並不是即身解脫者，所以沒有直接的體驗。」

　　我跟我朋友都很高興聽到這個答案，因為他說了實話。儘管他為自己的靈修知識而自豪，但卻坦率地承認自己還沒有解脫。他是著名的靈修老師，在數千人面前他需要維護名聲。他本來可以輕易地舉一些書本上的回答來炫耀自己的學識，然而他足夠謙虛，說自己並沒有資格給出權威的回答。

　　本章之前段落描述過唵・普拉喀什・西亞勒和帕帕吉的首次會面，他記得有兩次帕帕吉帶他去見別的師父。第一次在勒克瑙郊區，第二次在哈德瓦。

帕帕吉在勒克瑙時很喜歡出門走走去找老弟子，或去鎮上不同的地方晃晃。好幾次他邀請我和他同行。有一次，大約是二十年前，他帶我去了一個地方，是薩特桑會場（Satsang Bhavan）現在的所在之處。1970年代早期，這個現在名叫印諦拉市（Indira Nagar）的地方還不存在，那裡當時還是片農田，而不是市郊。布特納特寺（Bhutnath Temple）就在那裡，周圍有幾間店鋪，像是綠色海洋中的小島。

布特納特寺裡住著一位修行人，全勒克瑙都知道他能變出些東西來，就好像那段時間賽西亞・塞・巴巴的能力一樣。有幾個弟子當著帕帕吉的面提起過這個人，這些話讓他略感好奇。

有一天帕帕吉對我說：「唵・普拉喀什，今天我們一起去見見這位著名的巴巴。讓我們看看他葫蘆裡賣的什麼藥。」

當時去布特納特還沒有公共交通工具，我們就坐人力車去。那位巴巴聽說帕帕吉也是位修行老師，熱情地招呼了我們，在前排給我們安排了特別座位。所有人都坐下後，巴巴向我們展示了他的能力。他手掌向上，在我們面前張開，想讓我們看清楚手裡什麼都沒有。然後他單手握拳，並向指尖吹了一口氣，接著面露微笑，慢慢展開手指：手掌上出現了一些丁香和豆蔻。就我所看到的而言，這並不像是巫師的把戲。整個表演中他的手都伸在我們面前。我不知道他怎麼可能神不知鬼不覺就把東西塞進緊握的拳頭裡。

巴巴向帕帕吉遞上豆蔻和丁香作為加持品（prasad）。

帕帕吉裝作被奇蹟打動的樣子，對巴巴說：「這些是非常神聖的丁香和豆蔻。這樣的加持品太神聖了，我沒法觸碰，我必須先洗手，要在純淨清潔的狀態中接受這份禮物。請給我一些清水，讓我洗洗手。」

巴巴讓他的一名侍者外出取水。等待他回來的這段時間裡，帕帕吉專注地凝視著剛剛出現的丁香和豆蔻。水來了，帕帕吉非常緩慢地洗了洗手，專注地看著依然在巴巴手上的香料。然後，

巴巴手上的東西全都毫無預兆地消失了。

巴巴見到香料消失了，渾身顫抖起來。他從緊握的拳頭裡把這些變了出來，無論他是用了魔術師的戲法，還是真實的法術，沒人能真的知道他是怎麼做到的。但是，當這些東西在眾目睽睽之下消失時，是赤裸裸發生在他手掌上的事。

巴巴意識到是帕帕吉莫名讓香料消失的，雖然帕帕吉從沒宣稱這是他做的。

他對帕帕吉說：「您像我一樣有偉大的力量。有人告訴我，您在西方教外國人。下一次您去西方時，可得邀請我。我們可以一起表演。」

帕帕吉只是笑笑，答應會邀請他，但從此再也沒有和他有過接觸。這類把戲從來打動不了帕帕吉，我常常聽到他批評有些老師為了招攬來弟子、名聲和金錢而沉迷於此道。

我還想補充一個有趣的後記，這位巴巴後來發現了另一項生意，能賺得更多。勒克瑙市區開始向外擴展時，布特納特寺擁有的土地就升值了。這位巴巴把地賣給了房地產開發商，帶著錢消失了。現在布特納特的大部分的大型商店都建在這位巴巴1970年代出售的土地上，當時他賣地賺的錢數目就顯得微不足道了。

在我認識帕帕吉的頭二十年裡，他經常四處旅行。他很少會說出要去哪裡，或什麼時候回來。他不喜歡人們跟著他，所以不太會說明他的計畫或目的地住址。如果在印度，他最常去的就是哈德瓦或瑞詩凱詩。他經常安排每年在那裡住上幾個月，有幾次我也和他一起去。

在那裡時，他並不忙碌。他外出散步，在恆河中沐浴，吃吃飯，睡覺。多年來他住過許多不同的地方，但我和他在一起旅行時，都下榻於雅利安旅社。在那裡他也並不和別人多打交道，通常只是我們兩人單獨在一起。我時不時給他帶點茶來，有時候他也會讓我替他按摩腳，但大部分時間我們兩人只是靜靜地坐著，什麼也不做。

有天晚上大約十點，我們在旅社裡坐著，我問帕帕吉是否要喝些熱牛奶。那段時間，他常常在晚上入睡前喝一杯熱牛奶。

「好，好，」他說：「你去拿吧。」

我拿著他的不銹鋼壺（lota）出門找牛奶。我走向牛奶店時注意到一輛巴士正停在芭提雅旅店（Bhatia Lodge）外，很多人下車。其中有一位師父看起來很眼熟。

我走到一個乘客面前問：「請問那是海達坎巴巴[a]嗎？」

當時海達坎巴巴非常有名，他在全國有數萬名弟子。我問的人肯定了我的猜測。

海達坎巴巴開始向訶利臺階走去，身後跟著隨行人員。我感到一陣衝動，要跟著他走，儘管我當時正要去為帕帕吉買牛奶。從芭提雅旅店到訶利臺階大約有兩三公里。我們走得非常緩慢。我忘了出門時的計畫，直到凌晨一點半才意識到我徹底忘了給帕帕吉辦事。

我沿著來時的路飛奔回去，大約兩點鐘才回到雅利安旅社。帕帕吉還沒有睡，他肯定是一直坐著，等我回來。

「你去哪了？」他問：「買一杯牛奶怎麼要花四個小時？」

我解釋了一下剛剛發生的事。「我在買牛奶的路上遇見了海達坎巴巴和他的一群弟子。我感到一陣強烈的衝動要跟隨他，徹底忘記了原來的計畫，幾個鐘頭後才又想起來。那時候，我已經在訶利臺階和他坐在一起了。我曾聽說過他是一位證悟者，所以我跟著他，想看看他什麼樣。」

帕帕吉並沒有責備我的晚歸。他只是說：「好的。明天早上我們去看看他，現在睡覺吧。」

第二天早上，我們從雅利安旅社走到海達坎巴巴住的地方。

---

a 海達坎巴巴（Haidakhan Baba）：印度修行導師，傳說1970年6月化現在印度北阿坎德邦海達坎鎮附近岡仁波齊峰山洞，被視為為古海達坎巴巴轉世，於1971年開始在全印度旅行傳法，1984年2月14日離世。他宣稱自己的使命是復興「永恆之法」的教法（Sanatana Dharma，原始古印度教）而非印度教，認為一切宗教皆為一體，宣導過一種真實、簡單、慈愛的生活。

帕帕吉本來還想讓我指出巴巴來，因為他之前從沒見過這個人，但結果毫無必要。我們一走近那裡，帕帕吉立刻認出了他，因為這位師父有一大堆人圍繞著他。帕帕吉毫不打算自我介紹，他只是遠遠地站著，非常專注地凝視海達坎巴巴有大約十分鐘。那是一種目不轉睛、完全不眨眼的凝視。

十分鐘後，帕帕吉說：「走吧。這個人入門尚早，還欠火候。我們走吧，去喝杯茶。」

我們走去了隔壁的茶鋪，再也沒提過這個話題。

在1970年代初，帕帕吉還會饒有興致地去看看別的師父在做些什麼，但他從不曾直接與他們衝突。通常，就像他看海達坎巴巴的方式那樣，他只是站在一定距離外看著，然後走開，通常不會上前介紹自己。儘管我知道事實上他對哈德瓦和瑞詩凱詩所有師父的評價都很低，他卻只是把這些看法放在心裡，從不去插手那些人在做的事。

1970年代某個時候，我收到他從孟買寄來的一封信。信中說他見夠了自稱證悟的人，他再也不想去見了。

儘管帕帕吉在1970年代末似乎不再去拜會別的老師了，但這些人依然繼續來拜訪他。下一個故事很可能就發生在這段時期，帕帕吉在好幾個場合都提過。

我當時住在哈德瓦的雅利安旅社，一名來自古吉拉特的八十歲的師父到旅館前臺詢問我的房間號碼。經理告訴他早晨六點我離開了房間，下午一點回來用過午飯，下午五點我再度出門了，很可能要過五個小時後才會回來。

於是師父就離開了，沒有來見我。第二天他又回來了，繼續問經理我是否在房間裡。

經理說：「是的，他正好在。他住在三號，面對恆河的房間。」

這一次他過來敲門見我。我開門時發現這位披著橙紅僧袍的

師父站在那裡，脖子上掛著一串金剛菩提子念珠。我向他致敬，邀他進屋，請他坐在我面前。

他自我介紹說自己是吉爾納山[a]、古吉拉特邦、中央邦（Madhya Pradesh）和拉賈斯坦邦（Rajasthan）共十三所道場的上師。還說自己是瑜伽士，教授奧義書、吠陀、《薄伽梵歌》和《薄伽梵往世書》。

他說：「所以，請不要和我談論任何上述話題，那只會浪費時間。我沒有問題，除非你能說些瑜伽傳統以外的、或那些書中沒有提到過的東西。我自己就是瑜伽士，已經掌握了能長時間住於三摩地的訣竅。你也許在報章雜誌上見過我的照片，最近我剛在一間地下室入定了四十天。古吉拉特政府事先發現我打算這麼做，還準備阻止我。他們對我說這樣太危險了。妥協的結果是最終我同意入定時有醫生在場，並且地下室的一面牆壁是用玻璃做的，這樣大家隨時可以觀察到我的狀況。

「所以關於瑜伽你沒有什麼能教我的了，我也沒有興趣去聽經文注疏，因為我自己就在教這些。但是，如果你能說些新鮮的，我很樂意聽聞。」

他繼續對我說他現在正和八十名弟子搭乘他租用的兩輛大巴去巴德里納特和凱德爾納特朝聖。

他解釋自己是怎麼聽說我的：「我們都住在康喀爾路（Kankhal Road）的古吉拉特馬希拉寺（Gujarat Mahila Mandir）。道場的創建人善塔‧本太太（Smt Shanta Ben）是我的弟子，她給了我你的地址。」

在他對我說完自己是多麼重要、多麼有名後，我告訴他：「我接受你開出的條件。我不會提到任何你已經讀過的書，也完全不會談論瑜伽、拙火或任何你沒興趣的話題。我有些新鮮事可以告

---

a 吉爾納（Girnar）：古吉拉特邦朱納格特專區內五座山峰的總稱，為印度教和耆那教的重要聖地。

訴你，但現在沒法說，因為你揹著這個裝滿各類見解的巨大包袱進了屋。所有這些見解都屬於過去。所以把這個包拿出去，扔到門外，空著手再進來吧。」

他不明白我在說什麼，所以我起身，開始把他朝門外推。當我把他推出房間時，堅決地對他說：「只有當你把視為珍寶的舊垃圾都扔到外面了，你才能進來。」

他坐在門外，看起來非常困惑。我坐在室內的椅子上，隔著門廊看著他，凝視著他的雙眼。大約有十五分鐘我們倆都一言不發。

最後這位師父突然跳起來，衝進房間想要觸碰我的腳。

我迅速移開他的手，對他說：「這不合傳統。我應該觸碰你的雙足，有三個理由：一、你比我年長二十歲；二、你很有學問而我是文盲；三、你是出家僧而我只是個在家居士。」

「我明白您的意思，」他說：「但如果您不讓我觸碰您的雙足，那是否至少能告訴我您從哪裡學到這種教法的？多年來我一直在教人。我讀了所有修行宗派的書籍，但從沒聽說過這種教法。您是從哪裡學到的？」

我沒有回答他的問題，而是轉變了話題，問他是怎麼聽說我的。

「我的一個弟子對我談起您，她說：『如果您在哈德瓦，打聽一下他吧。他沒有固定居住的地方。事實上，大部分時間他根本不在哈德瓦，因為他喜歡在喜馬拉雅山區獨自遊蕩。但如果他在鎮上，您能向道場或朝聖者休息站裡的人問到他在哪裡。在哈德瓦很多人都認識他。』」

他接著說：「今天我有了非常不同而特別的經歷。我什麼時候能回來再見您？」

「你為什麼還要回來？」我問道：「你還需要什麼呢？你體驗到的已足夠了，不需要再回來了。」

他情緒激動。離開時，身體依然不受控制地顫抖著。

隔天，馬希拉三摩吉寺（Mahila Samaj Mandir）的創建人過來問我：「你對那位師父做了些什麼？他是對自己的學問那麼自豪的人。許多有錢人，連政府的高官都是他的弟子。他和我說：『這個人甚至不和我說話，但他的沉默帶走了我所有的垃圾。他告訴我不要觸碰過去，我看著他的時候，就從中解脫出來了。之前從沒有任何人對我這樣做過。』」

這個女人看起來相當困惑，她無法理解那位著名的師父到底經歷了什麼。

她繼續說：「他決定不再去朝聖了。他的弟子們已經自行上路，打算自己去巴德里納特和凱德爾納特。」

這位來自馬希拉三摩吉寺的女子告訴我，師父第二天就回家了，他已經不想去喜馬拉雅山區了。

許多人帶著滿腦子的垃圾來見我。垃圾是指他們從過去收集到的一切。這些垃圾中沒有一樣是有用的，所以我請他們全部扔掉。許多人想要討論這類垃圾，他們認為理解垃圾就能讓垃圾不那麼臭，不那麼爛。你可以整日都談論垃圾，但談上一整天，垃圾依然是垃圾。

相反，我對人們說「不要去碰它」，這表示「不要讓心思產生過去的念頭，帶著一個乾淨的、新鮮的、不生起過去念頭的心來找我」。如果有人能夠做到這點，一次薩特桑就足以揭露實相了。「薩特桑」的意思就是相應你的真我。當過往的念頭不再出現，真我就會自行顯露出來。

1971年中期，帕帕吉接受了去西方旅行的邀請。姚阿欽・凱貝爾特，就是那位喝清潔劑來淨化自己的超覺靜坐的老師，為帕帕吉買了去科隆的來回機票。德國科隆是他的家鄉。他先行離開印度，為帕帕吉在那裡舉行薩特桑做些準備。

蜜拉也去了歐洲，但多少有些忐忑，因為她的護照和簽證早都過期了。

上師陪著我到了德里，把我送上了飛機。一切都很順利，完全沒有人來打擾我。我還在暗自慶幸時，就到了孟買，國際旅客是在那裡接受檢查的。我沒有意識到第一段旅程只是國內航行，檢查證件後，發現我的簽證在兩年半前就已經過期，而且護照也失效了，我被扣押了起來。我一再請求他們讓我搭上飛機，但沒人理睬我，又被告知會因非法滯留而被起訴，很可能要坐牢。我實在很擔心，因為我忽然意識到自己甚至完全不知道上師的地址。如果我真有了麻煩，不知道怎麼才能聯繫他。

　　最後，一名官員走過來，非常生氣地問我：「你這些年都在印度做什麼？」

　　「學習印度教。」我回答。我不想把上師牽連進來，免得給他惹麻煩，所以我沒有說自己事實上做了些什麼事。然後我毫無理由地做出了雙手合十（namaskar）的姿勢，開始用古梵文唱誦《薄伽梵歌》。我不知道這是怎麼回事，只是感到有股力量占據了我，讓我開始唱誦這些偈頌。整個警局都安靜了下來，每個人都停下來聽我唱誦。

　　最後，之前盤問我的那個人來到我面前，把我的護照摔在面前的桌上，說：「你可以走了，以後不要再犯。」

　　我走出門時他說：「我們大多數印度人都沒有那麼瞭解《薄伽梵歌》，所以你沒有浪費在這裡的時間。」

　　我在機艙門關閉前五分鐘登機。航班飛往巴黎，到達後等著我的是另一場驚喜。父親正在等我。我有好幾年沒有見到他了，也沒告訴他我要回來。他的出現是因為有人打電話告知了他我的航班。上師知道我會乘那班飛機回家，所以打電話給我父親，讓他知道我要到了。

　　就在帕帕吉出發去歐洲之前，他的父親帕瑪南德在勒克瑙過世了。在我敘述此事之前，我想把時間略微往回撥，講述一件較早前發生的事，那時帕帕吉家裡好多人都認為帕瑪南德死

了。要說一下這段插曲的背景，帕瑪南德終其一生都在持誦「悉塔－羅摩」名號咒，希望能見到他最愛的女神。儘管帕帕吉一再告訴他，不要去追求會顯現和消失的神的形象，但只有在最後幾年他才真的接受這些智慧的勸誡。

以下是帕帕吉的講述：

有一天結束了在納希家的薩特桑後，我去短暫地探望了父親，他已經病了一段時間了。那時我父母住在貢提河岸附近的布特勒路（Butler Road）。

之後兩天我都沒法去見他，我忙於接待一位來看我的禪宗老師和其他許多人。

兩天後的清晨我正在洗澡，一直看護父親的妹妹開始敲我家門。

我知道一定發生了什麼，因為她大喊這：「馬上出來！出大事了！你可以晚點再洗澡！」

我想不到有什麼事如此緊急，都不能等我洗完澡，所以我喊道：「什麼事那麼著急？能再等幾分鐘嗎？」

她沒有心情爭辯，在門外焦躁地大喊：「出來！出來我就告訴你！」

載她來的人力車還在屋外等著。她把我推上了車，在路上告訴我父親夜裡就快不行了。我的母親、弟弟、弟媳婦和其他幾名家庭成員已經在家裡開始準備追悼會了。母親相當生氣，因為父親臨終時我不在場，按照傳統，父親死時，頭應該放在長子腿上。父母家的屋門從裡面上了插銷，因為母親不希望別的人進來後，發現長子居然在父親臨終那刻不在場。

我不在的時候，在場的家人已經把父親的身體抬到地板上，在他右手上放置了一盞油燈，舉行了臨終儀式，然後把身體抬進了一個單獨的房間，大家都等著我來。

我一進門，母親就告訴了我所有的臨終細節。在她說著自己

丈夫如何離去時，每個人都開始哭泣起來。她打開門讓我看屍體時，大家依然在哭。而當我們進屋時，卻見到了最不可思議的一幕。父親正坐在床上，非常大力地揮舞著他的拐杖，似乎在和某個隱形人打架。

他大喊：「走開！走開！我不會和你走的！我要留在這裡！」

母親幾乎暈倒了，她不知道自己見到的丈夫是誰，是死人還是鬼。

「你是在對誰喊呢？」她略微清醒過來後，大聲問道。

我父親恢復了平靜，說：「眾神和先祖們手拿著花鬘過來了。他們走近我，說：『馬車就停在外面，和我們一起去天國吧。』」

「我拒絕了，我對他們說：『我兒子告訴我不要去任何天國，因為在這些地方生活很久之後，還是會再度轉世回到這個地球，繼續修行來達到證悟。』」

我父親不知道家人已經舉行過臨終儀式了，也沒意識到還供著燈呢！等到他看起來已經恢復到平日的精神狀態後，我們才告訴了他這些情況。

母親把地板沖刷乾淨，給父親端來了早飯。許多鄰居和朋友都來探望父親。他們都想見見這個臨終拒絕去天國，並且有勇氣違抗來接引的神明的人。而我又多逗留了一會，以確定他已經完全恢復到健康狀態。

他父親在幾年後真的過世時，帕帕吉陪在了床邊。在臨終一刻，帕瑪南德終於向他的兒子坦露了自己對他的信心。我從未聽帕帕吉談過與他父親最後的時光，不過唵・普拉喀什是這場父子相處時唯一在場的旁人，下面是他的敘述：

1971年帕帕吉的父親病得非常嚴重，住在勒克瑙一家醫院裡。我想當時大家都知道他已時日無多。我陪著帕帕吉一起到了醫院，那是他父親在世的最後一晚。當時是午夜，大約兩點半。帕帕吉

的父親躺在一間大病房裡，裡面可能有五十五張床位。我記得帕帕吉父親的床位在病房中央的位置。他看起來非常虛弱無力，依靠靜脈輸液維持體力，身體似乎被綁在了床上。我們被告知針管讓他太痛，他一直要把針拔出來。為了阻止他，醫生把他的手腳綁了起來，讓他碰不到針。醫生還擔心他會把整個輸液設備拉倒摔破。

別人想來探望他臨終的父親，都由帕帕吉來安排。他同意眾人來致上最後的問候，但不允許任何人和他長時間相處。帕帕吉做了些安排，這樣在最後幾天裡，只有我和他兩人可以任意留在醫院。

在這最後一面中，帕帕吉用一種非常慈愛的方式告訴父親死亡即將到來。

「爸爸，」他說：「我感覺得到你正在經歷許多疼痛。你一輩子都騎著的這匹馬現在非常蒼老、非常衰弱了。你必須離開這匹馬然後繼續前進。如果你願意，我現在就可以給你一匹新的馬，沒問題的，不用害怕。」

「我不是膽小鬼，」他父親回答：「我沒有什麼好害怕的。我不想要新的身體，但我知道我很快就要離開這副身體了。我知道我正在去見神的路上，我不會心懷恐懼。我的時間到了，我會站在他面前說：我是那位現在行化世間的證悟者的父親。那個人才是宇宙的真正主宰。現在，沒有人能評判我。我是宇宙之主的父親。」

儘管他聲音很輕，這番話說得斷斷續續，但其中帶有強烈的自豪。他知道他一輩子都和神生活在一起，他對死後會發生什麼真的沒有一絲恐懼。

他沉默了一會，但幾分鐘後臉上出現了快樂而安詳的微笑，似乎見到了些什麼。

「看！看！」他喊著：「眾神都在這裡！我全都看見了！他們都在繞著我兒子轉，向他禮拜！所有的宇宙都圍著他旋轉。我親

帕帕吉父母：帕瑪南德和雅穆納‧提琵

眼見到了！」

　　那雙眼睛裡蘊藏著何等的美妙啊！帕帕吉和我都看不到他所看見的，但他的眼神就足以證明他正在看著某種神聖的情景。

　　最後，當淨相似乎開始消退時，他輕聲說道：「我真有福，能夠見證我兒子的王國中的一小片風景！在這個宇宙中，還有別的父親能這般有福嗎？」

　　能見證這場奇景是我極大的榮幸。帕帕吉的兄弟姐妹們都坐在病房外。在這殊勝的時刻，只有帕帕吉和我在場。

　　那一夜的啟示還沒有結束。大約淩晨三點，我還坐在床邊，靠著帕帕吉的加持，我親眼見到了那殊勝的情景。現在，為了描述出當時的情境，我一加回想，它就又一次出現在我眼前，就好像是發生在昨天而不是二十年前一樣。帕帕吉的父親剛剛描述了見到整個宇宙，所有的男神和女神們都圍繞著他兒子的情形，如今則是我，見到了非常相似的一幕。

我見到了不可計數的男神和女神圍繞著帕帕吉和拉瑪那尊者旋轉。在這些神祇背後，所有的星球也都圍著同一個中心旋轉。帕帕吉和尊者都戴著某種王冠，就是圖畫上印度國王戴的那種，整個場景都閃耀著強烈的金光。那是一種狂喜、妙樂的體驗，徹徹底底席捲了我。

過了一會，我聽見帕帕吉的妹妹蘇蜜特拉進了病房，我聽見她大喊：「唵·普拉喀什要摔倒了！抓住他！」

帕帕吉衝到我坐的地方，在我摔倒前抓住我，拉著我，把我扶好，抱住我然後要我走出病房。我不想走，但帕帕吉強迫我不停地走動。我們走出了醫院，在附近一些僻靜的街道上走來走去。我想回到剛才見到的淨相上，但帕帕吉非常堅決地把我從中拉了出來，跟我討論我明天的行程。我之前已經和他說過我要去坎普爾辦些事，帕帕吉就開始和我談論我要在那裡做些什麼，逼著我把注意力集中到他講的話上。慢慢地，我的精神恢復了正常。在街上這麼來回走了幾分鐘，談論了一些日常瑣事之後，我又能夠完全控制自己身體的各項機能了。

當我足夠冷靜，可以跟他進行理性對話時，我說：「帕帕吉，明天我並不是真的想去坎普爾。今晚在您身邊見過這些之後，我感覺應該安靜一陣子，好完全吸收今天發生的一切。」

帕帕吉不同意。「不，」他說：「你這陣子必須把注意力集中在俗事上。這裡有五十盧比的旅費。回家，盡可能休息一下，然後明天去坎普爾把所有的事情處理好。盡快回來吧，你回來時我會再見你的。」

第二天，帕帕吉的父親過世了，而我正在坎普爾。我仍然無比感激帕帕吉讓我經歷了那一夜，讓我能擁有這樣罕見而美妙的片刻，瞥見了他神聖的宇宙形體。

帕帕吉已經接受了姚阿欽的邀請去德國。他考慮到自己不在的時候，不應讓母親沉溺於哀慟中，他主動去清理了父親的

遺物。整理過程中有了新發現，揭示了他父親全部的虔愛與崇敬之心：

在我父親去世後，我就準備動身去科隆，有些在哈德瓦和瑞詩凱詩和我共同生活過的人邀請我去。當時母親獨自住在貢提河邊的家。我忽然有個念頭，她不應該身處父親的遺物之中。我感到房子裡的東西會讓她不斷睹物思人，如果我把東西拿走，就能幫助她從悲傷中走出來。

我盡可能溫和地對她說，我很樂意把家裡所有的舊東西都帶走，全換上新的，這樣可以讓她不用一直回想起過世的丈夫。她同意了。他們結婚有六十年了，但她知道長期消極悲傷是沒有意義的。

我雇了一個男孩幫忙，把父親房間裡的東西都整理了出來。之後我清空了他的普嘉房，處理掉了所有雕像、書籍、念珠等，這些都放在他進行普嘉的架子上。只有兩樣東西母親想保留下來：一本父親一直隨身攜帶袖珍版的《薄伽梵歌》；以及他稱之為「長本筆記」（Long Register）的日記。

一位奧地利女孩貝蒂娜・鮑默幫我一起整理這些東西。她發現了這本日記，翻開後卻讀不懂，因為日記是用旁遮普語、烏爾都語和波斯語寫的。我掃了幾頁，發現了父親用烏爾都語寫的一首詩：

愚蠢的心，為何無法保持平靜？
你沒有看到自己的兒子嗎？
儘管他娶妻生子，
依然是即身解脫者（jivamukta）。
如此之人難值難遇，在苦行僧中也是難得。
他既無貪欲亦無執著。
你真該羞愧！

也許他感到羞愧，是因為自己這輩子沒有在修行上取得更多進步，而他的兒子在承擔了所有世間職責的同時，已經成為了即身解脫者。我父親在世的時候，從沒對我表達過如此高的評價。

在長本筆記裡的另一個地方，父親寫道，他有一次在十五分鐘之內，頭腦中沒有任何念頭。他說，在那段時間，他完全平靜，前所未有地平靜，然後慢慢地，頭腦回來了。

父親想要留在這種平靜的狀態中，但他不知道怎樣安住。

在日記裡他寫著：「要如何降服？我應該問我的兒子。我參拜過別的上師，但卻沒認出自己兒子的偉大。」

我對父親說了好多次，不要再浪費時間去鎮上跟人閒聊。

有一次他回答說：「親愛的兒子，看啊，如果神有個名單，記錄著虔愛他的人的話，你爸爸的名字一定名列前茅。」

奧地利女孩翻開《薄伽梵歌》時發現了一張我的舊照片，是父親生前常拿出來給他朋友看的。直到他死後，我才發現他常常把這張照片給所有感興趣的人看，然後對他們侃侃而談我有多麼偉大。

聽到帕帕吉說在父親過世後他才發現父親對自己的虔愛和尊重，我很驚訝。帕帕吉的妹妹蘇蜜特拉對我說帕帕吉才十二歲時，帕瑪南德就在一次家庭聚餐時站起身，向每個人宣佈他的兒子就是他的上師。帕帕吉似乎對此毫無印象，也沒有提過帕瑪南德給他送來過許多弟子。

他住在勒克瑙期間，帕瑪南德熱衷於和別的弟子進行修行或哲學方面的辯論。然而如果他沒有說服對手接受自己的觀點，他就會讓這些人去找帕帕吉，因為他知道帕帕吉有本事讓人見到實相，而這就是一切思維和爭辯的基礎。

除了他的母親外，帕帕吉家裡其他人對他證量的評價都要低得多。下一則故事中，帕帕吉敘述了他和弟弟堪特（Kant）在哈德瓦的會面。

　　我的弟弟堪特曾經在稅務局工作。他的工作表現很好,退休
時已經是局長了。有一次他突然來哈德瓦見我。他到達的時候,
我正在芭提雅旅店,也就是我住的地方,大約有十五個人在我那
裡。我請他一起住,但他不願意,因為他來哈德瓦另有打算。

　　「我來這裡會住在一位著名的瑜伽士那裡,」他說:「他的道
場在恆河邊,靠近善提天寺(Chandi Devi Temple)前的平臺,渡
船就停在那裡。你認識這個人嗎?」

　　我並不認識他本人,但聽說過他,因為哈德瓦鎮上到處都豎
著大招牌在宣傳這間道場和他的神通。

　　「這位瑜伽士最近在孟買,」我弟弟說:「是一名富商介紹我
認識他的。我很喜歡他,和他在一起很久了,很處得來,他邀請
我來這裡的道場住上幾天,所以我來了。我的生意需要一些幫助,
我想這位瑜伽士可以改善我的財務狀況。」

　　坐在我身邊的一些人覺得不可思議,我弟弟居然要找別的瑜
伽士來幫忙。

其中一個人說道：「難道你不知道你的親哥哥就是最偉大的修行老師嗎？這就是為什麼我們都聚集在這裡。你為什麼不讓他來看看你的問題出在哪裡呢？」

　　我弟弟對我給出的建議不感興趣。他不想保持安靜，他想要很多錢。他對我賺錢的能力評價甚低，關於如何發財，我恐怕是他在世上最不願意請教的人。

　　我知道弟弟當時正面臨著一些財務困境。他在孟買郊區買了一家橡膠廠，需要新的機器設備讓工廠開始盈利。他買不起整套設備，所以找了一位合夥人。這位合夥人投資了一大筆換取了工廠的股份。不幸的是，過了一段時間，他們在工廠需要投入多少錢才能開始盈利這件事情上起了爭執。合夥人想要做筆大投資，想要我弟弟投入同樣多的錢。但是我弟弟拒絕了，說他支付不起，合夥人就說他不想在這間廠裡占股份了，他想把股份賣掉還錢，股價就以當時他付給我弟弟的價格就好。這很合理，但弟弟沒有足夠的錢來買回股份。

　　這對堪特來說是件大事，因為他把所有能投的錢都投進去了，希望能給家裡人帶來工作機會和收入。他的大兒子已經是那家工廠的經理了，小兒子也打算通過會計考試後就開始在那裡工作。可是沒有更多投資的話，工廠就將面臨倒閉的危險。就像許多盲目的生意人那樣，堪特認為修持密法的師父們能做一些神祕儀式來增加生意和收入。他已經來過哈德瓦，希望那位新結識的師父可以幫他致富。

　　我弟弟是個堅定的物質主義者，相信一切行為都能用賺多少錢來衡量。他常常問我為什麼不以教課來賺錢，他舉出其他老師的例子，比如穆克塔南達，抱怨我不向來見我或聽課的人收錢。他似乎認為我只要進取一點，就能成為一名成功的師父生意人。

　　我從沒收過課程費用，參加薩特桑並不需要付錢。國外的人邀請我去他們的國家教學時，我會接受他們提供的機票和食宿，但從不會向來聽課的人收錢。

我弟弟常去穆克塔南達·斯瓦米在迦尼薩普利的道場，所以他知道如果稍微用點心思，就能在這種師父生意上賺到不少錢。

其他家庭成員的一些故事也會出現在之後的章節中。

1971年9月初，帕帕吉收到來自歐洲各地許多弟子的邀請。然而，他起初不願意答應。在他離開印度前最後幾封給阿比什克塔南達的信裡，有一次他做了如下評論：

1971年9月18日
新德里

我於9月27日離開勒克瑙。這次的行程就只去科隆，我不想去別的地方，因為那些人民對於上帝對他們的安排很滿意，我不用去見。然而莫名地，我被推往了科隆。我不明白這股推力的目的，也不想知道。

我感到正在回應著神的意願，儘管行程已經確定了，但我的心非常平靜，可以接受任何突發情況，甚至還會住下來。無論如何，就讓我看著眼前展開的事情吧。我又為什麼要挑這邊或是選那邊呢？

海外旅行，1971-1974

1971年9月28日，帕帕吉飛抵法蘭克福機場，受到弟子們印度傳統式的迎接。

很多我在印度認識的人來到抵達大廳迎接我，全身伏地做大禮拜，有些人還往我脖子上戴花鬘。這引起了一場不小的轟動，因為西方人從來不這樣歡迎別人。一些常駐機場專訪抵達貴賓的記者也朝我們衝來，爭先恐後地拍照。他們並不知道我們的來頭，但我們的表現讓他們很感興趣。

一個迎接我的女孩笑著說：「他們從沒有見過這樣的場面，我們的照片會上報紙的。」

向你的老師禮拜是很好的傳統。老師本人並不在乎你是不是禮拜，但這樣的習俗就給了弟子們機會，來降低自我，消除掉一些傲慢。當你在自己老師的面前謙卑禮拜時，他會接收你的一些缺點、過失，並回報你愛和自由。雖然這對弟子來說是很划算，但許多西方人還是覺得很難在老師面前卑躬屈膝。印度人就沒有這個煩惱了。如果看到自己的老師在路上走來，他們會非常高興地伏倒在泥土中，拜倒在他足下。根據我的經驗，西方人是不能輕易低頭的。

我住在拉瑪那道場時開始注意到這一點。有些外國人私下向我承認說他們很難在尊者面前禮拜，因為這一行為並不符合他們的傳統。在我看來，這只是他們的傲慢而已。他們所面對的是這個世紀最偉大的聖人，而他們傲慢的自我卻拒絕承認這一事實。統治整個王國的印度大君們來到這裡都會拜倒在他足下，但是外國人過來問候時，卻只是點點頭，或者站著合十[a]而已。

印度成為共和國時，薩瓦帕利·拉達克里希南博士[b]被任命為第一任副總統，幾年後成為了總統。他是國家最有名望的人，但1940年代拜訪尊者時，他仍跪倒在尊者足下，全身禮拜。這是我們的領導人——除了英國人之外，向我們偉大的證悟者們表示敬意的方式。

既然帕帕吉提到了拉達克里希南博士拜訪尊者的故事，我想簡要地敘述一下他在道場時鮮為人知的一件事。

博士來訪的前一天，有個法國學者來到拉瑪那道場，他請尊者解釋什麼是摩耶[c]。尊者無視他的提問。一小時後，他又問了一遍，得到了同樣的回應。晚上在尊者散步時，學者跟著去了山上，又一次請教摩耶的解釋。尊者依然沒有對此做出任何回應。

翌日，拉達克里希南博士到達時，所有弟子都去大門迎接他。他被帶到尊者所安坐的大廳，就像帕帕吉提到的那樣，拉達克里希南博士全身伏倒，在地板上做大禮拜。幾分鐘後，執事就帶著他去參觀道場了，所有人也都跟著一起走了，大廳裡只剩下尊者和法國人。

---

a 合十禮（namaskar）：是印度人們相見或者告別時的慣用禮儀，雙手合十，微微彎腰致意。

b 薩瓦帕利·拉達克里希南（Sarvepalli Radhakrishnan, 1888-1975）：印度哲學家、政治家。印度獨立後，他擔任第一任印度共和國副總統，1962年當選為印度總統。他在《帕帕吉傳：一切從未發生》中，為希耶德博士解讀納迪葉上以梵文寫出來的命運。

c 摩耶（maya）：字面直譯為不是（ma）那個（ya），意為幻相、幻覺，是世界的顯現。

當這兩人終於單獨相處時，尊者看著學者說：「昨天你問了我三次什麼是摩耶。人為了求解脫而來到這裡，但是過了一段時間，有更加有趣的人事物出現了，他們就會紛起追逐。這就是摩耶。」

帕帕吉從法蘭克福機場被接到科隆[a]，姚阿欽・凱貝爾特用心準備了一所房子安頓他。之後不久，帕帕吉開始每日在那裡舉行薩特桑。

我第一次去時，姚阿欽帶我參觀了巨大的客廳。他把所有的舊家具都收了起來，還把很多其他東西都丟到了門外的路邊。室內做了大改動：舊壁紙換成了好看的顏色；之前掛在牆壁上的所有照片都被取了下來；所有放在桌子、書架上的讀物也都拿走了；甚至連桌子和架子都丟掉了。姚阿欽不想留下任何舊日的痕跡。原來放舊家具的地板上安置了坐墊，這樣訪客就能圍在我身邊盤腿而坐。地方並不大，大概能坐下三十來個人。我舉行薩特桑的第一個晚上，因為來的人太多，擠不下，很多人不得不敗興而歸。凱貝爾特想在萊茵河畔給我買一個更大的地方，但是我拒絕了。我對擁有房產和道場不感興趣。

參加這些薩特桑的人來自德國各地。最初幾周中，我遇到了從慕尼黑[b]、杜塞道夫[c]、法蘭克福和柏林還有從科隆當地來的人。平常工作日來參加薩特桑的大多數是住在科隆的人，週末來的求道者則來自全德國各地。

姚阿欽把我說的所有話都翻譯成德語，因為來的很多人聽不懂英語。不過，我很快意識到，他一定是添加了自己的評論，因

帕帕吉傳・一切從未分離

---

a 科隆是德國人口第四多的城市，是德國內陸最重要的港口之一，萊茵地區的經濟文化和歷史中心，是德國最古老的城市之一。

b 慕尼黑（München）：德國巴伐利亞州的首府。2010年人口為130萬，是德國南部第一大城，全德國第三大城市。

c 杜塞道夫（Düsseldorf）：位於萊茵河畔，是德國北萊茵 - 威斯特法倫的州首府。

為他翻譯出來的話總是比我的原話要長很多。

　　我對他說：「我用英語說了二十秒鐘，但你翻譯成德語後卻要兩分鐘。為什麼你要講那麼久？」

　　「這些德國人之前從來沒有接觸過您這樣的教法，」他回答道：「您說得清楚、簡單，切中要害，但如果我只是原封不動地翻譯過去，恐怕這裡大多數人都聽不明白您在說什麼。所以，我就在話裡加了點德國香料，使您的談話更有味道。這些香料能讓您的話更符合德國人的口味。」

　　這不是我想要的，因為上師說出的原話是非常有力量的，如果你摻雜了額外的評論和解釋，就失去了原話中的力量。我就這樣跟他解釋。

　　「你不需要去廚房裡把我的話添油加醋一番。只要把我說的話說出來，不要加任何東西。如果你逐字逐句、妥當地翻譯出來，我話裡的真正意思就會明朗了。」

　　姚阿欽做不到，他說：「但這裡會有誰能理解您？如果您說『你已經是解脫的了』，我也逐字翻譯出來，會有人問：『「解脫」是什麼意思？他在說什麼？』所以我得同時做些解釋。」

　　我不同意他的說法，但又沒法讓他改變他的習慣。真正老師的話語中有一種力量，能觸碰到根器跟這個教法相應的聽眾的心。其他人的解釋沒有同樣的力量。

　　姚阿欽是個善良的孩子，但他偶爾會做出很奇怪的事情。我之前已經提到過我們一起在印度的時候，他曾企圖喝下一桶清潔劑。我在科隆住了幾天後，就目睹了他另一樁怪行。我當時在房裡休息，等著別人叫我吃午飯，突然之間聽到一連串砰砰巨響。我第一個念頭是：「一定是街上有車子引擎逆火了。」但我意識到這響聲是從房子裡傳來的，不是外面。我到窗前查看了一下，確認這響聲的確不是從鄰近街道傳來後，就走進客廳看個究竟。那裡正上演非常奇怪的一幕：姚阿欽、他母親和父親都站在餐廳的桌子上。姚阿欽手中拿著一把步槍。

姚阿欽‧凱貝爾特、蜜拉和帕帕吉在科隆，攝於1971年

他向我喊道：「看看桌子底下是不是還有老鼠？我覺得我打到牠了，但或許牠還藏在桌子下面！」

他剛才朝著一隻在客廳裡亂竄的小老鼠胡亂掃射。在印度，家家戶戶都有老鼠，但西方人的家裡出現了老鼠的話，似乎會引起巨大的恐慌。我看了看桌子底下，發現地板上躺著一隻死老鼠。我想只要這老鼠還在，他們就不會下來，於是我拎起老鼠的尾巴，把牠拿到窗口丟了出去。這一簡單的舉動卻引起了他們一家更大的驚恐。

「您不該碰牠！」姚阿欽喊道：「您根本不知道牠攜帶著什麼病毒！現在我們必須帶您去看醫生打疫苗了！」

我抗議道：「牠又沒咬到我。牠都已經死了，怎麼可能讓我得病呢？要是我手上沾到了點細菌，那我可以到浴室洗乾淨。我為什麼要去看醫生？」

他們不願聽我的。姚阿欽聯繫了一個醫生，為我預約了時間。我純粹為了取悅他們就去了，心想他可能就是給我在手臂上打個

破傷風針什麼的。結果，醫生堅持要在我屁股上打上一針。

我對他說：「老鼠沒有咬到我那裡，你就不能換個地方打針麼？」

那人也不聽我的。結果我就被打了一針，還聽了一番苦口婆心的說教，讓我不要碰觸可能攜帶致命病毒的動物。不同的國家做事方式不同。這是我第一次見識德國人的健康和清潔觀念。

在瑞詩凱詩期間，帕帕吉就已經接觸到很多外國人的奇特習慣，但就算如此，他在德國最初幾周還是遇到了很多意料之外的事：

有個來訪的男人告訴我他是附近城市杜塞道夫的禪修老師，他邀請我去那邊見見他帶的學員。我就去了，發現他每帶一堂四十五分鐘的禪修課就要收一百德國馬克。他對我很坦白，承認說他只是像做生意一樣經營中心。

「看看來這裡的這些人吧，」他指著閉著雙眼坐在地板上的眾人對我說：「沒人懂怎麼禪修，連一點門道都沒摸到。有些人帶著女朋友來，整整四十五分鐘一直手拉著手。有些人是老菸槍，上到一半就得出去抽一根。」

哪怕收費這麼高，每個禮拜還是有三十到四十人來跟他禪坐。我問他是怎麼做到讓這麼多人掏腰包每週來的，他就吐露了成功的秘訣。

「我只是個生意人，」他說：「我自己都不知道怎麼禪修，也不知道怎麼教別人禪修。我是把這個地方當生意來做。人們到這裡後，我就給他們來一勺『聖水』，讓他們在我身邊安靜地坐上幾分鐘。水裡提前放了鎮靜劑，還加了一種化學品，足夠讓人在半小時內又快活又平靜。他們都把這水當成加持品喝下去，誤認為之後自己是在美妙地禪修。每星期他們都再來，想再次體驗一下，我就再收他們每人每星期一百馬克。這是很好的生財之道。」

我聽了就不再驚訝為什麼他能每週吸引這麼一大批人來了。我很快發現這裡的人對東方的禪修很有興趣。我在德國並不出名，但我的薩特桑上經常有五、六十人參加，一個房間根本就容納不下這些人。大多數德國人白天工作，所以我的薩特桑時間是晚上七點到九點。從九點到十一點，不管誰想要私下討論修行的話題，都可以來找我。

雖然來的人數眾多，但並不是每個人都是為了修行而來。

有個女孩打電話到我科隆的家中，說：「我可以去找您嗎？我並不是要來參加禪修，而是為了私事，不過我想您可以幫幫我。」

我告訴她：「我們每晚上七點到九點都有禪修課。如果你提前半小時來，我們可以聊聊。」

她準時到達，跟我說了她的希求。

「有個從慕尼黑來的金髮男孩子，他每個週末都和女朋友來參加您的薩特桑。她在讀戲劇學校。我自己有個男朋友，已經同居七年了，但是我現在不怎麼愛他了，他是從杜塞道夫來的。我覺得現在是甩掉他的好時機，因為我愛上了那個來自慕尼黑的男孩子。我想要您安排我們換一換，告訴那個女孩子，那個戲劇學校的學生，如果她讓我得到她的現任男友，她可以得到我的前男友。這個交換對她來說應該很不錯，因為從杜塞道夫來的男孩子很帥，我保證她會喜歡上他。」

對我來說，這可是件新鮮事。在印度我們沒有這種交易：「你把老婆給我，我欣然笑納。」那個慕尼黑男孩和他女友是很好的學生，我很喜歡他們。他們倆每週都來看我，提的問題都很好。我看得出他們都是嚴肅的求道者。我不覺得他們會對這個女孩的建議感興趣，但我也不覺得介紹他們認識會有什麼害處。

「我可以介紹你，」我對她說：「你可以自己說出提議，讓他們來決定。」

她說：「不，最好是我能先見見這男孩本人。然後，我會帶

我的男友給那女孩，介紹他們認識。這麼安排更好。」

她看起來一臉天真無邪，所以我很驚訝她肚子裡正謀劃著這麼一場交易。我後來發現她是英國人，不是德國人。她的父母把她送到了德國一所醫學院學習，因為他們認為德國大學的教育品質更好。

我告訴她：「在對你沒有進一步瞭解之前，慕尼黑的男孩是不可能接受你的。你為什麼不來這裡參加幾堂薩特桑呢？他喜歡禪修。如果他看到你也對禪修感興趣的話，他或許就會對你也產生興趣的。」

她就開始來參加了，幾天之後她轉而愛上了禪修。她的面容變得非常美麗，並且每天都來我舉行薩特桑的屋裡禪坐上兩到三小時。我派給她一些任務，請她幫助新來的人，她很快就將那個慕尼黑男孩子拋諸腦後了。

雖然我前幾年已經在瑞詩凱詩接觸過很多外國人，但在德國遇到的那些人的性行為和習慣還是偶爾會讓我驚訝。十四、五歲的女孩子可以和男朋友發生性關係，無須隱瞞，他們的父母似乎也不介意。有些父母甚至允許年輕男女在家裡同床共枕。

我住的房子裡有兩個青少年：一個大概十三歲的女孩，一個十八歲的男孩，但我幾乎看不到他們的身影。早飯時間他們不在，晚飯時間他們也經常不在。我問招待我的主人，也就是他們的父母，為什麼他們總是不在。

「我女兒有個男朋友，她經常晚上和他一起睡。我兒子有個女朋友，所以他也常常不在家，去她那裡過夜。他們有時候午飯時回來，但早、晚飯常常不在。」

他們的母親似乎並不擔心她那十三歲的女兒去她男朋友家與其同床。我對此保持沉默。這不是我家，我也不該插手。我只是想：「這是歐洲，什麼都不一樣。」

每天我都學到一點有關德國風俗習慣的新鮮事。有一天，我接了個電話，來電的人是一個幾乎每天都來的弟子。

「今天我會晚一點到，」他說：「我的父親過世了。」

我提出要去參加葬禮，但他說沒有必要。

「您不必麻煩，」他說：「我自己也沒有打算要去墓地。葬儀社的人帶著他的幾個助手，會負責落棺入土的。」

「但是在墓前不是要做些法事、儀式嗎？你不是必須在場的嗎？」

「不必不必，」他說：「我已經付了錢給葬儀社的人來處理這一切。用不著我，他和他的助手會舉行儀式的。」

我從來沒聽說過有什麼葬禮是家庭成員把一切都委託給專業的殯葬人員處理，而自己連個面都不露的。我換了個話題。

「他是什麼時候過世的呢？因為什麼原因？」

他回答說：「哦，實際上他還沒有死。醫生說他可能會在今天早上七點三十分死亡，所以我根據這個預測做好了所有的安排。幾天前我就找好了殯葬承辦人，因為我知道父親快要過世了。墳墓已經挖好了，一切都準備妥當了。」

「但要是他不死怎麼辦？」我問：「那這個墓穴和所有這些雇來的葬儀社的人怎麼辦？」

「這個醫生很可靠，」他回答：「如果他說我父親會在七點三十分死，那麼這事就很可能發生。無論如何，我希望他是對的，因為雇這些葬儀社的人很花錢。我是按小時付費的，不想讓他們瞎站著一整天都沒事幹。儀式結束後，我們要和所有的親戚一起大吃一頓，完了之後我就能來參加薩特桑了。我現在打電話來只是要告訴您，我會晚到一點。」

他在預計的時間準時出現，並告訴我所有事情都按計畫進行了。他的父親在指定的時間過世，遺體交給葬儀社的人埋葬。

我希望他父親是真的死了，而不是到了預定的時間他把人交了出去，好節省葬禮的費用。我之所以會這麼說，是因為有人給我看過一則德國報紙上的故事，說有些人還沒咽氣就被埋葬了。有一條穿過墓地的公路需要拓寬，就不得不把一些遺體挖起來埋

到其他地方去。挖出來的有些棺材蓋子鬆開了，工作人員發現了棺材蓋板內部有抓劃和踢打的痕跡。而且，有些屍體並不是平躺的，膝蓋彎曲成了一個角度，表示這些不幸被掩埋的人曾經奮力掙扎試圖要逃出去。這就是著名的德式效率：當人還活著的時候，葬禮就已經預定好了，葬禮儀式要儘快完成，好節省葬儀社的人的工資，因為他們是按小時計費的。在印度，我們讓人自然死去，等他們的壽限自然到來時，我們會全部親自參加葬禮。

印度不是一個富有的國家，但是我們對自己的家族成員表現出了更多的敬意。我在德國時，一天有人告訴我有個嬰兒被裝在塑膠袋裡扔在我們房前的街上。嬰兒還活著，嬰兒的媽媽只是想擺脫他。這種情況並不罕見。幾個外國人告訴我他們現在還遭受著感情創傷，因為他們是被父母遺棄或丟掉的。

蜜拉從比利時趕來幫忙帕帕吉在科隆的薩特桑。我問她，根據他講述的最初在西方碰到的一些事來說，她是否覺得帕帕吉遭受了某種文化衝擊。

「哦，沒有，」她回答：「我不覺得他真的被震驚到了。他之前就曾經在瑞詩凱詩和一些怪人相處過，所以他對西方已有所預期。他早就得出了結論，認為所有的外國人都有點不正常。他並不會對他們的行為妄加判斷或批評，反倒是好像被逗樂了，他遇到的那些外國人表現得很是精彩。」

在科隆幾周後，帕帕吉前往比利時住了幾天，拜訪蜜拉的家人。在返程路上，他決定去柏林見自己的幾個親戚。

我的外甥移民到德國，開了一家店賣印度商品。他娶了一個當地的女孩，在那裡定居下來。過了段時間，他的母親，也就是我的妹妹蘇蜜特拉也搬到柏林，和他同住。我在德國期間，剛好他倆也都在，我就去探望他們。

我們一起吃了頓豐盛的印度晚餐，飯後上了自製的奶糖酥

帕帕吉和蜜拉在比利時：攝於1971年冬。蜜拉母親的房子就在附近。

（barfi）。遠離印度萬里之外，還能吃到印度甜品，真讓我驚訝。
還有幾個外派的印度員工也受邀來吃飯，雖然在座的每個人都是
印度人，但他們談論的都是德國和德國風物習俗的話題。蘇蜜特
拉的孫子孫女都是當成德國人帶大的，文化的影響之大，以至於
帶他們去印度探親時，他們一點都不喜歡印度。

　　他們第一次到德里時，一個孩子說：「媽咪，我不喜歡這個
國家。牛群在街上拉屎，到處都臭烘烘的，又髒又吵。為什麼我
們不能回德國去呢？那裡又漂亮又乾淨。」

　　他們後來待了大概二十天，但很不開心。

　　晚飯後，我們都出去在城裡散步，因為我想看看深夜的柏林。
我曾經聽到一個說法：「夜晚巴黎，深夜柏林」，我想看看為什麼
柏林的深夜那麼有名。

　　走了幾分鐘後，我發現一些包裹被放在商店外面的地上。我
問外甥為什麼有這麼多包裹被丟在外面。

　　「一定是有人白天訂購了東西，但沒有來取。店主就像這樣把

東西放在街上，附上顧客的姓名。訂了東西的人可以在方便的時候隨時來取。」

這真是非常奇怪的經營之道，我很震驚。

「那麼店主怎麼收到錢呢？」我問。

「顧客下次去店裡時會付的。」

我之前從來沒有遇到過這麼信任他人的人。沒有人偷包裹，顯然這些顧客也很靠得住，都會隨後上門來付清帳單。

那是深夜了，大概已經過了十點，但還是有很多人在街上逗留。在一條街上我們碰到了一位女孩，她在人行道上狂喜大笑。我很喜歡她。看到人們笑的時候，我總是很高興，特別是他們毫無理由的笑。這種笑最棒了。但我享受她的笑聲沒多久，因為才過了幾分鐘，就有一輛警車開到她的身邊，跳出了兩個警察。這個女孩處於狂喜中，她笑著，偶爾在人行道上跌跌撞撞走上幾步，但她並沒有給誰製造麻煩。她附近只有我們這幾個人，我們對她的行為當然也沒什麼反感，實際上，我們還相當欣賞。

一個警察走上前，問她：「你是誰？」

她咯咯笑了，說：「我不知道。」

「你從哪裡來？」

她大笑起來，說：「我不知道。」

「你要去哪裡？」

「我不知道。」

一個警察打開了她的包，把她的身分證拿了出來，盯著看了幾秒鐘後，他們把她拎起來，塞進警車揚長而去。

「哦，」我對自己說：「這就是『深夜柏林』。」

我無法理解這些警察的行為。她並沒有騷擾任何人，也沒有因為笑聲而打擾到別人。在她附近只有我們這幾個人，而我們都很欣賞她的樣子。

第二天我問了一個德國朋友，為什麼這女孩會被逮捕。我描述了那晚事情的經過之後，他神情嚴肅地說：「她不守規矩。在

這個國家，這種行為是不被允許的。」

帕帕吉在薩特桑上說過很多次這個故事。他通常並不解釋這個女孩的狂喜之笑，但有一次，他承認這是因為他們兩人在人行道上相遇後，她有了靈性體驗，才導致她如此表現。蜜拉當時也在場，所以我詢問她所見的經過。

我們正沿著街道走，欣賞著景色。夜已經深了，但很多地方依然開著門。上師停住了腳步，指著站在人行道上的一個年輕美麗的少女。我覺得她好像是在等街邊一家速食店她點的東西。

他指著她，說：「看那個站在那裡的女孩，她的臉多麼美麗而天真啊！」

她身上的某些東西讓他迷惑不解，或者吸引了他。他一直非常奇怪地盯著她，好像是想看進她的心裡，去找出更多的答案。他說起過多次，說她很美很天真，還說為女孩的純潔而震驚。

最後我們還是繼續往前走，但是才走了幾步，就發現這個女孩子開始大笑。剛開始她只是微笑，然後開始咯咯笑，最終放肆地發出徹底狂喜的大笑，帕帕吉每次講到這個故事就會提到這個大笑。就像他所說的，最後開來一輛警車把她帶走了，因為公共場合的狂喜行為在西方是絕對不受歡迎的。我認為上師僅僅是看進了她的心，去看她內在是怎樣的，但他給予了她強大有力的注視，碰巧激發了她的大笑。她有一顆純淨無邪的心，所以輕易就能把她推進一個快樂狂喜的狀態。

帕帕吉回到科隆，但並未久留。幾天後他告訴姚阿欽，他想會見基督教僧侶：

我告訴他，我希望能找出可能的覺悟者，覺得或許可以從基督教修道院入手。我很好奇，想知道現在的基督教裡是否能產生

覺悟者。評價宗教和靈性修持的最好方法，就是看看成果。雖然知道這種可能性並不大，但我想在某個這樣的機構裡，或許有一個拉瑪那尊者或者尼薩迦達塔·馬哈拉吉[a]隱身其中而不為人所知。

我要求姚阿欽為我安排一些活動，包括去會見基督教的修行僧，我想要親眼看看他們的宗教和修持給他們帶來了什麼樣的體驗。

拜訪的第一站是德國北部一所著名的修道院——瑪利亞·拉赫[b]修道院。帕帕吉會見了那裡幾位僧侶，和其中至少一位有了次很好的薩特桑。蜜拉向我描述了記憶中的會面場景：

我們見了修道院院長，他先邀請我們參加一個宗教儀式，上師似乎很享受某些美妙的唱誦。隨後我們被介紹給一些僧侶，有了一次很好的薩特桑，因為見到的人當中有一個在上師的臨在中有了深刻的體驗。我記得這人知識淵博，很有學問，非常聰慧，但是在薩特桑時他放下了驕人的才智，允許上師進入他的內心。從他的臉上我能看出他正融化在愛中。這人一定是虔誠的基督徒，看到他在上師的臨在中有這樣深刻的體驗，真讓人高興。

之後帕帕吉回到科隆，向在印度的阿比什克塔南達·斯瓦米寫信彙報了自己的活動。

a　尼薩迦達塔·馬哈拉吉（Nisargadatta Maharaj, 1897-1981）：出生於印度孟買的貧窮人家，三十四歲遇到了上師悉達羅摩濕瓦·馬哈拉吉（Siddharameshwar Maharaj），對上師所言的「你就是超梵」確信無疑，因此開悟。悉達羅摩濕瓦屬於「九師傳承」中的支系因敕格里傳承。尼薩迦達塔·馬哈拉吉一直居住在孟買的狹小公寓中，1950年代他開始收徒傳法。1973年他和求道者的問答錄《我是那》一書出版後，造成巨大影響，吸引西方的求道者不遠千里而來。

b　瑪利亞·拉赫（Maria Laach）修道院：意為拉赫湖畔的聖母瑪利亞修道院。位於德國萊蘭—普法爾茨州的一座本篤會修道院，始建十一世紀末，遵循本篤會分支克呂尼修會的會規，是歐洲中世紀盛期隱修會的代表。修會教堂建築宏大，外加周邊環境優美，湖光山色同建築相映生輝，很早就成為各種藝術品描繪的對象。

1971年11月1日
科隆

　　昨天愛宮真備‧拉薩爾[a]神父從瑪利亞‧拉赫修道院到科隆來看我，他是東京大學的教授。他在那個修道院裡帶領禪宗的禪修課，那裡有一個神父提議或許他有興趣和我見面。我們談論各類話題談了六小時，然後他離開去了荷蘭。他讀過你的書。

　　關於歐洲，你說的情況或許在十多年前是對的，但我發現如今已經時移俗易。主基督的國土已經忘記他是誰。他們驕傲地談禪、瑜伽和黑天，雖然有些人僅僅滿足於抽抽大麻。這裡也有些嬉皮不抽大麻，他們會整晚唱誦「訶利，羅摩，訶利，羅摩，羅摩，羅摩，訶利，訶利」[b]。他們並不是真的在修行印度教，只是厭惡這裡的社會和生活方式。

　　每天早上八點到晚上十一點之間，大概有五、六十個人來看我。晚上七點到九點，我帶一個禪修班；每天晚上九點到十一點，是提問和私人對談時間。

　　所有那些參加了二十五天禪修課的人都發生了非比尋常的變化，現在他們都是很好的求道者。還有幾個哲學家從慕尼黑或其他很遠的地方來看我。有時候我喜歡和他們

144
帕帕吉傳‧一切從未分離

---

a　愛宮真備‧拉薩爾（Makibi Enomiya-Lassalle, 1898-1990）：德國神學家、耶穌會教士。1929年他作為傳道士前往日本，進而對日本佛教修行產生了興趣，1940年他成為了廣島的牧區長（vicar），在1945年的核彈轟炸中受傷後回到德國。1956年他開始跟隨日本的原田祖嶽禪師（1871-1961）學禪，1958年出版了《禪：邁向覺悟的道路》（*Zen: A Way to Enlightenment*）一書後，教廷命令他不得繼續這方面寫作。原田祖嶽圓寂後，他跟隨其弟子山田耕雲（1907-1989）學禪，二人合作吸引了很多天主教修士和修女參與禪修。六十年代末，愛宮真備被授予禪師稱號，開始在歐洲帶領禪修。他同時也保持了對基督教的信仰。

b　訶利，羅摩（Hare Ram）：訶利（Hare）是毗濕奴的名號之一；羅摩是毗濕奴的化身。「訶利，羅摩」是常見的印度教咒語。

> 談論主基督和聖經，他們顯得很猶豫，並不喜歡談及此類
> 話題，不過當他們閉上眼睛、盤腿而坐時，他們是愉悅的。

十一月初姚阿欽租了一輛車，帶著帕帕吉去了瑞士和義大利。路上，他們拜訪了在巴伐利亞的下阿爾泰希（Niederaltaich）的一個修道院，帕帕吉和其中一位僧侶有了次很不錯的會面。蜜拉當時也在場，她在寫給B·D·德塞的信中這樣評論這次會面：

那個基督教僧侶真的很出色。我們到他所在的德國南部修道院參觀了幾天。他是有福的。上師將**他的**愛和心給了他。這個僧侶現在就和我們都一樣，被**他的**美妙「俘獲」了。

帕帕吉、姚阿欽和蜜拉從下阿爾泰希開車去了瑞士的洛桑[c]，因為有個在瑞詩凱詩和帕帕吉同住過的男孩居住在那裡，男孩家人邀請他去作客。

六十年代後期我住在瑞詩凱詩的時候，有個叫蒂埃利（Thierry）的男孩來看我，他二十出頭，深受精神分裂症之苦，常規治療並沒有效，所以他父母送他來看我，當作最後的希望，因為他們聽瑞士有人說起在我身邊，有些人治癒了慢性病。蒂埃利和我住了一年多，他回到瑞士的時候，看起來徹底正常了。出於感謝，他父母邀請我到他們洛桑的家裡住。

我知道蒂埃利的家族很富裕，但我還是被他們奢華的生活震驚了。他們給我提供了一個頂層的公寓房，就在萊蒙湖（又稱日內瓦湖）岸邊。大概每一個小時，整個公寓會旋轉360度。當公寓

---

c 洛桑（Lausanne）：瑞士法語區城市，瑞士第五大城市，位於日內瓦湖北岸。

在蒂埃利洛桑的家中吃晚餐。帕帕吉身邊的男孩是蒂埃利的弟弟。

恰好朝向最佳的角度時，我會用蒂埃利父母借給我的望遠鏡久久
地欣賞湖光山色。

蒂埃利的父親靠製造汽車發跡。他有家很大的工廠，雇了上
千名工人，但是他並不幸福，因為他晚上無法入睡，總是煩惱生
意上的事情。

有一天他來找我，說：「我兒子跟我說了很多您的事。他長
篇大論地向我講到智慧、覺悟和自由，但我對這些都沒興趣。我
只想晚上能睡著覺。您能幫我嗎？我在吃藥，晚上夜深的時候還
總得喝點酒，想著能有助於睡眠，但似乎都不管用。就算躺下幾
個小時還是睡不著，老是想著第二天工廠裡要面對的各種問題。」

我想他只是需要暫時放下工作和操心的事，就對他說：「明
天到我這裡來，我教你怎樣入睡。我們可以開著你的車去最近的
森林，然後好好散步。你走路走累了，我們就躺在森林地上，好
好睡上一覺。你不需要吃藥或喝酒，只需要忘掉你的工廠，忘掉
一天，和我一起出去好好散步。」

他同意了，但是到了說好的時間，我去找他時，他卻說：「我不能去。工廠剛剛出了件大事，我走不開。」

　　後來我又去叫他，還是得到了同樣的答覆。我們一直就沒能散成步，在我作客的那段時間裡，他也沒有解決晚上不能好好睡上一覺的問題。他是一個可悲而壓抑的工作狂，財富並沒有帶給他任何快樂或滿足，但他就是意識不到問題的根源正是他的忙碌和生活方式。

　　某天晚上他和我在晚餐桌上進行了一場討論。他聽說過印度的種姓制度，於是說到他是多麼不贊同這樣一種人為的種族區分。

　　「在我眼裡，所有人都是平等的，」他說：「我不認為人們一生下來就該被分成三六九等。」

　　那時這人的一個傭人，一個做清潔打掃的男孩正好在房間裡走過。我指著這個男孩，問蒂埃利十八歲左右的妹妹，她是否願意嫁給像他這樣的好男孩。

　　「他是個英俊的男孩子，」我說：「他會成為你的好丈夫的。」

　　她氣炸了：「我才不會嫁給這樣的人呢。他只是個清潔工。我結婚的話，要挑選我自己階層的有錢帥哥。」

　　我哈哈大笑，對她父親說：「看來你們這裡也有一個種姓制度。這裡的商人做生意，到了孩子該成家的時候，他們就從自己的社會和經濟圈子裡尋找合適的人選。世界各地都是一樣的：工人配工人，商人的孩子配商人的孩子。你或許不贊同，但世界就是這樣。」

　　蒂埃利聽說我計畫造訪修道院和修行僧，他知道當地有幾個，於是很快就為我做了安排。其中一人是住在四十公里外的隱修士。我們開車去見他，但那人的侍者告訴我們這個時間不見客。我解釋說自己是個印度教徒，大老遠從印度來拜見基督教僧侶，因為我想和他們聊聊他們的體驗。侍者讓步了，說他會再試試幫我們安排時間。隱修士的房門打開了，一股濃濃的雪茄菸湧了出來。菸味又濃又臭，我都沒法進屋。

「我能在外面見他嗎？」我問：「要是進去跟他見面的話，我覺得很快就會透不過氣來的。」

「不行，」侍者說：「他從不出門。他整天都待在那裡，門窗緊閉。」

「那麼，我進去後，能不能開開窗戶和門？」我問：「我們交談的時候，有點新鮮空氣會比較好。」

回答又是「不」。

「他喜歡裡面有菸味。他整天都在吸菸，晚上大多數時間也在吸。他說這有助於在禪修的時候保持清醒和警覺。」

這倒是一種新的調息法（pranayama），我前所未聞。在印度，瑜伽士調息時需要堅持呼吸清潔、純淨的空氣。這個僧侶卻更偏愛雪茄菸味，還要關緊門窗加強效果。我沒見他面就回家了，我不想自己肺裡充滿他呼出的雪茄菸。

蒂埃利安排我去拜訪另一家修道院，距離洛桑大概八十公里。在那裡，修道院的院長請我給僧侶們作個短講。為表示感謝，我給他們講了一下我對基督教的一些觀點，因為我並不認為他們會欣賞解脫（moksha）或者其他印度教話題。我講完後和在場的幾個僧侶聊了一下，我覺得相談甚歡。

兩三天後，我打電話給這個修道院院長，想問我是不是可以再去拜訪，因為上次拜訪與僧侶們的會面很愉快。接電話的是其他人，我說明自己身分後，請求和院長通話。

「對不起，」電話那頭的聲音說：「您不能跟他說話。他病了。」

「那麼我可以跟另外哪個人說一說嗎？」我問道：「我想安排一下再來你們修道院。」

「不行，」對方說：「這裡每個人都病了。您沒法跟任何人說話。」

在印度，如果朋友生病了，我們總是會前去探望的。

我對接電話的男人說：「很遺憾聽到這個消息，我馬上就會來探望大家的。」

我想不通怎麼可能突然之間每個人都病倒了，連電話都不能接。我尋思著：「或許他們吃了同樣的東西食物中毒了？或許他們全部得了流感病倒了？」

電話那頭的聲音突然變得非常驚慌：「別來！別來！」他高喊道：「您不能再過來了！」

我就想這可能是某種傳染性流行病，所以不允許外人前去探望。

「那麼大家得的是什麼病？」我問：「是不是傳染性很強，所以都不允許朋友去探望？」

那人回答說：「不是身體上的疾病，是心理和情緒上的。大家的精神都非常低落。您跟我們講了耶穌和基督教之後，大家都病了，我們不習慣聽到這樣的講話。如果您再來一趟的話，我們可能要病得更厲害了。」

我不記得自己說過什麼冒犯基督教的話，我講的基本上都是上帝之愛。但一定還是觸犯了這些僧人的觀念，因為已經過去三天了，他們還全體痛苦得不能自拔。那時，我已走訪過了數家修道院，已經開始明白這些地方的人全是靜不下來的。有很多儀式、法事，但我找不到一個人擁有真正寧靜的心。我走訪過的大多數地方，僧侶們都忙著幹活、釀酒或者製作其他產品，為他們尊貴的修道院賺錢。這和外面的世界一模一樣：不停辛苦勞動來賺錢，沒留下多少時間來保持寧靜和默然。

進行這場講話時，蜜拉也在場，我問她帕帕吉講了什麼如此冒犯到了這些僧侶。

她笑答：「的確，他談到了上帝之愛，但是他也明確指出，儀式和外在的宗教形式，對於真誠的尋求上帝來說，往往是一種障礙。和僧侶們說這些或許並不恰當，因為他們整個人生都圍繞著各種法事和儀式打轉。」

在洛桑和蒂埃利一家逗留了幾天之後，帕帕吉繼續前往義

大利北部，他被帶去一個位於蒙特維格利奧[a]的修道院，靠近波隆那[b]。

我到的時候，看到幾個穿著僧袍的男人放飛了籠子裡的鵪鶉。鵪鶉四處飛翔，享受著自由。我請司機停下車，想知道這些善良的人們是誰。我想他們一定是買了這些鳥到森林裡放生，因為在印度有些人會這麼做。我不會說義大利語，所以請司機去問問這些人是誰，在做什麼。

僧侶們告訴他：「這是一種仁慈之舉。我們不想把鳥兒一直囚禁在籠子裡，所以給牠們機會可以到處飛一會兒，然後再抓來殺掉，這樣牠們就能活得更自然些。牠們被圈養在這裡，是逃不掉的，我們想吃的時候就來這裡抓一隻。」

我站在那裡，注意到還有六名僧侶手持長竿，他們到這裡就是來抓那天要吃的禽類的。

我前往修道院，有人向住在那裡的所有僧侶介紹了我。只有一個叫阿爾方索（Alphonso）的神父能說流利的英語。他帶我們去了他們的教堂，聆聽了一場持續很久的彌撒。按照慣例，僧侶和修女們要列隊走到聖壇前接受聖餐。我提前被告知不應該跟著他們一起走，因為麵包和酒只分給受過洗的基督徒。這場彌撒似乎持續了好幾個小時，要是能在結束時給人發塊麵包那該多好，因為我真的很餓，但我知道這塊麵包是只能給那些正式接受了天主教會教義的人享用的。

彌撒結束後，我們在某個大廳集合。有人向大家介紹我是來自印度的靈性導師，所以大家想向我提問。我以為他們會問我關於印度教或者覺悟的問題，但他們卻讓我詮釋一下聖經中的幾條

---

a 蒙特維格利奧（Monteveglio）：距離波隆那二十公里外的小鎮。

b 波隆那（Bologna）：義大利城市，位於北部波河與亞平寧山脈之間，是艾米利亞－羅馬涅的首府。

經文。我告訴他們，無論他們問什麼我都樂於回答。從長期的經驗中我發現，當人們問我有關宗教經文的問題時，合適的回答就會從我嘴裡冒出來。這些回答並不是源自任何對著作文章的知識瞭解，或者源自任何正式的研習，只是從真我中流出。曾有幾次，我甚至可以說出讓專家們都深為困擾的偈頌或文句詮釋。當你允許真我言說時，總能出現正確的答案。

一個年長的僧侶開始質問：「為什麼基督在十字架上高喊？為什麼他會喊：『我的神，我的神，為什麼離棄我？』[c]」

之前已經有其他基督徒問過我這個問題。我相信聖父是有意破壞他和其子的關係，這樣在他死亡的時候，耶穌可以脫離一切關係的掛礙。但是，我也從經驗中得知，這麼說常會讓基督徒很不安。所以那天我給了另外一個答案，覺得更適合當時的狀況。

基督徒喜歡把他們自己視為綿羊，由一個神聖的牧人引導。他們從來不認為自己是獅子，能夠隨心所欲地自由行走。所以通常當我和正統的基督徒對話時，我給他們的是綿羊的答案，因為我知道獅子的答案會讓他們不安。既然他們是主我是客，我就不想太冒犯他們。我記不得自己具體說了什麼，但那一次，就算是我的綿羊答案還是讓他們心煩意亂了。

更多的提問隨之而來：「你對於童貞生子是怎麼看的？為什麼耶穌的門徒在他最後時刻背棄了他？為什麼彼得否認自己是基督的追隨者？為什麼上帝要讓耶穌經歷這些不必要的痛苦？比如說，為什麼他任由耶穌拖著沉重的十字架去往行刑地[d]？」

問題提得很咄咄逼人，但對每一點，我都給予了回答。我的回答並不能讓他們心服口服，因為我不能提供權威的、有章可考

c 耶穌在各各他被釘十字架後，遭到了路人的譏諷。「約在申初，耶穌大聲喊著說：『以利！以利！拉馬撒巴各大尼？』就是說：『我的神！我的神！為什麼離棄我？』」（《馬太福音》，和合本）

d 《約翰福音》：「於是彼拉多將耶穌交給他們去釘十字架。他們就把耶穌帶了去。耶穌背著自己的十字架出來，到了一個地方，名叫髑髏地，希伯來話叫各各他。他們就在那裡釘他在十字架上，還有兩個人和他一同釘著，一邊一個，耶穌在中間。」

的依據。

如果我給出一個不同尋常的回答，有人就會說：「你這番說法的經典印證是什麼？這個說法出自哪裡？」

他們是那種只有在我能證明自己的回答符合某條歷史悠久的經文或論著時才願意接受的人。對他們而言，聖經是最終的權威，如果我反對上面寫的東西，他們就不願意接受我的觀點。

討論變得炙熱起來。他們開始要求我舉出我說法的經典印證，但我只是告訴他們，我自己的體驗便足以為證。

當時，我對其中一人說道：「聖經並不是一本書。你不應該只是將它視為一本書。它將聖父之語傳達給聖子。它並不是讓你們討論用的文字集合，它來自神的直接心傳。」

這話似乎一下子觸動了某位年長的僧侶，之前他一直沒有加入討論。他起身離開了房間，幾分鐘後帶著一本很大的希臘古書籍回來了。

他朗讀了幾段書中的話，然後翻譯成英語給我聽，翻譯成義大利語給其他僧侶。他說的恰恰重複了我在討論時提到的一些話，一字不差，甚至我說的「聖經不是一本書」的話也在裡面。他們都不再和我辯論了，開始翻閱老僧侶帶來的書。最後他們不得不承認，我之前說的話可以在公認的經典中得到證實。他們個個目瞪口呆，因為他們知道我沒有學過希臘語，也沒有基督教神學的背景，但是我卻能說出這些話。

我早早上床睡了，可是僧侶們翻閱著這本古籍久久未眠。幾小時後，阿爾方索神父進來看我，跟我說我那晚所說的話幾乎全都能在這本古書中找到。我從來沒讀過這本書，因為那是希臘語的，實際上，我現在甚至記不起來書名是什麼了。但我就是能大段大段引用，能讓這些學者相信我說的是正確的。

和很多其他的修道院不一樣的是，這所特定的修道院並不是完全靠俗家基督徒的供養運作的。有些常住者之前是高學歷的職業人士，在出家為僧前有一些積蓄。我在那裡遇到幾個之前做教

授和律師的，他們把過往收入的大部分都捐給了修道院。這座修道院建於幾百年前，很古老，但是生活設施依然很原始。雖然擁有很充裕的資金供他們開銷，但僧侶們刻意維持著簡單的生活。他們從附近的一口井中汲水，每次要用拖拉機運送大量的水。而且他們不用電，照明靠的是蠟燭。然而，他們的清貧是刻意打造的。他們買蠟燭花的錢可能要比電費貴得多。而且如果他們裝了自來水的話，就可以省下用拖拉機每天運水的費用了。實際上，他們在原始的生活方式上浪費了大量的金錢，因為他們覺得這種生活方式對修行有利。

我在那裡住了幾天。週末時，有個年輕女人來和僧侶們談話。院長迎接她的時候，握著她的手握了很久。我想，這些週末來的訪客是他唯一能夠碰觸女人的機會。然後其他所有的資深僧侶都上來以同樣的方式問候她。他們都做到了跟她說「你好」時握手不放長達二十秒鐘。因為她是個漂亮女子，每個人都想要握她的手。

我心想：「或許該輪到我了。」但是卻沒有。這些不得不裝了七天不碰女人的僧侶們獨占著她，甚至都沒把我介紹給她。

在這間修道院裡還發生了一件很滑稽的事。我向一些人提到印度教的幾位偉大聖人時，其中有個人不甘示弱地起身，特意拿來一本義大利文的書，裡面收錄了基督教聖人的簡短生平。通過翻譯，他們念給我聽。其中一個故事聽著很熟悉，實在是太熟悉了，我都忍不住笑出了聲。

「這個很有意思，」我評論說：「這位聖人還健在嗎？」

「哦，不，」他們回答：「書上說他很久之前就過世了。」

「這是我的生平，」我說：「其中有些人名被改掉了，但這絕對是我本人的故事。所有發生在這個人身上的事情，都發生在我身上，和書上記錄的順序都一樣。」

我後來搞明白這是怎麼回事。阿比什克塔南達·斯瓦米寫了我的生平故事，然後寄給了他在歐洲的幾個基督教朋友。其中有

人把一些人名改成了義大利名字，並把故事背景改成中世紀的歐洲。在改寫中，他還宣佈我是一位基督教聖人。

　　帕帕吉帶著相當開放的態度開始探究基督教，但是在歐洲修道院的遭遇卻使他相信這個宗教沒有產生覺悟者，也沒有這個能力。如今，旁人向他問起基督教時，他通常會開口炮轟基督教所施加的精神束縛。下面這一段在1994年的抨擊很有代表性：

　　世界上每個人其實都活得像隻綿羊。這個世界的所有人口形成了一群群的羊，被不同的牧羊人看管著。我可不是在開玩笑。基督教的創始人就被他所控制的綿羊們稱為「好牧人」[a]。

　　牧羊人的作用是什麼？是確保他管轄的綿羊不從羊群中跑散。世界上有五六個大牧羊人，每人擁有的羊群數量都以百萬計算。這些牧羊人是世界主要宗教的創始人。所有的綿羊都被打了烙印或者塗上分類記號，以便牧羊人們知道每一隻羊是屬於哪個羊群的。這些記號是什麼呢？就是牧羊人灌輸給他羊群裡所有羊的概念和信仰。綿羊是非常溫順的動物，他們擁有從眾心理，不會獨立思考，相反，只是跟著前面的羊而已，前面的做什麼後面的就跟著做什麼。

　　照看上億羊群是件大差事，所以牧羊人需要很多牧羊犬來維持控制羊群。這些狗是誰呢？就是神父，跑來跑去吠叫著，好讓自己那群綿羊都朝著指定的方向移動。

　　偶爾有一隻綿羊會反抗。他會看著那群牧羊犬和其他的羊，暗自思索：「我不想這樣生活，我想要自由，我要走自己的路。」

a　參見《約翰福音》中文和合本：「我是好牧人；好牧人為羊捨命。若是雇工，不是牧人，羊也不是他自己的，他看見狼來，就撇下羊逃走；狼抓住羊，趕散了羊群。雇工逃走，因他是雇工，並不顧念羊。我是好牧人；我認識我的羊，我的羊也認識我，正如父認識我，我也認識父一樣；並且我為羊捨命。」

這些罕見的羊趁著牧羊人不注意的時候溜走，踏上自己的道路。他們心裡會有個感覺指引著自己去追尋真正的自由：有些會喪命；有些會因害怕而回到自己的羊群裡；但是有極少數毫無畏懼地走著，並達到了目的地。

我不認為待在羊群裡的羊有哪隻達到了真正的解脫。從生到死，他們都聽從牧羊人和牧羊犬的指引和提醒。教堂的彌撒、儀式、祈禱等等，就是特別設計來為了讓你覺得羊群的創始人是多麼偉大、你能在他的群體裡是多麼幸運。

這些大牧羊人對他們的羊群說：「現在你或許很悲慘，但只要朝牧羊犬讓你走的方向去走，我們向你保證，死後你就會很幸福。」

這一切是多麼巨大的一個謊言！為什麼你要等到死了之後才能幸福呢？永恆無盡的幸福就在這裡，就在當下，只要你拋棄這些神父、家長和社會施加給你的所有概念。當你拋開了你持有的一切概念後，就會發現自己正坐在天國的王位之上。牧羊人施加在你身上的概念和修法並不能幫助你靠近天堂，反而使你永遠地離開了天堂。不要聽牧羊人的話，不要害怕牧羊犬。做一隻獅子，走你自己的路。不要讓任何人施加什麼信仰或者修法到你身上，說什麼這些能在日後帶來成果。如果你想要天國，可以在此時此地就擁有，只要放下頭腦裡的所有想法和概念就行。

以上這段話是說給一位耶穌會神父聽的。我不知道帕帕吉是否在他出訪歐洲時也做了這樣的開示，如果他這樣說了的話，一些僧侶聽後病倒也就不足為奇了。

在蒙特維格利奧短暫而饒有趣味的停留之後，帕帕吉繼續前往羅馬，十一月下旬到達。蜜拉說帕帕吉非常喜歡羅馬，因為這是歐洲唯一一個能讓他想起印度的地方。

別人帶我去看羅馬的所有景點，包括聖彼得大教堂，那裡最

主要的教堂。羅馬到處都有很美的繪畫和雕塑。人們帶我去過歐洲各個地方的畫廊和博物館，好像大多數地方都掛滿了裸女畫。羅馬則不同──繪畫和雕塑大多是裸男。羅馬人似乎更喜歡欣賞男性的肌肉，而非女性的曲線。

有人帶我去某個地方看一幅圖畫，畫的是一個頭朝下被釘十字架的基督教聖人。他們告訴我他不想頭朝上被釘死，所以主動要求這樣被釘[a]。被釘十字架已經很慘了。為什麼還要這樣頭朝下讓自己遭受更多的苦痛呢？

基督教教導你說受苦是好的，神父們告訴你：「在這個世界你受的苦越多，在死之後你就越快樂。」

所以，很多基督徒故意尋找能讓自己盡可能受苦的環境。如果你想要知道怎樣哭泣、不幸，基督教就是最適合你的宗教。在歐洲旅行期間，我和很多基督教學者、神父交談過，沒人教導或者相信快樂是人類的真實本性。他們反而宣揚說人類的本性是原罪，不幸和受苦是無法避免的，是這輩子活在世上逃不掉的。印度教教導的卻恰恰相反。我們認為人的本性本來純淨，快樂是人的真實本質，幸福就在這個世界上，就在現在，就在當下，而不是在什麼天國。

在聖彼得大教堂裡，我被帶去參觀一個較小的地下禮拜堂。某個角落裡擺著一些雕塑，雕塑背後有一對年輕愛侶正在擁吻。

我走上前說：「教堂是神聖之地，你們不能去別的地方接吻嗎？」

「不行，」男孩說：「在公園、街上或者餐館裡，我們都不能接吻，家裡有父母看著，當然更不行了。這裡是我們唯一能有點隱私的地方。」

「這也是公共場所，」我說：「你們在這裡也可能被抓的。如

---

a　此處指的應該是耶穌的門徒彼得。聖彼得在羅馬傳道，當時正值羅馬皇帝迫害基督教，於是彼得殉道，他要求行刑者把他頭朝下釘在十字架，因為他認為自己不配和耶穌一樣。

果神父當場抓到你們在教堂裡接吻，會把你們交給警察的。」

「哦，不會的，」男孩笑著回答：「對我們在這裡做的事情，神父們從不抱怨。我們這麼做是投其所好。他們透過牆壁偷偷看我們接吻。年輕情侶都來這裡，沒人被抓，因為大家都知道神父們都在牆上的洞後面偷看。」

遊覽了羅馬，在梵蒂岡參加一場彌撒之後，帕帕吉、姚阿欽和蜜拉繼續前往阿西西（Assisi），於十二月一日到達。他們下榻於當地一家旅館，很快捲入了一場和鄰居的衝突中。

我正坐在阿西西的旅館房間裡，突然之間，我開始毫無任何理由地大笑。大笑一旦開始，就停不下來，我就這麼笑了好幾個小時。那天晚上，我好像聽到有人在砰砰地敲我們的房間門。那時候姚阿欽和我在屋裡，於是我就請他開門看看是誰。

他說：「不是的，上師，不是有人在敲門。是住在隔壁的人在敲牆壁。他正敲著牆壁，朝您怒吼呢，他叫您不要發出噪音。」

「我已經付了房費，」我說：「在自己的房間裡，我想笑就笑，和他有什麼關係？他在他房間可以隨心所欲，我也可以在我房間裡隨心所欲。現在，我想做的就是笑。」

「但他在強烈抗議，我該怎麼辦？」

「什麼都別做，」我回答：「就讓他發出他的噪音，我也發出我的。」那天晚上，我繼續笑了一個通宵。

第二天早上，旅館的經理來找我，說：「你隔壁的房客向我投訴說你一整個晚上都在吵他。他聲稱你的笑聲讓他頭痛欲裂，沒法入睡。我也聽到你的笑聲了，但我沒關係，我反而喜歡聽人笑，我喜歡聽到人們自得其樂。你的快樂很有感染力，我光聽著就變得非常快樂。」

這樣突如其來的發笑在我身上出現過幾次。1970年代，有次我正在勒克瑙的一所房子內舉行薩特桑，突然就大笑起來，停不

下來。房間裡的每個人都一起笑，笑了一整天，可能有七八個小時吧，我們所有人都笑啊笑啊……我記得當時正在燒水，要給大家泡茶的，所有人都忘了這事，水就燒乾了，水壺都燒壞了。但沒人注意到，我們全都忙著笑呢。

笑是人類天賦的能力。在動物世界中，我們是獨特的。其他生物會汪汪叫、哞哞叫、咩咩叫、咯咯叫、啾啾叫等等，但只有我們會笑。為什麼要壓抑呢？

帕帕吉經常評論說，無緣無故的笑通常表示頭腦不在了。念頭消逝時，就剩下了無念的喜悅和快樂，這一狀態常常就表現為自發而不可控制的笑。我在1993年會見帕帕吉時向他請教了這個問題：

大衛：當所有頭腦的問題都沒了之後，就會自發地產生大笑？

帕帕吉：當然，當然。在一個人擺脫自己所有麻煩後，他就只會笑、只會跳舞了。所有問題的解決方法就是去跳舞、去笑就好了。

那些不笑的人，他們腦袋裡有想法。他們看起來很正經，有很多問題。他們有想法是因為任何問題和煩惱出現之前，你得先有念頭才行。你要知道，會煩惱的是念頭。那麼就把你的問題都付之一笑吧！麻煩出現，就付之一笑！如果你笑，它就消失了，它會跑掉，會飛走。

古時候，有個聖人住在山頂。在午夜，滿月的夜晚，他開始笑個不停。村裡所有人都被吵醒了，摸不著頭腦：「這個出家人怎麼了？」

他們爬到山頂，問他：「尊者，發生什麼事了？」

聖人大笑著回答：「看啊！看啊！看啊！看啊！有一朵雲！有一朵雲！」

看到雲的人很多，但誰會因此而笑？只有無念的人會。他見

到的任何東西都會給他笑的機會。因為他看著它時，他就成為了那個東西本身。雲朵在那裡，月亮在雲後面。如果你沒有心念，單是看到這個就能讓你發笑了。

大衛：所以您看到世界的時候，大多數時候就是在笑它。你認為這一切就是個大笑話？

帕帕吉：〔笑著〕我只開玩笑。還有什麼其他可做的呢？我不研讀經文，我從來不研讀任何經文，我也不引用經文。我只開玩笑！

　　當他在阿西西旅館房間時，帕帕吉有了個夢境或淨相，指引他去了附近一個墳墓。

　　那晚上，我做了一個非常清晰的夢，它是如此清晰，或許說這是一個淨相更為正確。在夢中，我看到自己某一前世的身體就在附近。我知道這是三世之前。我在夢中看到了那具身體確切的位置，也知道該怎麼去那兒。姚阿欽和我住在同一個房間，我把這事告訴了他。

　　我說：「明天，我們就去那裡看它。並不遠。」

　　「需要找個嚮導嗎？」他問：「我們不會說義大利語，對這地方也不熟。」

　　「不用，」我說：「我頭腦中已經有了一張地圖，能帶我們去到那裡。」

　　之前在印度南部的時候，這樣的事情也出現過。那一次的夢境讓我知道了我原來的道場和靈祠所在。夢中我得到的訊息非常準確，依此找到了正確的地點，雖然之前從來沒有去過那裡。

　　第二天，我們三個人依著我夢境中的訊息，步行前往埋葬聖

方濟各[a]的教堂[b]。我知道自己就是被送到了這個地方。我站在他的墓穴邊時，感覺地下那具身體就是我自己的身體，我感受到了巨大的痛楚，因為我直覺感到它正在被蟲子咬嚙。我現在這個身體的神經正感受著舊日身體的痛苦。這感覺很奇怪。

在1994年寫給我的書面回覆中，帕帕吉補充了一些訊息：

在阿西西的那個晚上，我夢到自己曾經的身體被埋葬在幾英里之外。我找到了自己的墳墓，發現那具死屍躺在那裡，正在被蟲子咬嚙。我還是能夠感受到身體的痛苦，同樣能感受到對死屍的執著。或許這個執著就是我之後那次轉生的原因。

我問蜜拉對與帕帕吉同往阿西西的經歷還記得多少。

蜜拉：阿西西是那種似乎浸潤並充滿了虔愛氛圍的地方，有點讓我想起了沃林達文。上師也感覺到了這一氛圍，對我說那裡讓他想起曾去過的好幾個印度聖地。我們在鎮上隨意走動，看了所有遊客都會去的地點。回到旅館時，上師說不知為何感覺到和聖方

a 方濟各，即阿西西的方濟各 (義大利語為 Francesco d'Assisi, 1182-1226，英文通常稱為 St Francis)：是義大利阿西西布商的兒子，為晉升貴族加入了阿西西軍隊，被囚後因病釋放。1205年，方濟各回應教宗十字軍的號召再次披掛上陣時，聽到一個聲音對他說：「你為什麼離棄了主人而獻身予僕人？為何揀選乞丐，而放棄無窮富有的天主？」於是他放棄財產和家庭，清貧地進行隱修。1208年起開始講道後，許多人跟隨他修道，1209年方濟各和其追隨者的團體獲得教皇英諾森三世批准，方濟會正式成立，他們致力於祈禱、勞力工作與宣講福音，經常照顧麻風病人，生活簡樸，親近自然，常常充滿熱情喜樂地讚美上帝。1212年他協助聖女佳蘭成立了貧窮佳蘭隱修會。1219年去埃及傳教，後造訪聖地耶路撒冷。1224年他在拉維納山 (Mt. La Verna) 上祈禱後，領受了五傷的恩寵，在他手、足、肋旁都出現了基督苦難的標記。他給當時已被政治和財富深度腐化的教會帶來一場改革之風，幫助恢復人們對上帝的信仰。

b 此處即是阿西西的聖方濟各聖殿 (Basilica di San Francesco d'Assisi)：聖方濟各安葬之地和方濟各會的母堂。它被列為世界遺產，也是義大利重要的天主教朝聖地。這座聖殿始建於1228年，建在小山的一側，包括上教堂和下教堂，和安放聖方濟各遺體的墓穴，以及附屬的修院。

濟各有著非常密切的關聯，這是他在我們參觀了埋葬他的教堂後說的。

大衛：他站在墓前時，發生什麼事了嗎？你看到了什麼？

蜜拉：他靜靜地在那裡站了很久，臉上有一種非常投入的表情，所以我知道他身上正發生著什麼事情。這是只有在他擁有非常特殊的體驗時才有的表情。當時他沒告訴我們發生了什麼，直到回到旅館房間時才告訴我們說，這是他以前的身體。當他提到在那裡感受到的痛苦時，似乎深深地被回憶觸動了。我想對他而言這是一個重要的體驗。

大衛：埋葬那身體的教堂裡，除了你們之外還有其他人在場嗎？

蜜拉：沒有，只有我們。那裡非常寧靜。我在那裡注視他的時候，我想他一定是有了某種淨相，因為他臉上的表情就和他親睹神祇時一模一樣。

大衛：你在那裡有沒有什麼特別的體驗？

蜜拉：1969年我和上師在勒克瑙的時候，我在一次淨觀中見到了聖方濟各。那時我很驚訝，因為我沒有基督教的背景。我知道聖方濟各，但在那個淨觀前，我對他並沒有什麼特別的興趣。在上師身邊，我有過幾個淨觀，但是聖方濟各的這一個與眾不同，因為完全沒有預料到。其他時候我只會看到印度神祇，這些體驗通常發生在和他們相關的地點。帕帕吉經常會見到淨相，有些接近他的人似乎也能看到。在他身邊會發生很奇妙殊勝的事情。在阿

西西，我開始看到聖佳蘭[a]，但我沒有在意。在一些和聖人或者神祇有關的聖地，陪著帕帕吉的人通常很自然就會開始看到和當地有關的聖人或者神祇的淨相。在阿西西我感到非常狂喜，感覺到我和這個地方有一些關聯，但和帕帕吉在一起時，我在其他地方也有類似的感覺。

大衛：他似乎對於某些前世有著非常清晰的記憶。他有沒有說起過他在阿西西那一世的事情？

蜜拉：沒有。我曾經聽他在幾個場合說起過在〔聖方濟各〕陵墓時的淨相，但我從來沒有聽到他提過那一世的任何記憶。有一兩次，我聽到他說：「他是位真正的聖人。」但我從來沒聽他解釋過原因。

　　自從1969年開始，帕帕吉和蜜拉就以夫妻相處。蜜拉直覺在帕帕吉拜訪聖方濟各墓的那天晚上自己受孕了。我向帕帕吉問及此事時，他也肯定她是那一晚受孕的。把帕帕吉不同尋常地造訪聖方濟各墓、蜜拉的淨觀和當天受孕這些事聯繫在一起，我問帕帕吉是否他和蜜拉之間的某些舊業使兩者在阿西西結合，結出了果實。我在不同場合問了兩次，但沒有得到過回覆。

　　在阿西西的重大事件後，帕帕吉和同伴們向北而行。有個女孩曾在瑞詩凱詩和帕帕吉同住過，她的父母邀請一行人去奧地利小住。大家在帕多瓦[b]逗留了一天，參觀景點，然後開車往阿爾卑斯山北上。

a　聖佳蘭（義大利文：Chiara d'Assisi, 1194-1253）：英文常寫作St. Clare 或記作Santa Clara，中文也有譯作聖嘉勒。出生於阿西西的貴族世家，在十六歲時聽到聖方濟各的講後毅然離家出走，在隱修院出家修行，她是聖方濟各最早的追隨者之一。她擔任阿西西的方濟各所創立的屬於方濟各會傳統的女性修會貧窮修女會的第一任會長。在她去世後，該修會命名為嘉勒隱修修女會。

b　帕多瓦（Padova）：位於義大利北部的一個城市。

正值隆冬，阿爾卑斯山區的道路都覆蓋上了厚厚的積雪。我們的輪胎沒有綁上鏈條，所以常常打滑，穿越美麗風景的一路都很驚險。我注意到其他很多車都在輪胎上綁了鏈條，打滑的次數就比我們少多了。我向姚阿欽指出了這點，建議先停車去買鐵鏈。我們停在就近的五金店，姚阿欽買了一條普通的長鐵鏈。他並不知道綁汽車輪胎需要的是特殊的鏈子，我也毫不知情。我們把鏈條繞在車子輪胎上，想開車上路。結果當然不行，我們根本沒法動彈。一個過路人指出了我們的錯誤，然後我們去掉了鐵鏈。

我們最終的目的地是薩爾茲堡[c]，抵達之前，我們在一個完全冰凍住的大湖前停了下來。車上其他人想教我溜冰，但我們到達湖邊的時候，當地人警告我們不要溜，因為冰層還不夠厚。他們給我們講了幾個恐怖的故事，說的是有人想要在這裡滑冰，卻因冰破而死。聽到這些已經足夠了，我們欣賞了一會兒風景後繼續上路。

我有貝蒂娜‧鮑默這個女孩的地址，她在印度參訪過我，但我們到達薩爾茲堡時，我們卻沒法根據她給的指示找到她家。好幾次找路都徒勞無功，我建議司機去問一下過路的人。他問的第一個是位正走在我們車旁人行道上的婦女。

他非常禮貌地問她：「您是否可以告訴我這個地址在哪裡？我們找不到。」

她的回答充滿了攻擊性，說他如果不知道自己在哪裡的話，就該去買張地圖。這讓我頗為震驚。我沒法想像在印度會發生這樣的事情。不管怎樣，我們還是聽從了她的建議，在附近的商店買了城市的街道圖。當我們在路邊研究地圖的時候，我們目睹了一起嚴重的車禍。一個帶著三歲女孩的婦女正朝自己停著的車走去，有輛車從背後駛來撞倒了她，她受傷跌倒在地。和她在一起的那個女孩似乎沒意識到媽媽出了大事，只是靜靜地盯著地上流

---

c 薩爾茲堡（Salzburg）：奧地利第四大城市，位於奧地利的西部。

歐洲部分地圖

著血的身體。這讓我很意外。在印度，如果一個母親受了這樣的傷，孩子們一定馬上就哭起來了。

女子周圍聚攏了很多人，但沒人出手幫忙。她就躺在車來車往的馬路當中。既然似乎沒人願意把她移出危險區域，我就走上前去，想抬起她。圍觀的人大力阻攔，告訴我已經有人打電話叫了救護車，在專業救護人員到來之前，我不該碰她，要是移動她的話，可能會讓傷勢惡化。最後救護車總算來了，帶她去了醫院。在印度，這種情況下受傷的人很少能有幸得到職業救護人員的幫助，所以我們就只能把他們搬離馬路，等醫生到來。這是那天我學到的第二堂課，知道不同國家的風俗習慣是完全不同的。

在薩爾茲堡貝蒂娜‧鮑默的父母家短暫逗留之後，帕帕吉、

蜜拉和姚阿欽開車返回科隆，結束了漫長的汽車旅行。

在此之前，帕帕吉收到了住在巴塞隆那的弟子安瑞克·安圭拉的邀請。因為開車路途太遠，所以他在十二月下旬搭乘飛機前往。蜜拉在比利時和家人共度數日後，也飛去巴塞隆那和帕帕吉會合。姚阿欽則留在了科隆。

我在《帕帕吉傳：一切從未發生》的〈礦場經理〉一章中提到了安瑞克·安圭拉。他來印度時身為本篤會僧侶，後來經過當印度苦行僧和佛教僧人的短暫插曲後，他成了名義上的穆斯林。

我在德國和瑞士旅遊時，安瑞克寫信給我：「如果您能來和我們相聚，我父母會非常高興的。我跟他們講了很多您的事情。」

我接受了邀請，回科隆後不久就去了那裡。安瑞克到機場來接我，帶我去他家。

兩三天後，在吃早飯的時候他母親不露面了。安瑞克告訴我說她突然生病了。

「我們去看看她吧，」我說：「我們去看看她怎麼樣了。」

這是印度的習俗，如果家人或朋友生病了，你馬上就該去探望一下。

「我們不能去，」安瑞克回答說：「我們沒有約好時間。如果我們想去探望她，得跟她的女傭約個時間。要是我沒有提前和這個女人約好時間的話，連我都不能去看她。」

「你可是她的兒子啊，」我難以置信地說道：「你需要傭人的允許才能探望生病的家人？」

「是的，」他說：「這就是這裡的習俗。哪怕在她健康的時候，除非我事先得到了她女傭的允許，否則我連她的房間都不能進。」

事實上，這一趟歐洲之行讓我大開眼界。在印度我可從來不會想到西方家庭的生活是這樣的。那天安瑞克的母親決定單獨待著，就連她丈夫都沒能見到她，因為他無法通過女傭得到必要的

許可。我們後來發現，當然也是因為女傭才知道，她病得並不嚴重。她只是聲音嘶啞，決定臥床休息一天。

我告訴安瑞克我想見見基督教的修行僧。他是打聽這件事的恰當人選，因為他曾經有幾年住在基督教修道院裡。安瑞克所在的鋸齒山（Montserrat）修道院是巴塞隆那附近的著名修道院。他依然認識裡面的負責人，聯繫之後，他說或許可以安排我們和一個住在主社區外的隱修士會面。

我們到了那裡，被引見給巴茲利奧神父（Father Basilio）。他說已經從幾個和我在印度有過接觸的僧侶那裡聽說過了我，這讓我很吃驚。他說——我覺得是開玩笑地，說我在他幾個僧侶身上產生了顛覆性的影響。

「他們去印度的時候還是稱職的天主教徒，」他說：「當他們見了像你這樣的人回來後，脖子就戴上了金剛菩提子念珠，念著『唵』字咒，而不是『萬福瑪利亞』。」

我和院長以及一些僧侶一起吃了午飯。我記得席間上了大量的紅酒。他們要給我斟酒，但我拒絕了。我從不喝酒。豪飲紅酒似乎是歐洲修道院的習俗之一，幾乎每個我參訪過的修道院裡都會有人請我喝酒。

我向幾位介紹給我認識的人提了些問題：「你是否曾經見過上帝？如果不是在你清醒時的肉身狀態下，那在夢中或者禪定中見過嗎？」

我傾聽他們一一作答，卻發現沒有一個人，哪怕修道院的負責人都沒有見過上帝或者耶穌，甚至在夢中都沒有。他們對我的提問稍感意外，因為他們似乎並不認為見到上帝或者耶穌是正當的修行目標。

我問一位年長的僧侶：「你似乎並不把見到上帝當一回事。但是如果你的一位僧侶向你報告他見到耶穌現身，你會有什麼反應呢？你會給他什麼建議？」

「我們對這種情況必須小心謹慎，」他說：「的確這樣的事情

時不時會發生，但通常發生在精神不穩定的人身上。精神分裂症患者常常聲稱看到了上帝，或自稱為上帝，但我們不能把他們的話當真，因為他們是瘋子。就我的經驗而言，聲稱看到耶穌的人通常患有精神疾病。」

午飯過後，他們帶我到處走了走，介紹了一些僧侶給我認識。那裡有一尊美麗的瑪利亞雕像，我非常喜歡。在我遊覽的時候，有個僧侶走近我，十分真誠地問我能否幫他見到耶穌基督。

「我偷聽到了你們今天早些時候關於看到耶穌或者上帝的談話。我聽說您雖然是印度教徒，但卻見過耶穌。我一直很想親眼見到**他**。您能幫我嗎？」

只要有人問我這個問題，我總是會說「好的」，因為如果有人強烈地渴求見到上帝，如果相信**他**會出現，那麼**他**就會顯現。我邀請這位僧侶，我想他的名字叫費爾南德斯（Fernandez），去我在巴塞隆那舉辦的薩特桑。他接受了邀請，也得到了他上級的許可。

鋸齒山修道院似乎對其他宗教抱有很開明的態度，最後別人帶我去見我要拜訪的艾斯塔尼斯勞神父（Father Estanislau）時，我發現他牆壁上掛了一個巨大的「唵」字，架子上擺著拉瑪那尊者的照片。他住在高於主修道院的一間小屋裡，要麼坐纜車，要麼走上大概七百級的臺階才能到達這裡。我坐纜車上山，下山的時候走臺階。

艾斯塔尼斯勞神父已經提前得到消息知道我會來。我進屋時，他問：「是彭嘉吉嗎？」

「是的。」我回答說。

「很好，」他說：「我想見見你。我在考慮要不要去印度找你，不過現在就沒這必要了。」

我們一起坐了一會兒，這是一次非常好的會面，真正的寂靜的會面。我一直在努力尋找一個在世的基督教密契者，找了很久，終於在鋸齒山修道院的隱居所裡找到了。我這一生見過很多基督

教徒，但這一位無疑是最好的。我們並沒有相處很久，因為沒這個必要。大概十五分鐘後，我便告辭下山了。

蜜拉陪著帕帕吉上山，但兩人會面時她並不在場，因為進屋前，帕帕吉請她在艾斯塔尼斯勞神父的小屋外等候。我問她此行的印象。

蜜拉：我們坐纜車上去看他，即使下了車，還得走上很長一段路，他住在一個非常偏遠的地方。帕帕吉進屋的時候，我在屋外大概三公尺遠的地方等候。我看到他牆上掛著的「唵」字，我想他脖子上也掛著個有「唵」字的吊墜。

大衛：帕帕吉一出小屋就跟你講了會面經過嗎？

蜜拉：他們一起走出小屋，互相擁抱。兩人臉上都帶著燦爛快樂的笑容，所以我知道他們的會面很不錯。上師走進他的屋子時，我聽到艾斯塔尼斯勞神父說：「是彭嘉吉嗎？」我聽到上師回答：「是的，我一直在等你。」

大衛：你覺得他這麼說是什麼意思？

蜜拉：真我在等著他。我想這是一次必然要發生的會面，上師一看到他時就明白了。

大衛：艾斯塔尼斯勞神父是怎麼聽說帕帕吉的呢？對他有什麼認識？

蜜拉：上師後來告訴我，他在神父房裡看到了阿比什克塔南達‧斯瓦米的書。艾斯塔尼斯勞神父說自己是在書裡讀到他的，但是

那個時候不確定上師是否還在世。後來他發現上師肯定還活著的時候，就計畫去印度找他，可是帕帕吉率先找到了他。這是他們之間唯一的一次會面，艾斯塔尼斯勞神父之後也沒去過印度。我們走下山的時候，上師把整個會面的經過都告訴了我。很明顯他被這次相遇打動了。

大衛：似乎這次見面很短暫，後來他們再也沒有安排重聚。你覺得這奇怪嗎？

蜜拉：不。上師後來告訴我，這是那種非比尋常的會面，只需要發生一次就好了。在那次短暫的相遇中，不管他們之間有什麼要做的，都已經完成了。

　　帕帕吉其實試著寫信和他保持聯絡，只是不久後艾斯塔尼斯勞神父就離開了修道院。帕帕吉試圖聯絡他在鋸齒山修道院的地址，另一名僧侶代為回信，說艾斯塔尼斯勞神父已經離開修道院，也辭去了神職，正步行前往以色列朝聖。當我為此書搜集資料時，我發現他已經在日本定居了。我寫了好幾封信給他，詢問他對和帕帕吉會面的印象。終於，我收到了他秘書所寫的回函，只有兩行西班牙文：「艾斯塔尼斯勞神父記得和彭嘉吉有過一次很好的會面，但他無法提供回憶描述，因為他已不再回覆信件。」

　　造訪鋸齒山修道院之後，帕帕吉回到安瑞克在巴塞隆那的家，他很快陷入了一場家庭糾紛：

　　他們家還有一個兒子，是一個叫詹姆斯（James）的心理學家。我到他家之後不久，他母親開始抱怨他還是單身。她就像大多數母親一樣，希望自己的孩子能結婚成家。

　　她指著他這麼說：「看看這孩子，快三十歲了，卻沒有結

婚。他是有什麼毛病啊？我八歲就有了第一個男朋友，這孩子都二十八了，還沒能給自己找個女人，我甚至沒看到他跟女人說過話。每次跟他提這事，他就告訴我他不感興趣，他說：『我想要自由，讓我自由吧！』」

他家裡人想敦促他與一戶人家聯姻，但他不樂意。詹姆斯宣稱如果家人強迫他結婚的話，他就自殺。之前他曾因憂鬱症發作過幾回，結婚這一想法又引發了幾次發作。

安瑞克的母親把我納入她的遊說隊伍中，勸說他結婚，雖然我覺得這不關我事，但我還是勸他接受這場婚姻。

「過了一段時間，」我對他說：「你或許會發現自己對新婚妻子開始產生依戀。只要你習慣之後，婚姻並不那麼糟糕。很多人不用自殺也活過來了，有些人甚至樂在其中。」

他收回了自殺的威脅，舉行了婚禮。幾年之後我又拜訪了他們家，發現詹姆斯和他的妻子生了一個男孩，全家人看起來都很幸福。

帕帕吉在巴塞隆那舉行了幾次薩特桑，鋸齒山修道院的僧侶們出席了其中的幾場。我問蜜拉這些僧侶對帕帕吉的教言有什麼反應。

蜜拉：他滔滔不絕地談論起聖經和基督教，讓我們大家很吃驚。有些人請他解釋具體的聖經段落，他都給出了非常好的答案。

大衛：他的回答在你聽來言之有理嗎？是否能讓僧侶們滿意？

蜜拉：我認為他回答得極其精彩。如果聽他說話，你根本想不到他其實對基督教一無所知。他想解釋清楚一些聖經中的話語所蘊含的不二之意，尤其是那些稱上帝為「我在」（I am）的說法。並不僅僅是他的解釋讓人印象深刻，在上師身上有一團內在的火焰，

能以某種方式與聽者交流。他們中很多人已經失去了對上帝的熱情，他們的靈性火焰已經不像之前那麼熾熱了。上師重新點燃了幾個人的火焰。當然，這些人中有好幾個之後又生起了疑慮，因為他們無法把上師說的和教會的傳統教導融合起來，但在他的臨在中，聽著他的話，他們肯定被他的內在火焰觸動了。

在巴塞隆那停留期間，有人向帕帕吉說起了亞維拉的德蘭[a]的事蹟。他表示想參觀這個城市，想去看看她生活過的遺跡，安瑞克、蜜拉和另一名叫做菲利普（Felipe）的男子開車帶他去了那裡。

這次行程中，我特地提出要去看一看那些和偉大的聖人有關的地方。我聽說德蘭曾經見過耶穌，這立刻吸引了我。在印度我們曾有很多聖者能夠面見神祇：蜜拉柏面見黑天，圖卡拉姆見到了他的祜主毗塔拉等。如果你對某尊神祇的形象懷有濃烈的愛，那麼神祇就會以那個形象展現在你面前。能發生在夢中，也可以在醒位以淨相的形式出現。

我去了亞維拉，參觀了聖德蘭的故居。這是個很簡樸的地方，有些文章說她日常用的東西依然保存在那裡。我看到有些西班牙文小冊子出售，就請安瑞克買了一本，因為我想多瞭解一些她的生平和經歷。

他翻譯了一則故事讀給我們聽，講的是她虔愛某一特定的耶穌形象。有一天那個形象現身了，走向她，擁抱並親吻了她。她

---

a 亞維拉的德蘭（St Teresa of Avila, 1515-1582）：舊譯德肋撒或聖女德肋撒，臺灣地區主教團在2000年修改譯名，但其他大中華地區仍用舊譯名。亞維拉，是西班牙中部的一座城市。聖女德蘭二十歲時加入加爾默羅會修院出家，在祈禱、侍奉之中，有了與神相應的體驗，後參與改革了加爾默羅會的十七座修院。在她死後四十年，於1622年被教宗冊封為聖人，1970年，教宗保祿六世敕封其為教會聖師。她的《靈心城堡》（El Castillo Interior）、《自傳》及《全德之路》（Camino de Perfección）等著作，是西班牙文藝復興時期文學以及基督教密契主義的重要作品。

馬上跑去告訴了她的修行指導師十字若望[a]。

「我太快樂了！」她一到就喊道：「耶穌終於向我現身了。他向我大笑，帶著笑容走向我，然後親吻了我。我一直等著耶穌現身等了這麼久。今天終於發生了！」

聖若望聽了則非常狐疑地說：「我不認為這真的是耶穌，耶穌不會笑，他肯定不會擁抱、親吻女性。在你面前現身的一定是什麼魔鬼。」

這是面對喜悅與快樂經驗時，基督教典型回答。耶穌在聖經中從來不大笑或微笑，所以如果因為你對他的虔誠，一個微笑或大笑著的耶穌形象出現在你面前，教士們會對你說：「這是來誘惑你的魔鬼。」因為耶穌哭喊、受苦過，所以看到他哭喊、受苦的形象是可以的。但如果你是個女子，你的耶穌在你面前現身，給了你一個大大的擁抱和親吻，那就千萬不要告訴教會神職人員，否則會惹上麻煩。

一個大笑、微笑、擁抱的神有什麼問題？如果神就是愛本身，為什麼**他**就不能在你面前展現成為一個快樂微笑著的模樣，給你一個大大的擁抱？

很多很好的虔誠基督徒被神父們潑了冷水，他們被教導說這個世界是一個受苦的世界。如果有人今天在聽我說話，我會告訴他們：「別被愚弄，去相信耶穌是悲慘的，為了和**他**相似，你也得悲悲慘慘的。看進你自己的**心**，找到上帝的真相。那個**心**並不屬於任何宗教。進入那個**心**，找到永遠安住其中的神的寧靜與妙樂。如果你走進了**心**，你不會看到耶穌在哭泣。相反，快樂與愛會帶著微笑歡迎你。它們會親吻你，緊緊擁抱你，你將永遠不會離開那個地方。」

帕帕吉傳·一切從未分離

a 十字若望 (San Juan de la Cruz, 1542-1591)：英文記作St John of the Cross。西班牙密契主義者，加爾默羅會修士和神父，他與亞維拉的聖德蘭一同創立了加爾默羅跣足修會。1726年本篤十三世封他為聖人。

我遊歷了整個歐洲，與基督教徒見面，造訪他們的教堂和修道院。最後我得出了結論，沒人能夠通過基督教見到上帝。如果你想長期憂鬱的話，那麼基督教就是適合你的宗教。如果這正是你所要的，那麼去教堂吧，去學習怎樣心懷愧疚和淒淒慘慘吧。但如果你想要寧靜與快樂，那就把你所有的念頭都拋掉，直接走進天國——它在你之內，就在你自己心內。

　　很顯然，帕帕吉不認為自己和基督教的初次交手很成功。除了艾斯塔尼斯勞神父，另外只有兩次和僧侶們的會面還不錯：一次在瑪利亞·拉赫修道院，一次在卜阿爾泰希。

　　帕帕吉對造訪過的機構都沒有好印象。當我問他在這些地方他都說了些什麼，並要他進一步解釋時，他給了我以下的答案：

　　我造訪了西班牙的基督教修道院，包括鋸齒山修道院。我也造訪了瑪利亞·拉赫修道院和在德國、瑞士、義大利的其他機構。如果請我在這些地方演講的話，我通常會談到上帝的愛。每一次，回應都是負面的。

　　帕帕吉在巴塞隆那結束了歐洲之行，1972年1月，他飛回印度，計畫在恆河岸邊獨居一段時間。蜜拉回到了比利時，想拿到印度的長期簽證。不過官僚流程既耗時又複雜，過了好幾個月都沒能拿到簽證。那時候，她已經確定懷上了帕帕吉的孩子。帕帕吉邀請她前往印度，在勒克瑙生下孩子，但蜜拉被告知在懷孕晚期坐飛機並不安全。於是她待在比利時生下孩子，隨後很快就飛到了印度。母女倆在1972年10月初飛到德里時，她的女兒穆克蒂[b]剛好二十天大。帕帕吉去迎接她們：

b　穆克蒂（Mukti）在梵語、印地語中意為「解脫」。

我們在德里，住在我妹妹蘇蜜特拉家。蜜拉告訴我想讓孩子在恆河聖河中浸浴，但是我說：「我們必須先去勒克瑙，我母親想要看看孩子。」

我們去了勒克瑙，母親熱情歡迎了我們所有人。這情況有點不尋常，但母親盡力確保讓蜜拉和穆克蒂感覺到現在已是我們家的一員了。我們在勒克瑙住了大約十天。後來有個我母親的弟子邀請我們去瓦拉納西住幾天，他是電力局的主監察長，在那裡有房子。我們接受了邀請，在他家住了幾天，他家地理位置很好，就在卡舍的毗斯瓦納薩寺[a]附近恆河岸邊。我見了幾個在貝拿勒斯印度大學[b]工作的老朋友，然後他們為我們買了車票前往哈德瓦。

我們在哈德瓦下了車，我在迦梨‧坎布梨瓦拉寺[c]找了個房間，當時那裡基本都空著，因為房間沒有窗戶。斯瓦格道場信託機構（Swarg Ashram Trust）負責管理這些房間，某個理事好心允許我住在那裡。

過了段時間後，蜜拉的母親——我都稱她為德嘎（Durga），來和我們同住。之前我在比利時和西班牙都見過她。這是她第一次來印度，是為了來看我和她新生的外孫女。接下來的六個月中，我們四人安靜地在瑞詩凱詩生活。每天我們都會在恆河沿岸長時間散步。德嘎帶來一輛嬰兒推車，解放了我們所有人，因為穆克蒂還不會走路。

a 卡舍毗斯瓦納薩寺（Kashi Viswanatha Temple）：卡舍是瓦拉納西的舊稱，毗斯瓦納薩是寺廟供奉的主神，意為「宇宙之主」。此寺是濕婆的十二座聖光林伽（Jyotirlinga）聖寺之一。因為其醒目的金色尖頂，其中三個圓尖頂是純金打制，所以又被俗稱為黃金寺（The Golden Temple）。

b 貝拿勒斯印度大學（Benares Hindu University）：1905年印度國民會議提案通過，以研究印度民族傳統文化（印度藝術、文化音樂、梵文）而募集資金興建的，是亞洲最大的大學之一。貝拿勒斯即瓦拉納西的印地語音譯。

c 迦梨‧坎布梨瓦拉寺（Kali Kambliwala）：以聖者迦梨‧坎布梨瓦拉（1882- ？）之名命名。聖者體恤前往喜馬拉雅山朝聖的信徒之苦，建立了迦梨‧坎布梨瓦拉寺，為過往朝聖者提供食宿，聖者得到了巨額資金捐助，但他所擁有的只是一條黑色毯子（Kali Kambli），坎布梨瓦拉之名即從此來。

帕帕吉和穆克蒂，坐在瑞詩凱詩
恆河的木頭上。

蜜拉描述了他們共度的那個冬天：

蜜拉：我們在十月上旬抵達了哈德瓦，開始時住在一個朝聖者的
休息站裡。那時剛入冬。我們生活很簡單，基本上見不到什麼人。
過了段時間，我們搬去瑞詩凱詩的毗塔拉道場，為接待我母親的
到來做準備。那裡的設施更完善些。後來我母親和我們住了大概
六個月。有時我們會在恆河岸邊為外國人及求道者們舉行薩特桑，
但大多數時間都離群索居。

大衛：你母親是怎麼看帕帕吉的？

蜜拉：我從印度回去，母親第一次見到我時，她對我身上看到的變化甚為感慨，她願意相信我是遇到了一位真正的上師。雖然她自己一直在靈性上探索，但總認為自己可以不靠一個活生生的老師而找到真理。在比利時，我帶上師去見她，他深深地令她折服。後來我們住在巴塞隆那的時候，她也來和我們住了幾天。她在葡萄牙有房子，大部分時間在那裡度過。她就是從那裡出發到巴塞隆那的。在西班牙她認帕帕吉是自己的上師，所以就來印度看我們。她想盡可能在上師身邊，與他分享我們的人生。之後上師在1974年去西方時，他在我母親葡萄牙的住所住了三個月。

大衛：帕帕吉有次告訴我，她在瑞詩凱詩的時候，有個瑜伽士試圖勾引她。

蜜拉：是的，很好笑。她充滿了活力，總是到處跑來跑去，東查西探。在某個道場，一個瑜伽士答應教她某些秘密的瑜伽坐法，說是能給她帶來很多力量。他把她帶到了他的地下室，關上了門，對她說她必須要脫光衣服後才能做這些瑜伽坐法。她拒絕了，他就想抓住她。

她把他推開，說：「我是你的母親！你必須把我當做你的母親來對待！」

瑜伽士要的不是媽，他別有所求。最後她把他推開，跑上樓梯逃走了。

大衛：發生這事的時候她幾歲？

蜜拉：她六十多了，但還是相當貌美。這個瑜伽士比她年輕至少三十歲，但仍然覺得她很有魅力。

大衛：她整個冬天都是和你還有帕帕吉一起度過的嗎？

蜜拉：不，她總是去其他地方遠足，尤其是第一個月過後。她也想去看喜馬拉雅山的不同地區。她在普爾剎提[a]住了一個月，只在白天才來看我們。

大衛：此次印度之行你和帕帕吉相處了多久？

蜜拉：直到1973年6月為止。我們拿到了兩次延長簽證，但那之後就沒法再延了。那個時候有個奇怪的規定，如果你作為遊客在印度已經待了幾個月，就必須離開印度，等滿同樣長的時間，政府才會允許你返回。我待了九個月，所以我必須離開印度九個月，才能被允許重返。六月，我和母親及穆克蒂離開，回到歐洲。上師留在了印度。

大衛：在歐洲的幾個月你做了些什麼呢？

蜜拉：重回西方的時候，我對上師充滿熱情，我想告訴所有人他是多麼偉大，我想告訴所有人我在他身邊的經歷。有些朋友給了我一些錢，所以我能在歐洲到處旅行。我遇到西方的老師們，比如讓·克萊恩[b]和為無為[c]，我向他們提到了上師，鼓勵他們在他下次的西方之行時去見他。我最後到母親在葡萄牙的住所待了幾個月，等著上師抵達歐洲。我知道他很快就會到，所以就不自己費神回印度了。他通知了我抵達西班牙的日期，我去機場接他，在

---

a 普爾剎提（Phool Chatti）：瑞詩凱詩的一個道場。

b 讓·克萊恩（Jean Klein, 1912-1998）：法國作家、不二論靈修老師。出生於柏林，本為醫生。二戰後去印度隨不二論導師維拉拉嘎瓦查·饒（Pandit Veeraraghavachar Rao）學習了三年，回到西方後開始教學。

c 為無為（Wei Wu Wei）：原名為 Terence James Stannus Gray（1895-1986），出生於英國愛爾蘭的名門望族。1958年，他首次以筆名「為無為」發表了闡述禪宗、道家和不二論的著作，第一本著作為《指月：行道之思考》（*Fingers Pointing Towards the Moon:Reflections of a Pilgrim on the Way*），「為無為」是取道家「無為」之說。在1974年，他改筆名為「O.O.O.」發表著作。

後來的歐洲之行中全程陪在他身邊。

在蜜拉離開之後的最初幾個月，帕帕吉在卡納塔克邦度過，見了隆達和附近地區的弟子們。十月，他去了瑞詩凱詩，冬季大部分時間在那裡度過。他定了春天前往歐洲的機票，1974年4月10日飛抵巴塞隆那。這一趟旅程主要由菲利克斯·克羅勒·加西亞（Felix Coral Garcia）資助和安排，他是在帕帕吉上一次歐洲之行中遇到的西班牙建築師。

很多人想見我，所以就在一個叫安東尼·布萊（Anthony Blay）的人開辦的瑜伽中心安排了薩特桑。他在西班牙是頗為知名的作家和瑜伽老師。他的瑜伽中心很大，有幾天參加薩特桑的人數超過了一百五十人。我還在一個叫傑米（Jimmy）的醫生的公寓裡舉行過薩特桑。那裡也擠滿了人，有一次這間六樓的公寓裡擠進了大約八十個人。

最早來見帕帕吉的人中有卡爾洛斯·希爾瓦（Carlos Silva），他是克里希那穆提[a]的弟子，在布洛克伍德公園學校[b]工作，這是1969年在英國創辦的克里希那穆提學校。他在自己《第四運動》（*The Fourth Movement*）一書中描述了與帕帕吉在1974年的相遇，以下摘錄出自此書：

---

a　吉杜·克里希那穆提（Jiddu Krishnamurti, 1895-1986）：被認為二十世紀最具影響力的靈性導師之一，是向西方全面闡述東方哲學智慧的印度哲人，備受近代歐美知識份子的尊崇。十三歲時他被神智學會領養，被認為是未來的「世界導師」。1929年，克里希那穆提宣佈解散他設立的「世界明星社」，並發誓再也不成立任何組織。

b　布洛克伍德公園學校（Brockwood Park）：1969年克里希那穆提為實踐自己的教育理念而創辦的學校，位於漢普郡鄉村，在倫敦西南六十英里處。學生數量不多，接收十四歲至十九歲間的孩子，克里希那穆提認為只有年輕人和年長者能夠清醒地意識到他們深受國籍、宗教、偏見、恐懼和欲望的制約，對這些制約有所覺察，才可能提升自己的心靈。他在印度和海外建立的幾所學校都貫徹了他的這份教育理念。

有人告訴我彭嘉那天已經到了。第二天我就從英國飛到了巴塞隆那。那是週五，只有我妻子索菲亞知道這趟旅程……我的兩個朋友米蓋爾和安娜在巴塞隆那機場等我。他們興奮地告訴我有多幸運，因為彭嘉吉取消了一個會面，空出時間給我。我們走進他們家的時候，他正在等我。我們握了手，靜靜地坐了二十分鐘或半個小時。

我泛起微笑，繼而放聲大笑。笑聲越來越大，變成了發自丹田的大笑。我敞開了笑，毫無原由。就是這樣笑著，無比地快樂，我突然間很震驚地發覺自己臉上的肌肉其實沒有動，我嘴巴是閉著的。當我意識到這點時，我們倆的眼神相遇了。他的眼神中，幸福在舞蹈。我們站起身，帶著深深的愛緊緊地擁抱在一起。這是充滿愛意的擁抱。彭嘉是一個強壯高大的男人，動情之時他甚至把我抱離了地面。自始至終，都是我的心在如此快樂地大笑。是「心」。我們最終坐了下來開始談話，那個時候我還是陷在某些「克里希那穆提式的論理」中，我馬上問他是怎麼達到他目前的境界的。

為了回覆這個問題，帕帕吉講了自己的人生故事，從自己在拉合爾無視芒果牛奶飲料說起，講到與拉瑪那尊者的決定性會面。卡爾洛斯繼續說道：

離開公寓去參加大家禪修的時間到了。禪修地點在安東尼·布萊的書房。我每天都去那裡看他。我們會先靜默一個半小時，然後不管有誰想提問，就問。這樣的聚會每天有兩次，來參加的平均人數大約是二十五人。每次我們見面時，彭嘉都會問我哪天回倫敦，是幾點。他每次都問，這很奇怪，我不明白為什麼他每天要重複問那麼多遍。我的回答總是一成不變：「週五下午三點鐘。」一周時光飛速而過，幾乎是不知不覺間，我就要動身前往巴塞隆那機場了。當我擁抱朋友告別時，我開始感到了相當不同

尋常的事情。那是一道無邊的愛的巨浪，可是這麼說讓我很不好意思。為什麼我要害怕稱呼它為愛呢？它是如此強烈，以至於讓我身上發燙。我甚至能夠看到一團微塵雲⋯⋯

　　起飛時，卡爾洛斯自問：「誰是這架飛機的駕駛員？如果遇到了真正的危險，他會怎麼反應？」

　　卡爾洛斯說，對此的回答是一個直接的體驗：「立刻地⋯⋯如同實相，沒有任何言語。只是看著（Seeing），如是而在（Being）。」

　　對此卡爾洛斯進行了如下詳細的解釋：

　　語言從來不是真相。語言是符號，是幻相。當語言指向對象時，就有一個形象與對象相配。當我們說「玻璃杯」，就相應有一個玻璃杯的念頭，但是我用的「看」一詞，卻沒有指向一個對象。它跟實際上的看或者看的動作沒有關係。語言從來不是真相。既然現在這個時刻，我只能用語言和你溝通，我會說飛機的駕駛員是神（God），更確切地說，是神性（the Divine）。這個神性是「飛機的駕駛員」。這些並不僅僅是我現在寫下來的頭腦中的話，完全不是這樣的。我實際上正在看著、經歷著這個。並沒有一個有別於神性活動的「我」。我就是那個。只是那個。每個我見的東西，或內或外，無論是閉眼或睜開，都「染上」了金光。更讓人驚歎的是，這個新的存在或者說維度的狀態並沒有離開我。甚至就在這一架滿載乘客的飛機內，各種平凡無奇的活動中，所有一切依然是神性的活動。我有些遺憾，因為其他人無法看到他們就是那個。每個人都「提著自己的行李」，卻沒有意識到他們已在「飛機」上了。可以將之比作有人在一架飛機內往前走，試圖比其他人先到達。每個旅行者都被自己的煩惱所累，陷在苦惱中，充滿了無盡的痛苦和庸庸碌碌。每個人都提著大包小包數不盡的行李，非常沉重，恰恰因為它們是如此虛無。

飛行近兩小時後，我們到達了倫敦希斯羅機場，這一新狀態的強度還是絲毫沒有變化……

我一到家〔布洛克伍德公園學校，距離倫敦兩小時車程〕之後，就把從巴塞隆那機場回程後發生的每件事，都用打字機打了下來。這其實是給彭嘉吉的一封信。我的妻子索菲亞將它翻譯成了英語，然後由我寄往西班牙。雖然寫信給彭嘉吉實屬多此一舉，但我非常高興能和他交流，並感謝他在發生的事情中的作用。我想要承認他的影響，想要感激他所給予的愛的力量，雖然沒有任何言語能道出這一點。

這個感受持續了大約五小時，之後就平息下來成為一個更普遍的平靜和滿足感。在等待帕帕吉回信期間，他繼續著布洛克伍德公園學校的工作。他每天的工作之一是清洗克里希那穆提的車。克里希那穆提通常會親自過來幫忙。

他〔克里希那穆提〕首先用水管沖濕整輛車。我事先已經準備好了水和肥皂，克里希納吉[a]喜歡多些泡沫。我還在桶裡加了點煤油。我們拿著一塊海綿開始，先把它浸在肥皂水中，然後按照順序從上往下擦洗。和他一起這樣幹活時，我的心如沐春風。那一次我們正在洗車，擦到車的一角時，我們面對面碰上了。

他單刀直入地問道：「為什麼你去見了別人？在這裡沒找到你要找的『麵包』嗎？」

他並不是責備，這些話也不同尋常。這是真正的愛。我十分震驚，目瞪口呆，因為他不可能知道我去過巴塞隆那。我一句話也說不出來。他繼續說了下去，並沒有要等我回答的意思。

「如果是另外一個人讓你覺悟了，那麼你自己或者那個人也可以撲滅這道覺悟之光。一個人必須自己覺悟自己。如果是這樣達

---

a 克里希那吉（Krishnaji）：對克里希那穆提的尊稱。

到的，那麼沒有人能夠熄滅這道光，就連你自己也不例外。覺悟需要一個人自己的精進、努力和激情。」

他說話時神情極其嚴肅。他說這些的時候，從他流出的愛強大無比，我站都站不住。

六月初，卡爾洛斯收到了帕帕吉的回信：

我最深愛的神聖之友：

……在收到你的信之前，我就很肯定你是絕對敞開和有智慧的，並且已經完全準備好了，只要聽到一次，就能抓住實相。這會發生在一些非常成熟的求道者身上。他們對實相有過一次清晰一瞥，然後就會尋求上師的指導來加以穩定。

你前信中表述的體驗是層次非常高的一種，值得稱道。你解釋的方法也很獨特，深情又易懂。

我為你感到高興，希望和你保持聯繫，這樣你就可以確定安住於實相中，實相也永住於你。

願此寂靜永久印上你的心。我給你我的愛、快樂和祝福。

在我回印度之前是否有可能再見到你？我在六月十五日左右會去法國，會在信裡告訴你旅途見聞。在這之前，你可以把信寄到我以上的地址。

請把你的體驗記錄在本子上，一邊寫，一邊每週寄一份給我。我確信一旦心的門扉被推開後，你會有更深層的體驗。

致上問候、深深的愛和擁抱

你的真我　彭嘉

按要求，卡爾洛斯把體驗記錄寄給了帕帕吉。6月10日，已旅行到了法國的帕帕吉給了他以下的回覆：

我最深愛的：

我正準備出發前往法國，你的信讓我非常快樂！等我到達後，會寫信和你細說，我會通知你我何時到巴黎，這樣就能和你見面了。可以在巴黎，或者我甚至可以去你那裡一天。

你擁有這一極其殊勝的至高神祕體驗，對我來說並不出奇。它本身是一種完全抽象的體驗，我根本就不該稱它為體驗。它是全部存在，是存在本身。我為你感到極其高興，我的愛子。

你來見我是為了什麼目的？我很清楚。我在你內心看到了，當你看進我的時候，你看到了。雖然我在對其他人說話，但我一直和你在一起，甚至當你回家後，在機場甚至在飛機上，我都和你在一起。我一直和你在一起。

在1974年6月4日來自布洛克伍德的信中，你給出了多麼美妙的解釋啊！你極其精確地描述了你的真實所見。這一體驗並不遜色於任何一個國家、任何一位偉大聖人所經歷過的。

你的朋友〔米蓋爾和安娜〕不再到機構的每日靜坐課上來看我了。或許我的方式對他們來說太過頭了。我不介意。歡迎每個人都能隨其所願走自己的路。

我真高興能聽到你的體驗。如果你允許的話，我可以把它寄到印度，給我的弟子們看看，因為在我們的宇宙家庭中又多了一個兄弟，他們會非常高興。他們會給你寫信的。

隨後帕帕吉回覆了卡爾洛斯在他信中提出的幾個問題：

「不管我做什麼，『那個』都在」──這就是體會到了本然存在。

「我擔心『那個』會消失」以及「我能覺察到害怕直視恐懼的那種害怕」，這仍然是很棒的。要能恆常穩固〔在真我中〕，就需要解釋清楚。當我有更多時間的時候我會解釋的。

「意、心與身之間沒有分離。」看到這裡，我真想馬上飛過來擁抱你，直到海枯石爛！

請就這方面更多寫一些。你已經成就了值得成就的。或者說沒有東西要成就了。如你本然即可，你本來就是。不要擔心，「我和你同在」。

我們倆必須見面。請告訴我，當我去巴黎時能否見到你。

向你致上我的愛。

向誰致上愛呢？向我自己的真我，

卡爾洛斯的真我
彭嘉

帕帕吉和卡爾洛斯安排在那個夏天在瑞士薩嫩（Saanen）見面，克里希那穆提將會在那裡做一系列演講。

當卡爾洛斯讀到帕帕吉的評論說，在機場與他在一起時，他想起了帕帕吉曾頻繁詢問他出發的日期和時間。那一年後來在瑞士的時候，他問起帕帕吉是否有意選擇那個時刻給了他體驗，帕帕吉肯定確實如此。

帕帕吉在巴塞隆那的最初幾天中，卡爾洛斯並不是唯一擁

有非凡體驗的人。因為有很多人前來拜訪，帕帕吉請一個巴塞
隆那弟子吉亞內濕瓦（Gyaneshwar）給在印度的弟子們發消息，
因為他自己沒有空做。以下是吉亞內濕瓦的第一份報導：

　　我們未能及時報導尊貴上師來到我們中一事，因為自從1973
年11月吉祥之日就開始等候上師的歐洲弟子、信徒們，絡繹不絕
前來拜訪。

　　上師的永恆之愛如同聖河恆河一樣流淌到了我們心中。祜主
之名，他的遊舞〔lilas，神性之展現〕、聖者們的故事和上師印度
弟子們的故事恆常縈繞在我們的心間。

　　在西班牙，許多人已接受到他的加持。他最親近的弟子之一
妮維瑞提（Nivritti）的體驗就是明證。

過後幾天，上師會親筆給他的孩子們寫信。

隨此通告附上的是妮維瑞提第一人稱的回憶，講述了帕帕吉對她的影響：

這整個世界似乎都從我腦海中消散了，所有人都睡著了，我覺得只有自己，漂浮在死亡之海上。我的靈魂只安定在您之內。當我不再在您的身邊時，我只想哭泣，深深哭泣，想要再次靠近您。

哦，上師！您偷走了我的心。我不知道該怎麼做。我只能想著您，哭泣。如今我處在您的牢獄中。人們跟我談論他們的工作生活，但我毫無興趣。我什麼也不說，只是微笑，憶念您的愛。

但現在我獨自一人，我在哭。我的父親！我什麼都不再想要，除了和您在一起，對我來說什麼都不再有意義。只跟我談論**神**。讓我看到**他**。我只要神，我親愛的上師。

您讓我瘋了。您偷走了我的心。不要離開我，如果留下我一個人，我會死。如果您願意，我會去死，但是不要離開我，不要離開我！

我感到神已經來見我，觸到了我的靈魂。我還能要求什麼呢？我只想要和他在一起。我想要和您在一起。我想要在您的懷中死去。我的上師！

從現在開始，您將是我的一切，我的父親，我的母親，我的妻子，我的兒子，我的朋友，我的神。

我瘋了，被吞沒了。您摧毀了我對日常生活的興趣，現在當我說話時候，我只看到您。當我聽什麼、看什麼的時候，也只有您在。我只看到您，只聽到您。

每個晚上能處於您的臨在中，是多麼的喜樂！在您身邊，只活在您心中，在神的心中。真是至福！

謝謝，上師。我是您的新娘，毫無保留。我整個存在現在都

1974年：在巴塞隆那舉辦薩特桑

屬於您。我不求什麼，什麼都不要，只要永遠住在您的心裡。

　　十天後，吉亞內濕瓦發給帕帕吉印度弟子的第二篇彙報中包含了以下這篇不具名者的敘述：

　　今天早上，我正從上師住處開車去辦公室。我的體驗多麼美妙！能夠親眼看到上師之身遍於十方，這非常奇妙，我突然間感覺到它變得越來越巨大，而我處於中心。

　　這不是那個看到這一宇宙形象的觀者的我，恰恰相反。我徹底充滿了，如同**本然**。這是我自己的更大的形體，但更加精微、輝煌。無法判別這是在內還是在外。

　　謝謝您，我的主！

　　我住在您之中，我一切所見都在您之內。

　　我依然在車裡，突然聽到了某處傳來的「唵」聲，不是從內

也不是從外，是自發地。這個聲音聽起來越來越清晰，從源頭流出。然後從我的發聲器官中自然湧現出了音樂。

一切都在上師之內發生，這是那麼明顯！上師是唯一的存在。其他一切都發生在上師的心內。

在一個瞬間，我感知到了所有一切所見，還有見者，都是上師。現在，所有這些變得越來越精微並且消失了，讓我身處憂傷之中。然而我的思維依然專注在之前的境界之上。

謝謝您，謝謝您，上師！我聽命於您。您已經征服了我。我沒有任何可問的，沒有任何欲望。我在您的恩典軌道中。謝謝，哦，上師！找到您，我的一切都圓滿了^a。謝謝您。

敬請原諒我蹩腳的英文，

我的母語是西班牙語。

謝謝。

在那些早期的薩特桑上，至少還有一人也有過非凡的經歷，但後果卻相當不幸。帕帕吉談到參觀孟買精神病院的經歷時，也提到了這個故事：

我走進大門，看到很多大笑或微笑的人。他們中有些人走上前，用燦爛友好的微笑來歡迎我。一開始我還認為自己一定是在哪裡見過他們，只是記不起來了，因為他們問候我的那種笑容是人們對親密的至交才有的。直到後來我才從一個精神科醫生那裡瞭解到，這些人之所以被關起來，是因為他們一直微笑或者大笑個不停。

如何判別一個人瘋了還是沒瘋？精神科醫生會告訴你毫無理由一直大笑或微笑的人是瘋子。我可不同意，我會說不審視自己

---

a 原文為 Having found you, I have added all the rest unto me. 或許指的是找到了帕帕吉之後，她已經得到了一切需要的東西了。

念頭的人才是瘋子，這是真正的瘋狂症狀。這整個宇宙是個巨大的瘋人院，擠滿了瘋子，因為他們對自己頭腦內的種種念頭毫無控制之力。這個世界上誰才真的睿智，真的正常？如果你在整個世界中仔細搜尋，找得夠久的話，或許能找到一兩個正常人，剩下的都只是囚禁在一間巨大瘋人院裡的病人而已。

　　說回孟買精神病院的這些人。我不知道他們是真瘋了還是沒瘋，但以我個人經歷來說，我知道如果一個人當眾毫無理由地笑得太厲害，那就有被關進精神病院的風險。實際上，大概是在二十年前，有個參加我西班牙薩特桑的人就是這樣。

　　那時候我在一個名叫安東尼・布萊的人經營的瑜伽中心舉行薩特桑。他有次來印度時在勒克瑙見過我，那時他就邀請我去他那個在歐洲的中心舉行薩特桑。這裡有些西班牙人或許聽說過他，他在當時是相當有名的靈修老師，寫了幾本書，在很多地方都有中心。我舉行薩特桑的地方在巴塞隆那。那個廳很大，能容納大約一百八十人。每天晚上六點到八點，我就在那裡舉行薩特桑，或者帶禪修課。

　　在一次薩特桑上，有個我從來沒見過的男人走過來對我禮拜，這行為本身很不尋常，因為歐洲人沒有這個習慣。而且當時，我一度不鼓勵人們在我面前禮拜。

　　這人起身後就開始大笑大叫。在大笑之間，他會大喊：「我是耶穌！我是耶穌！我是上帝！我是上帝！」他並沒有逗留很久。幾分鐘後他就跑出了房間，仍然喊著：「我是耶穌！我是耶穌！」

　　那天晚上結束時，我問安東尼・布萊這個男人是誰。

　　「我不認識他，」他回答：「從沒見過他。他不是我們中心的成員。我們在外面放了一塊標誌，寫著『歡迎所有人』，他或許只是看到那個標誌就走進來了。」

　　我想知道他是誰，因為我向來喜歡有人站起來，不容置疑地宣稱「我是上帝」。一個知道自己真面目的人能夠站起來，並宣稱這一真相，因為這是他的自證體驗，但在西方，有人做出這種

舉動時，就會惹來教會以及政府當局的麻煩。任何一個不停地宣稱已經明白了自己與上帝無別的人，都有可能被關到精神病院去。在印度，我們並不會對這類宣言大驚小怪。實際上，我們的經文鼓勵我們說「我是梵」，去體驗這話的真相。

既然沒人知道這男子是誰，不知道他從哪裡來，我只能放手不管。但是半夜時，我接到了一個陌生女人的電話。

「我丈夫告訴我，他要去參加一個印度人舉行的演講，演講定於晚上六點在安東尼·布萊的中心舉行，可是他現在還沒回來。我給中心打了電話，但那邊沒人認識我丈夫。接我電話的人建議我打電話給你，因為你是演講的人。他的名字叫佩德羅（Pedro），是一位教授。請問今天晚上你見到他了嗎？」

我並不知道有叫佩德羅的，但我覺得他可能就是那個喊著：「我是耶穌！我是上帝！」而後突然離開的男子。我在電話中向女人描述了這個男子的情況，她也認為那可能就是她丈夫。我沒法幫她，因為我根本不知道他離開薩特桑後去了哪裡。

第二天一大早，她又打電話給我，說：「我半夜接到了警察的電話。他們告訴我說發現有個男人在高速公路上跳舞。他們說他在距離這裡一百二十公里的馬路當中停下車，繞著車跳舞，喊著：『我是耶穌！我是上帝！』他沒法回答警察的任何提問，不過他們檢查了他的駕駛執照後確認了他的身分。

「警察告訴我：『他沒法照顧自己，請馬上過來領走他。他根本不可能自己開車。帶上另外一個司機來，你需要一個人來開車，另一個人來壓著他。』

「我看到他時，被他的樣子嚇壞了。我們是體面的人家，我丈夫是大學裡的音樂教授，但當我看到他的時候，他就像個酒鬼一樣在自己車上跳舞，繞著車跳舞，向每個經過的人高喊：『我是上帝！』

「因為我是他的妻子，警察要我為他負責，但是我告訴他們：『他不再是我丈夫了。我不知道這個男人是誰。他甚至都認不出

我，也根本沒有注意到我在場。我不想和這樣行事的人繼續生活了。』」

「那他怎麼樣了？」我問：「他不可能還在那條路當中跳舞吧？」

「我拒絕把他帶回我們的公寓，他明顯是瘋了，所以我開車帶他去了當地的精神病院，把他留在那裡了。據我所知，他現在還在那裡。」

我打電話給布萊先生，告訴他發生的事情。既然佩德羅被他妻子遺棄，我想就該由我們出手幫忙了。我知道他沒瘋，我知道他又跳又笑是出於一個完全不同的原因。

布萊先生告訴我：「您無能為力。他們不會允許您進醫院的，因為您不是親屬。這種情況下，只會允許家庭成員去探望病人。」

我又打電話給那位妻子，懇請她去醫院，因為她是唯一一個能見他面的人。我解釋說這只是一個暫時的體驗，是由強烈的快樂引起的。你第一次喝烈酒，如果喝了超過一兩杯而身體還未適應，你也會又跳又唱。就是這樣，不是嗎？我向這個女人主動提出幫忙，因為我知道她的丈夫是因為突然之間沉浸到快樂和狂喜之海中，而處於震驚的狀態。

她聽完了我的解釋，但依然強硬地拒絕再跟他有任何關聯。

「我不在乎他是怎麼進入這種狀態的，我也不想知道理由。我不在乎這是暫時的狀態還是開悟了。你說他很快就會恢復正常，或許如此，但我還是不會把他帶回來。我完全無法接受他昨晚做的事。我永遠不會允許這個男人再次回到我家。他的大笑狂舞已經向我證明了他有發瘋的傾向。我沒法再相信他了，因為我永遠無法知道什麼時候他又會開始像這樣。」

「但他很快就不會這個樣子了，」我說：「再過幾天，他就會恢復正常。現在他需要有人來照顧他。你是他妻子，是唯一一個能探望他的人。你不能因為他出於快樂而過度興奮就拋棄他。」

她不聽我的。「我不想再和他打交道，我怕他。他之前從來

沒有說過上帝。我們彼此非常相愛，結婚十三年來，他從來沒有過這樣的舉止。現在參加了你的一次禪修課，他就在路當中大喊大叫，聲稱自己是上帝。我可不想和上帝住在一起，我想要的是和舉止得體的正常男人生活。我不能帶他回去，因為我根本不知道他什麼時候又會故態復萌。」

　　所以，這是西方的一條社會規範。如果你高興到在街上又笑又跳，就會被當作瘋子關起來；出院後，還會被以前的親朋好友排斥。在印度，我們尊敬有這樣行為的人，特別是如果他們直接體驗到了神；但在西方，這樣的人從不被社會接受，也不被教會接受。

　　帕帕吉鼓勵任何在他身邊有覺醒體驗的人以唱歌跳舞的方式來慶祝，或者以感覺適當的方式表達出來。他在歐洲見過至少兩個人因為在他面前有狂喜的體驗而被捕了，但這並沒讓他改變看法。

　　下面這段評論是帕帕吉對薩特桑上的一個男子說的，那人有了深刻體驗後還是非常含蓄內向地坐著，靜靜地。帕帕吉告訴這個人應該「學會慶祝」，接著做了以下評論：

　　有這個體驗的時候，有些人跳舞，有些人唱歌。並非事先計畫過，也沒有排練，只是自然地發生了，因為當事人無法抑制突然之間向他揭示的快樂和寧靜，頃刻間就爆發並抒發了出來。

　　一次，有個女子開車載著我從她家去往我孟買的住所，路上大概有二十英里。她是個印度人，住在佛羅里達，她兒子在海灣[a]工作，是個註冊會計師。她正開著車，突然間有了這個體驗。她並沒有像你一樣安靜地坐著。她在路當中停下車，打開了車門，開始在車頂上跳舞。這是真正的慶祝方式。當那個時候來臨時，

---

a　海灣 (the Gulf)：指的是波斯灣。當時很多印度人去波斯灣的阿拉伯國家工作。

你的體驗會促使你站起來跳舞。甚至連一分鐘都等不得。這個女子並沒有等開到我家，而是馬上停下車，在車頂上跳起舞來。當你和妻子在蜜月之夜走進臥室時，你會對她說「現在時間不合適，我們再等一下」嗎？

這讓我想起了一個叫羅德（Rod）的英國人，1980年代他來納希看我。那天他突然帶著行李出現，我請我兒子蘇仁德拉在附近的帕爾賓館（Hotel Pal）給他安排了住宿，告訴他可以待會兒來我家一起吃午飯。

他幾乎是馬上就來了，參加了下午一點左右結束的薩特桑。在薩特桑上，他說自己在英國和美國已經見了許多老師，其中有一個毘婆舍那[b]的老師要他來勒克瑙見我。

一開始他只是問問題，那種大多數新來的訪客都會提的問題。但突然之間，沒什麼明顯的理由，他就中止了提問，站起身來，開始繞著房間跳起舞來。他欣喜若狂，根本沒法回答別人問他的任何問題。過了一會兒，他跑出了房子，沿街而舞。他跳來跳去，在空中揮舞著雙手，完全無視周圍任何事物。在妙樂中，他沒留心道路當中的下水道檢修孔，踩了個空，徑直栽到了洞裡的汙水中。就算是這樣也無法阻止、減弱他的狂喜。他爬出了檢修孔，滿身都是又臭又爛的汙水，繼續沿著街狂喜地跳下去。那就是這一瞬間來臨時的樣子。即使掉到勒克瑙的臭水溝裡弄髒了全身，也不能澆熄這份喜悅。

這一戲劇性事件發生在1988年六月初。羅德稍微平靜下來一點後，帕帕吉請他寫下自己的體驗，並每天記錄發生在自己身上的事情，作為日記。我在帕帕吉的書籍中找到了這日記的複印本。以下是羅德敘述的這次體驗及其後續的摘選。

---

b　毘婆舍那（vipassana）：即內觀、觀法或正觀。不向外求而深自內省，使內心趨向於真理之觀察，亦指佛教一般之實踐修行。（摘自《佛光大辭典》）

早上我告訴彭嘉吉見他之前的經歷，只想要解脫的經歷。他說的大意是：「你非常幸運。這只發生在非常少數的人身上。如果你找到了一個珍寶，就必須禮遇它、珍視它，與它做朋友。」然後他說：「朋友是個容易誤導的詞，因為它暗示有兩個，但其實只有一個。」

我感到又輕鬆又興奮。我想去山上待一會兒，但彭嘉吉讓我別要巧克力〔這樣的小甜頭〕，而是要去拿一百塊美元大鈔。他說：「去山上並不能給你自由，因為你會帶著自己舊有的頭腦去。」

他充滿慈愛地看著我，說他能看到我越來越散發出光芒。我能感到自己確實如此。聽到他的教授，我表達了自己的妙樂，上師說他也為我高興。有很奇妙的神祕事情正發生在我身上。發生的時候，上師充滿慈愛、慈悲地碰觸我、搖晃我，然後問我還好嗎。他把手放在我肩膀上，給了我一片水果。喔！……

上師對我說：「你覺得自己受得了這個自由的體驗嗎？」我說：「能！」然後上師說，這會是對身體系統的一大衝擊。我不覺得他是故意想嚇我。他只是想說身體必須能夠承受得了。然後他說：「在這種體驗之後，有些人瘋了，有些人卡在狂喜和幸福中，而第三類，最好的一類，他們保持寂靜。」

沒有什麼需要我做的！我是世界上最幸運的人！嘉！嘉！羅摩！[a]命運將我置於一位完美上師的腳下。嘉！嘉！羅摩！這甚至比完美還要完美。這完完全全令人驚歎、不可置信。嘉！嘉！羅摩！

我把這個告訴了上師，他容光煥發。這就是他想要聽到的、讀到的東西……

我為面前這嶄新的展露而激動。我想跳躍，躍入這未知之中。現在沒有什麼需要我做的了，沒有要做的努力、沒有要去的地方、沒有要記住的東西、沒有要遺忘的東西……我的心什麼都不抓。

a 嘉！嘉！羅摩！（JAI JAI RAM!）：唱誦、禮讚羅摩名號的常用咒語。

我內在深處感受到了非常奇妙的東西。我感覺不到要完成或達到的任何需要。沒有從「這裡」離開的需要，這是最為重要的，是我最渴望的。當我渴望真理時，是真理本身在說話。坐在您腳邊我感受到了至福。我還能何去何從？一種神祕與奇妙的感覺，沒什麼需要解決或者理解的了。當真理通過我的心說話時，我徹底被加持了。除了「現在」，它還能在什麼其他時間說話呢？只有我停止觀看時，它才顯現。「就在當下」的感覺是越來越強──以及此刻的圓滿……

我們在公園裡散步時，念頭紛至沓來，但是對它們，是有著**覺知、覺知、覺知**的。正在發生的，是臣服、臣服、臣服，然而臣服的是誰？只有真我。突然強度驟升；能量整個衝上來，好像箭一樣集中到了我的第三眼。我的理智好像在臣服，此後我開始瘋了一樣地搖動，但是您，我神聖的上師喊道：「不！」我立刻就被帶出了這種不受控制的瘋狂。您說：「保持正常，覺察本來之美。」啊！這真是無以倫比的美妙！

發生了這麼多，但我知道事情還沒有結束。上師說，在一年後會發生些什麼。但我仍然能感受到未知世界向我敞開的喜悅。多麼奇妙，多麼美麗，多麼不可置信。

在神性遊舞中，上師、羅德、彭嘉吉和真我舞進、舞出彼此。為何要把頂禮彭嘉吉足下變成一種儀式呢？但這仍然是一個美好的傳統，是真我向真我致意的美妙方式。我在公園裡向您頂禮時，您說這是我做過的第一個真正的禮拜。

念頭不再那麼抓得住我了。我先前給您寫信，說我所有的念頭都是神性的，我還是這樣覺得，這就是它們不能困擾我的原因。

羅德的敘述顯示長時間的平靜中點綴著一次次狂喜，狂喜中他偶爾會因為太過興奮而失去對自己身體的控制。談到這些爆發，羅德評論道：「神聖的癲狂是身體內的神性，但處於不可控制的狀態。」帕帕吉感覺他需要休息一下，好讓身體適應

發生的事情。

　　觀察羅德一段時間之後，我覺得他留在勒克瑙沒有好處。有一天我帶他去了住家[a]，我認為他需要在外面多花點時間鍛煉。他沒有欣賞花園美景，卻開始在草地上翻滾、尖叫。很明顯，這次體驗觸發了他神經系統的一次巨大震動，我認為繼續待在勒克瑙會讓情況變得更糟糕。我想在喜馬拉雅山區住幾天會對他有所裨益，就請我兒子帶他去火車站，給他買了一張杜恩特快（Doon Express）的車票。他本來就已經在籌畫去山區，他之前告訴過我，他帶了許多保暖的防水衣物，因為計畫要去拉達克[b]登山。

　　他從拉達克的列城（Leh）寫信給我，說他非常喜歡那個地方。我回信給他，告訴他一周後我會去哈德瓦，他不必回勒克瑙來看我了。大概一個月後，他去哈德瓦看我，一起住了段時間，然後跟我去了勒克瑙。在勒克瑙和我待了一段時間後，我請他回英國，向他的朋友們講述在他身上發生的事。過了一段時間，他寫信給我，說英國沒有人能理解他。他之前是老師，但在信中他告訴我，這體驗深深改變了他，他再也無法繼續工作了。他說需要和我再待一段時間，問能否在下一個冬季前來印度。我邀請他來。那一次，他就只是安靜、平和地坐著，沒有表現出任何第一次來訪時特有的瘋癲症狀。既然他似乎已經相當適應這一體驗了，我最後就讓他去美洲，告訴他之前的老師們他在勒克瑙發生的事。

　　在巴塞隆那逗留了大概兩周之後，帕帕吉應邀前往馬德里舉行薩特桑。在他抵達馬德里不久後給毗納亞克‧普拉布的一封信中，他寫道：「很多人想和我一起到印度，但我沒地方，

---

a　住家（the Residency）：原文並未注明是何處，譯者猜測應是 the Residency Inn，住家賓館，是一家在勒克瑙的賓館。

b　拉達克（Ladakh）：位於喀什米爾東南部，青藏高原的西部邊緣，海拔在3000-6000公尺之間，曾是古絲綢之路必經的重鎮，首府列城（Leh）。

我也不想再搞出一個地方來。整個宇宙都是我的家。我去哪裡都好像是戶主一樣住著。宇宙之父很好地照顧著我。我是他的兒子。我對此很自豪。」

有個來自馬德里的建築師，安瑞克·諾瑞加（Enrique Noriega）先生參加了我在巴塞隆那的薩特桑。他邀請我去馬德里幾天，給那裡的弟子舉行薩特桑。他告訴我，他的妻子康素愛蘿（Consuelo）也想要見我，想要問我幾個話題。我去了那裡，在他家舉行了薩特桑。每天大概有十五個人來。

有一天，安瑞克接了個電話，來電的是馬德里大學的瑞維拉教授（Professor Rivera）。此人曾經受印度政府之邀在印度做過演講。他打電話來問我是否能下午五點去大學，見見幾個教授和學生。我接受了邀請，因為這是見到一大群人的機會。佛朗哥將軍[c]有一條命令，禁止超過十五人在私人住所集會，所以我在安瑞克家的薩特桑人數也限制在那個數目內。但在大學這樣的公眾場所，這條法規就不適用了。安瑞克認識這個教授，建議我不要去。

「瑞維拉教授不喜歡印度人，」安瑞克說：「我聽說他對印度有過許多粗魯的言論。他邀請您，可能只是為了當著他所有學生和教授同行的面羞辱您。」

我不會逃避這類挑戰。我如約而至，發現有大約一百號人出席了我的演講。講臺上有三把椅子。一把是給我的，一把是給教授的，第三把是給一個西班牙女人的，她一直幫忙把我的回答翻譯成西班牙文。

教授站了起來，做了一些介紹性的講話。西班牙女子翻譯給我聽，我就明白了他看不起印度和印度人。

---

c　佛朗哥將軍（Francisco Franco, 1892-1975）：前西班牙國家元首、西班牙首相，西班牙長槍黨黨魁。1939年，佛朗哥在西班牙內戰中成立獨裁政權，1947年自任攝政王，1975年逝世後，原西班牙王室繼承人之子胡安·卡洛斯一世登上王位，實行民主改革，西班牙才結束獨裁統治。

「我對這人的背景一無所知，」他開場就這麼說：「但我知道他來自一個非常貧窮的國家，這個國家向西方乞求食物和金錢。讓我們看看這個從乞丐之國來的人，是否能帶來什麼我們還沒擁有過的東西。

「我來問第一個問題。彭嘉先生，誰更偉大，佛陀還是耶穌？」

我馬上意識到他在試圖給我設陷阱。他想讓我說其中一個宗教更好，這樣就會得罪另一個，然後就可以跟我爭論。所以，當他問我這個問題「誰更偉大，佛陀還是耶穌」時，我只是看著他，非常平靜地說：「我。」

在那個「我」中，佛陀和耶穌都不是更偉大的。「我」大於其他一切。這個回答不知為何停止了他的心念，摧毀了他所有的對立態度。他張開雙臂擁抱我，熱淚盈眶地親吻我。

然後他對其他老師和學生說：「這個人能回答你們所有的問題。任何你們想問的都可以問。」

我和這些新朋友們對談，度過了美好的夜晚。他們對我、對證悟和印度的靈修傳統一無所知，但仍然提出了一些很好的問題。那晚結束時，瑞維拉教授邀請我第二天去見他的妻子。她也是大學裡的教授，但沒能出席我的問答環節。

第二天早上，他驅車大約三十英里，帶我去了一座美麗的花園，那是為佛朗哥將軍建造的。我們在一座精心修剪過的花園裡，坐在椅子上一起吃早餐。他們都是教授，就提了很多智性的問題，不過他們一定是很滿意我的回答，因為後來我在馬德里期間，他們天天來看我。瑞維拉教授正在寫一本書，叫做《東方西方》（*Oriente Occidente*），他告訴我會在書中敘述和我的會面。

建築師安瑞克希望我留在馬德里，定居在那裡。在我逗留期間的某一天，他帶我去了一個地方，在離馬德里不遠的森林裡。他對我說：「我想在這裡給您建造一所房子或者一個道場，這樣您就能長久和我們在一起了。」

我不想被拴在某個特定的地方，所以拒絕了他的請求。

安瑞克的妻子康素愛蘿是克里希那穆提的忠實追隨者。她與克氏本人認識，還參加了他在歐洲許多地方的很多開示。康素愛蘿根據自己對克里希那穆提教義的理解，向我提了很多智性上的問題。她很相應我的回答，想要到印度和我待一段時間，但她有兩個年幼的孩子，所以無法出門旅行。雖然她是個好人，對靈性有著認真的志趣，但她的情緒非常不穩定。我在那裡的某一天，她歇斯底里症發作，開始摔盤子，把盤子丟出廚房窗戶。沒有人能控制住她或讓她安靜下來，連她丈夫都不行。

我第一次聽到瑞維拉教授批評印度時，想當然地認為他可能是個基督徒，看不起印度的宗教思想。後來我發現，他其實對西方基督徒把信仰強加在第三世界國家上的手段無比厭惡。

我得到了他的信任後，有一天他對我說：「彭嘉吉，我想帶

您去看看我們當地的一個劇院。我想您或許會對他們上演的劇碼非常感興趣。」

我回答說：「我不是很喜歡劇院演出。我來歐洲是為了別的目的。我來是教禪修的，教人們怎麼找出自己的本來面目。所以我才接受了你的邀請，到大學演講。」

「這是一種不同的演出，」他說：「並不對公眾開放。這是在大學裡的劇院，傳道士們在那裡受訓，好表演給貧窮國家的人民看。我之所以被允許進入，一部分是因為我是大學裡的教授，另一部分是因為我也偶爾在印度演講。他們想教教像我這樣的人，怎樣對潛在的皈依者產生最大的情緒影響。」

我接受了邀請，前去參觀傳道士的受訓過程。正如瑞維拉教授所說的，他們由演員們來培訓，以便在傳教時能讓人看起來、聽起來很有說服力。

比如，指導者會這麼說：「印度的人喜歡靈性老師們在傳法時變得非常感性。如果你在朗讀聖經經文時哭了，那你就會留下比較好的印象。但如果你沒法自然地哭出來，那麼朗讀的時候，擦點檸檬汁或者洋蔥汁在你眼睛裡。當你雙眼開始流出淚水的時候，觀眾會非常感動，他們會認為你是處於狂喜狀態種。」

然後他給人們演示怎麼把檸檬藏在手裡，如何神不知鬼不覺地擦到眼睛裡。老師說最好的方法是把檸檬汁擠在手帕上，擦擦眉毛或者擤擤鼻子的話，是沒人會懷疑的。這就是傳道士們被教導的方式。他們沒有對神的內在體驗，不能自然地哭泣，所以就只能教他們作弊。

這是捕獲新人的一種方法。另一種方法就是在新人還是很年幼的兒童時就把他牢牢抓住。在印度，基督教組織把貧窮、低種姓家庭的女孩子接收進來，答應照顧她們、教育她們。她們十來歲時就被鼓勵進入國外的修道院，繼續培訓。但當同意並去到這些機構後，她們就發現自己主要被當成了傭人。如果這潛在的改宗者已經是個成年人了，他們就會用食物來賄賂。我在果阿附近

的石頭堡工作時，傳道士會每週分發糖、麵粉和豆子給來參加教堂儀式的人。這是一個依靠著欺騙、賄賂來拉攏人的宗教。對這樣的宗教，我看不到任何未來。在西方，上教堂的比率已經持續下降幾十年了。很多人真心想找到上帝或者覺悟，但他們會離開基督教，去信其他宗教。我在歐洲旅行的時候，就親眼目睹了這種狀況。

帕帕吉在馬德里進行了大約兩周的薩特桑。他似乎找到了對策繞過「禁止超過十五人」的規定，因為在1974年5月5日，他寄了下面這封信給室利·B·D·德賽先生：

馬德里

我親愛的兒子：

我這些天在馬德里，但是蜜拉打電話告訴我有幾個男孩臨時從法國來〔巴塞隆那〕見我。所以明天我就得回去了。這裡每天有大約一百人參加我的演講。他們給我提供了一間大房子，作為我長期的住處和禪修中心。

　　這個地方的人非常好。幾天之內，很多人就有了體驗。吉亞內濕瓦會從巴塞隆那寫信告訴你具體情況。

帕帕吉在馬德里時遇到一位藝術家，想要畫他的肖像畫。他講述了兩人的相遇，並繼續談到了在歐洲遇到的其他藝術家：

我的一次薩特桑之後，有個女子走近我，問她是否可以畫我的肖像畫。

「我需要單獨和您坐下來，大概要六小時。」她說。

我不想在她畫畫的時候什麼都不做，乾坐著浪費這六個小時

的時間，所以我告訴她：「我們在這裡每天舉辦一個小時的薩特桑。你到時候可以來，我回答大家提問的時候，或者他們禪修的時候，你就可以做你的工作。」

她同意了，大概一周左右完成了畫作。每個人包括我都很喜歡，但她並不滿意。

「一張照片向你展現一個人的外在看起來是什麼樣的。」她解釋說：「但是肖像畫應該展現內在。您或許喜歡，但就我而言，這是張失敗之作，因為我從沒能感受到您內在究竟是什麼樣的。正因如此，我無法把我的理解傳達到畫作上去。在您之內有個什麼東西是我無法把捉的。我對這幅畫並不滿意，但您想留下的話就悉聽尊便了。」

我收下了這幅畫，甚至帶回了印度，現在掛在勒克瑙我的家中。我喜歡這個女子對畫的態度：她不只是想複製我的臉，更想找到臉孔之下的真實，這樣就能把一些精髓傳達到畫作中。對她而言，每次坐著畫畫一小時就是真正的薩特桑，因為她把全部注意力都集中在面前這個老師的真實本性上了。

我在歐洲四處遊歷時，還遇到過其他幾名藝術家。我第一次去歐洲時遇到了一位德國藝術家，他給我講了個很有趣的故事。

「我去看一個展覽，」他說：「因為我有一些畫在那裡展出。我並不怎麼出名，那時我的畫售價非常低。我會以很低的價格快速賣掉。有一幅小畫作，畫了一個非常醜的女人，我並不指望能賣出高於十馬克的價錢。她閉著一隻眼，鼻子是歪的，我極盡所能把她畫得又老又醜，滿臉皺紋。

「在展出時，有個女人走過來，在我面前把錢包倒了個空，她說：『這是我帶的所有的錢，只有口袋裡還剩了些零錢，那是我坐公車回家的車錢。夠買這幅畫嗎？』

「她指著那幅醜女人的畫。

「我看著面前這堆錢，說：『這可有好幾百馬克。你不必出這麼多，我只要十馬克，剩下的你留著。』

「『不，』她說：『我要把所有的錢都給你。我原本沒打算要買什麼畫，只是來城裡購物，純粹出於好奇才到這裡來轉轉。可是一看到這幅畫，我心想：這是我見過最好的女性畫像。因為我心裡面知道我就是這個樣子的，所以我很喜歡，而且就內在而言，我知道所有的女人都是這樣。女性的終極形象就是這樣。我必須擁有這幅畫，我想傾盡所有買下來，因為這樣我就會更加珍惜。』

「我就以這麼貴的價格把畫賣給了她，她開開心心地回了家。」

這是一個非常奇怪的故事，我到現在依然不知如何解釋。為什麼這個女人想要盯著這麼醜的東西看？為什麼她認為它非常傳神？為什麼她明明知道十馬克就夠了，但還是願意花光所有的錢來買畫？我給幾個人講過這個故事，但沒人能出讓我滿意的答案。

另一個藝術家相當有名，邀請我去他巴黎的公寓。他是藝術教授，也是克里希那穆提的弟子。我一走進他的公寓，就看到面前牆上掛著一幅他的作品。我搞不清楚作品表達的是什麼，就直接問他：「這是什麼？」

「我不知道，」他回答：「工作的時候我是不用頭腦的。我工作時沒有念頭或者企圖。我不是想要做出什麼或者完成什麼。我只是隨它去，讓我的雙手做它們想做的。完成後，我說不出作品的含義，因為我創作的時候並沒有給予意義。這只是我雙手創作的那一刻，對我狀態的反映。」

我喜歡這個無念藝術的想法，但沒法說我喜歡完成後的作品，因為他給我看的所有作品都是用舊菸蒂做出來的。他閒暇時，會去巴黎的大街小巷溜達，撿別人丟下的菸蒂。等到集夠做一個新作品了，他會站在畫布前，停下自己的頭腦，任由自己的十指把抽過的菸蒂固定上去，形成看似隨機混亂的圖案。這個人相當出名，甚至說服了人們出大價錢買下這些作品。我無法欣賞，因為他整個公寓彌漫著陳腐的菸草臭味，所以我盡可能早早離開了。

後來我發現他改用了木塊。他會拿一塊塊的木頭，像孩子堆

積木一樣，擺放在地板上。有時候他還會加上幾塊石頭。這樣的裝置在巴黎的畫廊展出，很多都賣出了很高的價錢。

大多數我遇到的藝術家，都說自己的畫表達或者反映了他們的精神狀態，但是我很難看出兩者之間的聯繫。舉個例子，在我第一次旅歐時，在薩爾茲堡遇到一位藝術家，他給我看了些自己畫的漂亮野生動物的圖片。飛鳥似乎是他的專長。當他不作畫的時候，就和妻子激烈爭吵、拳腳相向。我也見到了他妻子，她告訴我自己常常被打，但在他的那些畫作中，絲毫看不到他兇暴脾氣的痕跡。

在歐洲看到的那些藝術作品，我沒法說能理解或者欣賞多少。或許我的品味太不一樣了。我喜歡跳舞，喜歡歌唱，但極少喜歡藝術作品。我在印度時喜歡在雨中載歌載舞。我會獨自去山中，獨自一人跳舞、唱歌，來抒發我內在的喜悅。

帕帕吉在五月第二個星期回到了巴塞隆那，去了安瑞克·安圭拉的農場作客，後者曾在1971年邀請他去巴塞隆那。帕帕吉在給毗納亞克·普拉布的短信中，說了以下這個故事：

巴塞隆那

我摯愛的聖子：

在印度你認識的安瑞克·安圭拉和何塞·特瓦（José Tewar）帶我去了他們的農場。和他們待了幾天之後，我今天回來了。他們有個七百公頃的大農場，徹底機械化了。他們種小麥、玉米、大麥和牛的草料。安瑞克娶了一個僧伽羅（Sinhalese）女孩，她哥哥是易伯拉罕·喬塔（Ibrahim Chhota），他來勒克瑙見過我。她現住在萊瑞

達省的彭市[a]。何塞很快會寫信給你的。我給了他你的新
地址。安瑞克想到印度瑞詩凱詩和我一起住九個月，剩下
三個月就待在自己的農場裡。現在他不是很喜歡待在基督
教文化的社會中。我發現他因為學習吠陀，徹底雅利安化
了。他在大學裡一周教兩次梵文。我回家之前，他都和我
在一起。他的農場離巴塞隆那有兩百公里。

　　很多人準備好了要陪我去印度。或許他們認為我也和
其他那些靈性導師一樣，在印度有著大道場。那些導師們
遊歷了一趟歐洲，就載滿綿羊而歸。他們得意洋洋、愛好
賣弄，熱衷於清點被成功勸服歸順他們的綿羊的數量。我
告訴人們，等我從印度寫信給他們吧。

在巴塞隆那期間，有人邀請帕帕吉到伊比薩島[b]住上幾天：

　　某次巴塞隆那的薩特桑上，幾個嬉皮信步走了進來，他們很
喜歡所聽到的東西，就邀請我去伊比薩島一起住上幾天。出於好
奇，我接受了邀請，因為我想看看他們是怎麼生活的。那個時候，
島上幾乎每個人都像是嬉皮。他們喜歡那裡，因為警察不會找他
們麻煩，很多人甚至沒有簽證，警察也睜一隻眼閉一隻眼。與我
相處的人跟我解釋說，他們是傳統的嬉皮，也就是說，他們已經
建立起了自給自足的公社生活，井井有條：有婦女的產科中心，
有一所學校和托兒所來教育孩子；學校由一個身材高大豐腴的美
國女孩管理，我非常喜歡她。他們是一些天真的年輕人，由衷地
相信有一天他們會統治世界。

a　萊瑞達省（Lerida）：又被稱作Lleida，是西班牙卡塔盧尼亞地區的一個省，位於西班牙東北
　　部。彭市（Pons）是萊瑞達的一個市。
b　伊比薩（Ibiza）：位於地中海西部，是西班牙巴利阿利群島的一部分，位於主島馬略卡島西南。

我問蜜拉為什麼他會接受這個特別的邀請。

他對歐洲的每件事情都非常好奇，想親自瞭解人們是怎麼生活、怎麼想的。我想他去伊比薩島是因為聽說那裡有許多年輕人離開了自己富有的家庭，甘願過簡單貧窮的生活。我們並沒有在那裡停留很久，或許也就待了幾天。帕帕吉也舉行了薩特桑，但他很快就意識到那裡的嬉皮們還沒準備好接受他的教法。於是我們離開那裡回到了巴塞隆那。

蜜拉的態度或許有點悲觀，其實此後，當帕帕吉和克里希那穆提在瑞士薩嫩舉辦薩特桑時，有幾個伊比薩的嬉皮也去了。

帕帕吉從巴塞隆那北上前往巴黎，住在悉塔家，悉塔就是幾年前去瑞詩凱詩尋找「不可見的上師」的女子。帕帕吉描述這次作客：

我們到達了悉塔的公寓，位於離巴黎大約三十公里的帕萊索[a]。我們見到了悉塔和她的男朋友。他信奉魯道夫·史坦納[b]，不喜歡我對悉塔說的一些東西。

只要我一開口對她說點什麼，他就會拿出一本魯道夫·史坦納的書，說：「你說的不對。看，史坦納講的完全不同。」

過了一段時間，我被他惹毛了，「這些薩特桑並不是給你的，」我說：「如果不喜歡我講的，你可以去別的地方。」

這只是激起了他更大的敵意。

悉塔和她的男朋友已經在一起同居了很多年，但他們從沒辦過正式的結婚儀式。我很快發現這個男孩不想結婚。

a　帕萊索 (Palaiseau)：巴黎西南的一個市鎮。
b　魯道夫·史坦納 (Rudolph Steiner, 1861-1925)：奧地利社會哲學家、教育家、建築師，華德福教育的始創人。

我問悉塔：「你已經和這個男孩同居好幾年了。你一定是喜歡他的，否則你不會還和他住在一起。你們為什麼不結婚呢？」

　　「他不想，」她回答說：「他不喜歡結婚。」

　　我叫這個男孩羅摩，因為他妻子是悉塔。我質問他：「為什麼你不想娶她呢？你和她已經住了好幾年了。你一定是喜歡和她住在一起，否則你們不會在一起這麼久。」

　　「我現在擁有我的自由，」他回答：「如果我娶了她，她會開始控制我，指揮我做事情。現在，如果我想和其他女孩約會一下，我就可以去，她也不能抱怨，因為我們沒有結婚。」

　　我見到他是這副作派，對他非常生氣。我們大吵了一架，最後我把他趕出了公寓。我氣到不行，都忘了這是他的公寓而不是我的，我只是來作客的，並不是主人。不管怎樣，我把他趕了出去，砰地關上門，鎖了起來，這樣他就進不來了。

　　他對自己被趕出公寓毫無準備。那時夜已經深了，他穿的衣服很單薄，車鑰匙也沒帶，所以他也沒法開車到朋友或者親戚那裡過夜。

　　悉塔擔心他被凍著。「為什麼我不能至少把車鑰匙給他呢？」她問道：「這樣他可以坐在車裡，開著暖氣，或者開車去其他地方過夜。」

　　「不行，」我回答：「他待你非常不好。就讓他凍一會兒，他受凍的時候，可以想想自己是怎麼待你的。」

　　我把車鑰匙帶回了我的房間，放在口袋裡，這樣她就無法趁我不備拿鑰匙給他。

　　「明天早上你上班的時候，我會把鑰匙還你的。在這之前就由我收著。」

　　第二天，她拿了鑰匙去上班。她是教師，她學校裡的孩子有各種問題需要特殊教育。

　　那天早上稍晚的時候我離開公寓去散步，看到門上釘了一張紙條。紙條上寫道：「謝謝您，上師。我們現在要去結婚了。」

他在街上哆嗦著度過了那一整個晚上，哪怕這是他自己的公寓，他都不敢要求我們讓他進來。悉塔出門上班時，他道了歉，求她嫁給他。

那天後來我碰到他的時候，他所有的敵意消失一空。他甚至承認了我的教授是有些道理的。

「我在外面吹著寒風時，」他說：「我腦海裡開始浮現你說的一些話，我突然意識到它們頗有道理。我開始能理解你說的話了。」

在印度有一個傳統，上師能夠通過眼神、言語、觸碰，或者僅僅是安靜地坐著就能傳遞他的教授。此外還有一個方式，就是有時候弟子需要好好被揍一頓，才能夠理解對他說的話。羅摩就是被好好揍了一頓後，才明白了這次教授。

我在他們的公寓裡主持了一個印度儀式。傳統的印度婚禮上要生聖火，舉行名為雅甲和護摩[a]的儀式。我不想招來當地的消防隊，打斷儀式，所以在主持儀式的時候，我請羅摩和悉塔關緊了所有門窗。這對新人繞著火走完七圈的時候，我唱誦了相應的咒語完成了儀式。這是二十多年前的事情了。兩人的結合很美滿。他們仍然在一起，已經有三個孩子了。

蜜拉告訴我這是帕帕吉主持的第一個婚禮。在隨後的年歲中，他以同樣的傳統方式主持了好些弟子的婚禮，雖然現在是由一個具格的婆羅門僧侶來負責唱誦適當的咒語。

帕帕吉接下來敘述了帕萊索公寓的一些不便：

---

a 雅甲（yajna）、護摩（homa）：吠陀的火供儀式，一邊唱誦咒語，一邊將供品投入火中，供奉給神祇。後吠陀時代的火供儀式稱為護摩，現今護摩和雅甲兩詞可以互用。

不管我住在哪裡，都喜歡每天長時間出門散步，最好是處於自然景色中。我當時所住的地區都是碎石鋪成的道路，縱橫交錯，舉目望去幾乎看不到任何綠意。我想去其他不被連綿不斷的瀝青和水泥覆蓋的地方散步。

「附近有公園嗎？」我問：「有沒有我能在早上散步的公園，而不是在被汽車煙霧毒害、被噪音震聾的地方？」

他們想不出附近有這樣的地方，但是答應在放假的時候帶我去其他地方。

「下個週六，」他們說：「我們帶您去田園散步吧。」

所以我不得不等上幾天，等著能去散步。接下來的週末，他們開車八十英里帶我去了一個森林，但下了車開始散步時，我們看到了一塊大告示牌，上面寫著：「禁止入內。任何進入此地者將被起訴。」

「這就是你們唯一能找到的地方？」我問：「我們開了幾小時的車，就是為了來到這麼一塊被欄杆圍起來的私人領地？」

「不，」他們說：「我們要帶您去的地方在附近。這塊地原來的主人去了美洲。現在荒廢了，等著出售。我們可以到處走動，無人打擾。」

她帶我去了附近很小的一塊地，大概只有這個薩特桑大廳那麼大〔大概長十五公尺、寬十公尺〕。她脫下鞋子，開始繞著這個小小的花園跳舞。

「這不是很棒嗎？」她問：「能赤足碰觸到大地母親，不是很美嗎？」

我一輩子都在印度，基本上是赤足走路，所以我也不覺得有什麼了不起。這些都市人為了能夠享受在大自然中散步的樂趣，不得不週末駕車開上八十英里，我覺得這真的很悲哀。現代城市的居民們住在一個充滿了苯、煙霧的環境中。住在他們所謂的文明都市裡，讓自己患上癌症和其他疾病，如果需要呼吸一點新鮮空氣，就得開上好幾小時的車。

說到在巴黎的散步，我必須提一提另外一件事。在過去大約三十年間，我的膝蓋一直有問題，用膝關節支撐全身力量的時候就很疼痛。所以我和弟子們出去散步的時候，有時候我要靠在離我最近的那個人的手臂或者肩膀上，這樣關節就不會因為承重而疼痛了。但我在巴黎這樣把手臂放在悉塔丈夫的肩膀上的時候，他震驚了。

他一把推開，說：「在這裡您不能這樣。所有人都會覺得我們是一起出來散步的同性戀。在這個國家的公開場合中，正常男人是不會相互勾肩搭背的。您可以摟住我妻子的肩膀，沒人會在意或覺得奇怪，但您不能這麼摟著我。這附近大家都認識我們，如果朋友看到我們這麼做，就會開始說閒話了。」

在巴黎短暫逗留之後，帕帕吉和蜜拉南下法國，住在阿爾代什[a]一個名叫莫利斯・瑞（Maurice Rey）的弟子家中。我向蜜拉問及帕帕吉在那裡的情況：

蜜拉：那是個非同一般的地方。我感覺上師非常喜歡那裡。莫利斯有一棟非常大的房子，花園很寬廣。或許不該用「花園」這個詞，因為它大得足以被稱之為公園，這樣說才更準確。我們受到很好的招待。很多在印度就已經認識上師的法國求道者前來看他。隨後的旅程中我們好幾次都回到了這個地方，上師明顯非常喜歡這裡。

大衛：你在那裡的時候，安排了與讓・克萊恩的會面。

蜜拉：是的。他是那時西方最為知名的教導不二論和覺悟的導師之一。我之前向他提起過上師，以為他可能會有興趣一見。他住

a 阿爾代什（Ardèche）：法國中南部的一個省。

在普羅旺斯艾克斯[b]地區附近一個叫做聖讓（St Jean）的地方。我想安排會面的人應該是伊萬‧阿瑪爾，他在60年代後期就在哈德瓦認識了上師。那是一次晚餐聚會，出席的有上師和讓‧克萊恩，以及這兩位導師各自的一小群學生。

大衛：發生了什麼？

蜜拉：弟子們就各自導師的教法發生了爭論，但兩位導師本人基本上都不說話。雖然讓‧克萊恩教的是參問真我，但在解脫方法上和上師很不相同。

後來，讓‧克萊恩要求他的弟子離上師遠點，他說帕帕吉是個危險人物，教的東西很危險。後來他來找我，直接規勸我離開上師，因為我要是還跟他在一起，就會有巨大的危險。

讓‧克萊恩的個性在那天晚上似乎發生了奇怪的改變。我在他臉上看到了以前見他時從沒見過的敵意和蠻橫。他似乎在上師身上看到了讓他害怕的東西。他沒說為什麼，卻明確地對在場的所有人說為了安全起見，他們不應該再和上師有所接觸。這是非常奇怪的反應，因為他之前顯得十分平靜、沉著。總的來說，我對他的表現和這趟會面非常失望。這並不是一次成功的會面。

在法國南部時，帕帕吉接受了費德里克‧勒博耶[c]的邀請去他家住上幾日，這是最先提倡在水中自然分娩的人。

我當時不知道的是，勒博耶醫生已經揚名世界了。他的水中

---

b　普羅旺斯艾克斯（Aix-en-Provence）：法國普羅旺斯－阿爾卑斯－藍色海岸隆河口省的一座城市，是普羅旺斯的前首府。

c　費德里克‧勒博耶（Frédéric Leboyer, 1918-2017）：法國產科醫生，著有《溫柔的誕生》（Pour une naissance sans violence）一書，以推廣自然寧靜的分娩方法而知名。這種在溫暖的水中產下新生兒的分娩法，被命名為勒博耶分娩法。另著有《香塔拉》（Shantala）一書，介紹了印度傳統中對新生兒的撫觸按摩技術，香塔拉也是濕婆配偶的別名，意為寧靜、柔和。

自然分娩技術在富人以及名人階層成為了一種時尚，很多名人請他為他們接生。他的書《香塔拉》中有很多孟加拉女孩在水中分娩的照片，成為了1970年代早期年輕女性崇拜的經典。

我到他在法國南部的家拜訪他，看到他的家裡是如此髒亂，立刻感到很驚訝。我以為一個習慣在無菌、整潔環境下進行精細手術的醫生，應該懂得怎樣清潔打掃他的房子。

我們相處得很好。他在巴黎有一套公寓，邀請我們下次去那的時候拜訪他。

「我能為您安排美味可口的食物，」他說：「印度大使的妻子是我的學生。她來自喀拉拉邦（Kerala），知道怎麼做南印度菜。下次您來巴黎的時候我們可以一起吃正宗的蒸米糕和薄餅。」

我們來訪時，他正忙於寫作一本新書。他給我看了幾章，標題是諸如「如何走路」、「如何坐」、「如何站立」之類的。

「這些在人大概兩歲左右自然就會了，」我對他說：「為什麼還需要你教呢？」

「他們學得並不正確，或者後來養成了壞習慣，」他回答說：「教導大家如何更有效地做簡單的動作，那麼很多身體問題都可以解決。這就是我寫這本書的原因。」

他對不二論也很有興趣，幾年前就已經在印度有了師父。我和他交談後，發現他整個人生都被自己不幸的童年定了型。他的母親不喜歡他，而且毫不掩飾自己的反感。他在1970年代初期見了尼薩迦達塔·馬哈拉吉，和他談了自己的心理問題。他們的對話出現在《我是那》一書第五十二章。

我翻出這一章，找到了帕帕吉提到的這篇對話。勒博耶向馬哈拉吉概述了自己的一生：

我母親無法給我安全感，讓我感到愛，而這對於兒童的正常成長是至關重要的。她是個不適合做母親的女人，充滿了不安感

和神經質，缺乏自信。她覺得我是個負擔，承受不起。她從來就不想讓我出生，她不希望我長大，希望我回到她的子宮，不要被生出來，不要存在於世。她抗拒我人生中的任何變動，強烈反對我任何想跨出她習慣的狹小領域的努力。我小時候又敏感又溫柔。比起其他一切事情來，我最渴望的是愛，但我卻得不到這種母親本能的愛。兒童對母愛的渴求成為了我一生的主動力，而我從沒能釋懷。對快樂的孩童、快樂的童年這個主題，我非常癡迷；懷孕、分娩、嬰幼兒，這些都無比吸引我。後來我成了知名的產科醫生，並在無痛分娩法的發展上做出了貢獻。

接下來是一段很長的對話，最後勒博耶問尼薩迦達塔・馬哈拉吉：「為什麼我整個一生都這麼不快樂？」

馬哈拉吉答道：「因為你沒有深入到你存在的最本源處。因為你對自己徹底無知，所以遮蔽了你的愛和幸福，你要去尋找你從未失去過的東西……」

我問蜜拉是否記得去勒博耶家作客的情景：

我們住在莫利斯家的時候，他到阿爾代什來看我們。他在那裡的時候，有很多次薩特桑非常棒，因為他知道怎麼激發上師給出精彩的回答。他智力過人，對印度傳統了解得很深。在那時，西方很少有這樣的人。我記得他對自己的早年生活耿耿於懷，覺得是他母親的行為使他遭受了創傷。和他長談了幾次之後，上師或多或少也同意他。他整個人生模式都是由這些早期經歷而鑄就的。他喜歡穆克蒂，給她拍了很多照片，說想在下一本書中用上幾張。但我從沒看到這些照片被印出來過。

他和上師在一起時並沒能超越自己精神上的問題，但他還是深感佩服，把上師介紹給了自己好幾個朋友和熟人。我們在法國南部的時候，很多人由於勒博耶醫生的推薦而來看我們。

卡爾洛斯‧希爾瓦和帕帕吉在瑞士薩嫩，1974年

在法國南部住了數周後，帕帕吉前往瑞士去見卡爾洛斯‧希爾瓦，就是那位在巴塞隆那到倫敦的航班上，有了非凡體驗的布洛克伍德公園學校的老師。帕帕吉還計畫參加那一年七月克里希那穆提在薩嫩的幾場演講。卡爾洛斯之前三個夏天都在薩嫩，他描述了帕帕吉到達後幾天的情況。他所提到的大部分新人，不是布洛克伍德公園學校的老師就是學生。

我們之前就邀請過彭嘉吉，在克里希那穆提在薩嫩舉行演講時去那裡待上幾周。住宿方面，我們租下了馮‧庫寧格太太（Mrs von Grunninger）家的一層樓。這是我們連著第三年在她家住宿了。到了1974年時，已經感覺這好像是住在自己家，沒有任何不便。

某一天下午，彭嘉抵達了薩嫩的小火車站。能再見到他真是太好了。我又再次有了一位朋友，一位不會離開的朋友。這是我自從巴塞隆那上飛機之後第一次看到他。對我而言，也表示他會

帶來艱巨的內在工作。彭嘉吉是一個極具力量的人，毫不吝惜地使用他的力量。他就像艘破冰船一樣前進，沒有什麼能阻擋他。他會毫不停頓勇往直前。對嚴肅而專注的求道者而言，他就是真相，是所有偽裝的終結。

他很喜歡那個住處。地勢很高，能看到薩嫩山谷的美景，一直能望到格施塔德[a]。有時候我們一起去參加克里希那穆提的演講。這是他第一次聽他演講。他的唯一評論是：「為什麼他那麼費勁？」那一年的演講缺乏力度，讓人感覺克里希那穆提沒能像平常那樣「妙語如珠」。

有個叫讓·米歇爾·拉波德（Jean Michel Laborde）的人，他之前是布洛克伍德的數學老師，幾乎每天都來住處。索菲亞打電話告訴他我們和彭嘉在一起，而從第一天起，讓·米歇爾就愛上了彭嘉。那年，讓·米歇爾沒去參加克里希那穆提的演講。他是一個溫柔安靜的年輕人，人很善良，是個認真的求道者……

在薩嫩我們每天下午都和彭嘉吉會面：讓·米歇爾、我妻子索菲亞、萊斯、卡羅爾、魯本和他母親、邁克、馬修和其他人。我們會相當自然地保持靜默幾小時。其他時間我們就在山谷裡沿著薩嫩河長時間地散步。走到機場後，我們會觀賞滑翔機。幾架飛機輪流攜帶滑翔機飛入空中，在大約一千公尺的空中放下，滑翔機就在天上像鳥兒一樣自由滑翔開來，然後隨著氣流慢慢降落。這樣重複不停，直到天黑……

在薩嫩，我們無間斷地與彭嘉在一起向內用功，充滿了熱情。就像是自發的自行車比賽，每個人的興趣輪番拉動著所有人。我認為彭嘉對大多數人來說是無法承受的：他太強大，太有力，要求太高。

帕帕吉對參加這些演講有自己的回憶：

a　格施塔德（Gstaad）：瑞士薩嫩的一個村莊，是阿爾卑斯山的滑雪勝地，景色優美。

當時我在瑞士薩嫩參加克里希那穆提的演講。一個認識的義大利人坐在我旁邊。在每次演講的最後，克里希那穆提會允許聽眾提問。這個男人舉起了手，他有一個非常重要的問題。

輪到他的時候，他說：「根據今天早上的公告，這個帳篷裡有八百個人聽了您的演講。其他人坐在外面，有同聲傳譯，所以每個講歐洲主要語言的人都能夠聽懂您在講什麼。我的問題是：『除了您之外，還有誰受益於您今天和以前所有的演講？』這是一個嚴肅的問題，因為我認真學習了您的著作。我讀了您所有的書，在不同國家聽過您的演講，但我還是不能說自己從中獲益了。進一步說，我還沒發現任何一個因為聽了您演講或者讀您著作而真正得到改變的人。」

克里希那穆提看了他一會兒，但沒有回答這個問題，所以我的朋友又再重複了一遍。

「請讓我知道是否有一個人真正從您的教導中受益。您周遊世界，與數以百計研讀過您言教的人見面、交談，試圖讓他們付諸實踐。但是否有人直接體驗到了您所講的真理？」

這一次克里希那穆提說：「如果你還未曾受益，這不是我的問題。」

我喜歡他的回答。真正的老師沒有想完成什麼的意圖。他並不在意自己教授的結果。如果你認為「我要這樣教授，才能讓其他人覺悟」，那麼你的教法永遠不會成功。只有在不打算要結果的時候，教法才會有效。真正的老師並不關心人們是否從他所的教法中受益。某種力量促使他去說，但那個力量對結果不感興趣。

演講結束散場時，我對那個義大利男人說：「你說的不對。聽了這些演講，你已經真實地受益了。」

「沒有，」他說：「我完全沒有感受到任何益處。」

我試圖讓他從另外一個角度來看待：「今天在這裡的其他每個人，要麼已經覺得自己受益了，要麼就是希望能夠在未來受益。只有你認為你沒有受益。這個結論，就是你聽了這些演講、看了

所有書之後得到的好處。聽了這些演講之後，你最終明白了，聽類似這樣的演講是得不到任何好處的。」

他大笑起來，然後勉強同意了我的說法。

這人研讀了克里希那穆提全部的書，因為他想理解克氏想說些什麼，但是這個人還是有很多煩惱。

「克里希那穆提似乎從來不站在同一個立場，」他對我說：「我讀了一本書，然後得出了結論，我的角度是從A點出發，而克里希那穆提則從B點出發，是完全不同的角度。所以，我非常努力地把我的角度改到了B點。但就在我認為自己快做到了的時候，我又讀到了另一本書，發現他的角度已經移到了C點。我好像從來就沒辦法跟上他，或者找出他究竟在哪裡。」

「你試圖用你的頭腦去理解他，」我對他說：「這是你的問題。如果你不在頭腦裡把他的話組合排列成你能夠理解、適應的模式，也許就會突然一下子直接理解他說的是什麼。當你聽一個導師講話時，不要帶著思維去聽。讓他的話落到你頭腦背後的那個地方。」

「可是，他講的道理很複雜，」他反對道：「如果我不思考，怎麼能夠理解呢？」

「我是告訴你『不要去理解』，」我回答說：「當他說話的時候，只要保持頭腦安靜，看看會發生什麼。」

他聽到這一說法感到很洩氣。「我不懂克里希那穆提，我也不懂你，」他這麼說道：「你們兩個都沒道理。」

「非常好，」我說：「你正在進步。就保持在那個你不懂的狀態裡吧。」

他認為我在取笑他，但其實這是個非常嚴肅的建議。第二天一早大約六點鐘的時候，有人來敲我的房門。我開門發現是這個義大利教授。

「我懂了，」他非常高興地說：「您是對的。我完全不需要理解任何東西。我不知道發生了什麼，但我現在非常高興，我也搞

不懂是怎麼回事。我能知道的就是這和理解一點關係都沒有。」

他大笑起來，離開了。

我住的房子位於一個非常美麗的地區。每天我都出門長時間散步，有時候在鄉間，有時候去附近的小鎮格施塔德。有一次我看到了查理·卓別林[a]和他女兒正沿著街道走。有時我會到附近一個小教堂旁邊坐著。一天我坐在教堂外面的時候，開始下雨了，我問神父是否可以進去禪修。

他問道：「什麼是禪修？」我非常驚訝。

我知道那時西方沒多少人知道禪修，但我總以為神父們會更瞭解一些。我提出給他演示一下，教他一下，他接受了。

我們走了進去，坐在凳子上。我向他介紹了「唵」音，他之前從來沒有聽說過。

「這就像是基督教的『阿門』，」我說：「這兩個字的起源是一樣的。」

我給他畫了個唵字，說：「印度教徒認為這是最初之音，一切造物從中顯現。唱誦這個音一段時間，然後看向你的內在，看看它是怎樣生起，從哪裡生起的。如果你做得正確，你會發現自己被帶到了心的寂靜之中。你會在那裡找到真正的平靜。試試看。」

神父照做了，幾分鐘後，我從他的臉上見到他已經進入了內在深深的平靜。

他睜開雙眼，喜悅而驚訝地說：「我之前從來沒有過這樣的體驗。這麼簡單。」然後他又閉上了眼睛去享受。

沒人去教堂尋求平靜，所以這位神父從來沒學過怎樣能做到平靜。當你走進一座教堂，你會聽到風琴奏出響亮的音樂。結束之後，是必須參加的歌詠、唱誦和儀式。沒人能讓你安靜一會兒，好讓你找到內在的平靜。我去過歐洲各地的教堂和修道院，全都

---

a 查理·卓別林（Charles Chaplin, 1889-1977）：著名英國喜劇演員。

充滿著念頭和身體忙碌不停的人。

克里希那穆提的演講隔天舉行一次。在沒有演講的那些天，我會給所有感興趣的人舉行薩特桑。來的人大多是克里希那穆提的學生，他們都針對克里希那穆提教授的各個方面向我提問。

雖然克里希那穆提生為印度人，但他接受的是非常西式的教育。他用的術語通常來自於西方心理學觀點，而不是印度傳統。來看他的人似乎大多數都是西方的知識份子，喜歡玩弄各式各樣有趣的想法。雖然克里希那穆提鼓勵每個人放下概念，但我在薩嫩接觸的大多數人都愛花時間玩弄、討論概念。

有一對代表克里希那穆提基金會發言的夫婦也來聽我說些什麼。

在聽了我的回答和解釋後，其中一個人說：「您和克里希那穆提說的似乎是一樣的東西。您用了很多印度的術語，克里希那穆提從來不用，但是究竟而言，您們倆說的是一樣的。克里希那穆提說我們應該清空心中所有的概念，而您似乎也贊同他。」

我還沒來得及回答，在場的另外一個人就打斷了我們，說道：「這裡有很大的區別。克里希那穆提說：『清空心中所有的概念，讓它保持空空如也。』彭嘉吉卻說：『除了在你的幻想中之內，心根本不存在。與其一個概念接一個概念地清空心念，不如直接領悟到根本沒有心這回事。如果你領悟到了這個，概念又能住在何處呢？』」

這個解釋非常好，正確理解了我想說的話。只要你還認為心是真實的，就會一直忙於整理它的各種內容。你要麼通過滿足自己的欲望而追求快樂，要麼會試著拋下、無視或者觀照心中所有的念頭和概念而尋求平靜。只要你認為心是真實的，就永遠得不到平靜，因為這種想法本身就是你所有痛苦和問題的根源。

有個著名的故事，講的是一位禪宗大師想挑選傳人。他讓寺中所有想得到這個祖位的人都寫一首偈子來展示他們對教法的理解，其中一位僧人寫道：「心為明鏡臺。時時勤拂拭，勿使染塵

埃。」^a

這首詩題寫在大師房間外面的牆上，一群僧人正在念誦時，被寺廟廚房裡一個名叫惠能的工人看到了。惠能不會讀書認字，所以他就請另一位僧人把詩念了出來。

聽完偈頌後，惠能說：「這不對。我有一偈，請寫在這個下面。」

其他的僧人都笑了，因為他只是個在廚房做工的文盲，但為了讓他高興，有位僧人同意幫他寫。

他說：「請寫：心非明鏡臺，此心實不存。本來無一物，何處染塵埃？^b」

師父讀到了這首偈頌，他指定惠能為他的傳人，把衣缽傳給了他。

就是這樣。人們傾向於認為心是某種容器，要麼裝滿了念頭和概念，要麼就是沒有念頭和概念的。但如果你摧毀了容器，摧毀了「有心存在而且它是真實的」的想法，那種種概念又能住於何處呢？

雖然帕帕吉並不接受克里希那穆提說的一些東西，但對他的評價還是很高。在1988年給卡爾洛斯的一封信中，帕帕吉如此評論：

我經常稱克里希那吉為現代佛陀。我見過他幾次，在印度、國外都見過。我聽他談論他不能、也無法用語言表達的東西。但是從他在演講間隙的姿勢以及演講本身來看，我能感覺到他是我們這個世紀少有的幾個人之一，能夠以一種友好而慈愛的方式來

a　此處指的是神秀所作的偈子，帕帕吉引用並不完全，一共有四句偈：「身是菩提樹，心如明鏡臺。時時勤拂拭，勿使惹塵埃。」

b　此處根據帕帕吉的引用而翻譯，惠能的原句為：「菩提本無樹，明鏡亦非臺。本來無一物，何處惹塵埃。」

談論永遠不可說的真相⋯⋯

　　雖然帕帕吉對克里希那穆提的境界沒有疑問，但卻覺得他缺乏將之傳遞給他人的能力。1993年在勒克瑙一次薩特桑上他提到這個話題：

　　在瑞士時我聽了克里希那穆提的演講。我非常喜歡他，因為我在他身上找不到錯誤。我是很難取悅的人，但是我要說，毫無疑問他是證悟的人。但是有什麼東西缺失了，缺的是把證悟傳遞給他人的能力。

　　帕帕吉的評價雖然似乎有點嚴苛，但克里希那穆提本人也如此承認。在紀念他百年誕辰的一本書中，他的一位長期同事艾芙琳・布勞（Evelyne Blau）寫道：「他教導、演講、環球旅行了五十年。為什麼沒有一個人轉變？他〔克里希那穆提〕肯定非常關切這一問題。」

　　克里希那穆提在加州歐亥[c]臨終臥床之際，他的臨終遺言被錄了下來。在過世前不久，他說：「我錯在哪裡？怎麼沒人明白？」

　　關於為什麼不是所有證悟的人都有能喚醒他人的能力，帕帕吉會在傳記第三卷最後一章〈上師和弟子〉中給出他的觀點。

　　帕帕吉和吉杜・克里希那穆提並不是那年夏天在薩嫩僅有的靈性導師。帕帕吉之前在孟買見過的離經叛道者U・G・克里希那穆提[d]也在那裡。卡爾洛斯描述了他們在薩嫩街道上的偶遇：

c　歐亥（Ojai）：位於美國加州的一個城市，在洛杉磯的西北方向，克里希那穆提正式的住所和基金會的辦事處都在此。

d　尤帕路利・果帕拉・克里希那穆提（Uppaluri Gopala Krishnamurti, 1918-2007）：印度當代的思想家，否認任何與「覺悟」相關的思想體系或者知識。年幼時曾參加神智學會和進行瑜伽修行，據說還拜見過拉瑪那尊者，也參加過吉杜・克里希那穆提的演講，但都被他認為沒什麼助益。後來經歷了一場他稱之為「災難」的強烈覺受體驗之後，失去了所有之前的知識和記

我們正沿著薩嫩的一條街道走著，我注意到U·G·克里希那穆提正向我們這個方向走來。

我以為彭嘉吉不知道他是誰，所以指著他說：「那是U·G·克里希那穆提。他是印度的一位有名的上師。」

「他不是上師。」彭嘉吉說。

我還以為彭嘉吉不認識他，我說：「是真的，真的。他在印度有很多信眾，很多人去聽他演講。」

這一次彭嘉吉沒有回應我的說法。他反而走向U·G·克里希那穆提，拍了拍他的肩膀，說：「這人說你是個上師。但你並不是什麼上師。」

然後不等U·G·克里希那穆提回應，他就走開了。

我問帕帕吉第一次是怎麼遇見U·G·克里希那穆提的，他給我講述了他們在孟買會面的經過：

U·G·克里希那穆提在班加羅爾的時候，他遇到過我一個咖啡種植商朋友，聽他說了些我的事情，於是就說想來見見我。咖啡商寫信到勒克瑙問我，我回覆說可以在孟買見面，因為我正打算過幾天去那裡見一些朋友和弟子。我給了他我弟弟在孟買的地址，當作聯繫方式。

到達孟買不久之後，我接到了一個電話，提到那天下午五點我可以到瑞士領事館見一見U·G·克里希那穆提。他的一個朋友在那裡工作。

我到達時，U·G·克里希那穆提親自在門口熱情地接待了我。他帶我進去，把我介紹給了聚集在那兒準備見我們、向我們提問的幾個人。

憶，而處在一個他所稱的「自然狀態」中，他環遊世界，拒絕進行正式演講，但是隨興地給訪客開示。其人頗有爭議。

在討論中，U·G·克里希那穆提說：「我不相信靈性體驗。」我回答說：「這是因為你還沒有任何體驗。如果你有過真正的體驗，就肯定會相信的。如果一個人頭痛，那就是一種直接而不可否認的疼痛體驗。不管你相不相信，疼痛依然存在。如果你說你不相信體驗，那麼你和石頭有什麼區別？」

然後他說：「人們告訴我你是個上師。我不相信上師。」

我回答說：「我不相信『無上師』。上師是至關重要的。」

談話就這個樣子進行了一段時間。我們倆對任何事情都無法達成共識，因為他堅持否定所有靈性體驗的價值和用處，甚至否認其存在。有幾個領事館人員對我感到好奇，向我提了幾個問題。和U·G·克里希那穆提不一樣，他們似乎對回答很滿意。

和他相處了很久的人告訴我，U·G·克里希那穆提對吉杜·克里希那穆提的境界和教法持猛烈的批評態度，他的很多講話都是圍繞著這個主題。人們告訴我他每年夏天去薩嫩，就是專門去騷擾吉杜·克里希那穆提和他的信徒的。

在薩嫩的時候，有兩個朋友帶我去見他。他和一個瑞士老女人住在一個叫日光小屋（Chalet Sunshine）的地方，她已經照顧他很多年了。他似乎沒興趣見我們。他說自己很忙，要我們以後再來，只是我再也沒去過。

帕帕吉的瑞士之旅將近尾聲時，他收到一個意料之外的邀請：

一天我正要離開住所的時候，有個曾在我薩特桑上露過面的男人走了過來，對我說：「我明天能來見您嗎？」

第二天我並沒有薩特桑，所以我說：「不行。」

這個回答似乎並沒有讓他不快。「太好了！太好了！」他高呼著，看起來很高興。

他指著路邊站著的一個女人說：「這是我的妻子，莫尼

克（Monique）。她是瑞士人，我是法國人。我的名字叫馬爾蓋（Margail）。我們為了辦離婚手續而來了這裡，但聽了您的演講，我們還是決定繼續做夫妻。我們準備試著同居一個月，然後再決定是不是要永遠在一起。」

我停下來和他交談，他似乎處在一個非常快樂的狀態中。我喜歡和快樂的人相處。他問我未來有什麼計畫，因為聽說我很快就要離開薩嫩了。

「我不久之後要去巴黎，」我說：「然後可能會回印度。」

「在巴黎您計畫住在哪裡？」他問。

「我認識一對夫婦住在那裡，他們是我的弟子。我之前曾在他們家住過一次，這次他們又邀請我去住。」

「如果您想要一個自己的住所，可以用我的公寓。我要幾個星期後才會回那裡。」

他掏了掏自己的口袋，拿出了一張信用卡和他公寓的鑰匙。「您可以住在我的公寓裡，可以用這張信用卡在加油站加油。我還會寫一封介紹信給當地的雜貨店，讓店主把您需要的東西記帳就好，等我回去後會付清帳單的。我要謝謝您讓我變得這麼快樂。」

我接受了他慷慨的贈予，回到巴黎後，在他的公寓裡住了幾天。

我在海外旅行時，通常會受到很好的招待，因為大多數時候我會住在以前就認識的人家裡，但這次的熱情招待很不一樣：一個之前從沒交談過的陌生人，給我提供了他的公寓和無限額的信用卡，只是為了讓我在那裡過得舒服些。

海外旅行這麼久以來，我只有一次糟糕的住宿經歷，那時我在法國南部逗留，在那裡待了幾天。我在一個女子家住了三天，那是海岸邊一個不錯的地方，每天我都去海邊散步，或者在海灘上坐坐。

過了三天，這個女子對我說：「我們這裡有個習慣，前三天是客，第四天他就得開始付錢了。」

那個地方很不錯，我想待久一點，所以就說：「這沒問題，我喜歡這裡。費用方面麼，我可以出一點錢。」

「不，」她說：「這不是出一點錢的事。第四天你必須像住在高級飯店一樣支付同樣的費用。」

我知道法國南部海岸的高級飯店有多貴，超過了我能承受的範圍。

我告訴她：「天氣很好，我想去睡在海灘上。我會去當地店裡買些食物，去海邊野餐。這樣的話，每個晚上的花費大概是一美元。我會在星空下睡個免費的好覺。明天我就走。」

我收拾好行李就離開了。

在離開瑞士回巴黎之前，帕帕吉還有另外一個有趣的邂逅：

我住在格施塔德的時候，有個男子走上前來，跟我說他是巴黎的一位藝術教授。那是我們第一次見面，那時他非常消沉，情況很悲慘。

「我來這裡自殺，」他開口說：「但不知為什麼我鼓不起勇氣。我帶著一顆氰化物膠囊，每天都會拿起來放到嘴邊，但總沒法放到舌頭上咽下去。在您的一次薩特桑上，我聽您說到了勇氣。請您給我勇氣，把膠囊放到嘴裡吞下去？」

「好的，」我說：「我會給你勇氣的，但首先你必須告訴我為什麼你想自殺。」

「我在巴黎教書，和妻子在那裡住了很多年，還有個年幼的兒子。幾個星期前，她和我一個學生私奔了，拋下了我。她帶走了我們的孩子，和那個傢伙去了美洲。我離開了住的公寓，門都沒鎖，來瑞士想找個與世隔絕的安靜地方自殺，但目前我還是做不到。您能幫我嗎？」

「是的，我能幫你，」我回答說：「把你的氰化物膠囊交給我保管，我會給你吞下它的勇氣。你準備好吞下它的時候，就能把

它要回去。」

　　他認為這個交易不錯，就把藥丸給了我。他一不留神，我就把藥丸丟到地上踩碎了。

　　大概是第二天，我花了很多時間和他在一起。我們談到了他的人生、家庭，他對藝術的興趣等很多其他事情。慢慢地，他的憂鬱緩解了。

　　看他心情好些時，我對他說：「你妻子離開你，是為了去尋找和另一個人在一起的快樂。讓她快樂吧，你現在要擔心的不是她。你要關心的是自己的快樂。你不需要整天愁眉苦臉，沒必要去自殺。很多人在這樣的經歷之後，都重新找到了快樂。」

　　他聽從了我的建議，放棄了自殺的計畫。接下來幾天中，他一直黏著我，甚至到了要和我一起回印度的地步。我覺得和我多待一些時間對他有益，於是就告訴他等我回印度後，歡迎他到瑞詩凱詩來找我。

　　他老婆逃走時帶走了他大部分的錢財，因為他們的積蓄是放在一個兩人共用的帳戶裡的。於是他決定賣掉自己的車，籌錢去印度。因為想馬上就拿到錢，所以就把車以遠遠低於所值的價格賤賣掉。最早來看車的一個人問他為什麼價格那麼低。

　　「我想馬上拿到錢，買機票去印度。我想和我的上師在一起。」

　　那個男子聽完了他的故事後，全價買下了他的車。

　　這位教授和我在哈德瓦和瑞詩凱詩共處了很久。後來，我認為他已經痊癒了，就推薦他去拉瑪那道場待一段時間。幾個月後，我在他們的雜誌《山道》上讀到了他寫的一篇文章。

　　文章中這麼寫道：「這輩子我有兩次特別走運。真的很幸運，我是世界上最幸運的人。第一次走運是在我想死的時候，我在瑞士遇到了一個人，他救了我，把我送到他的上師，尊貴的拉瑪那尊者這裡，而後者又將我從未來的諸多死亡中解救了出來，所以我就不用再次死亡了。」

　　之後我很久都沒有再見到過他。再碰到他的時候，我發現他

在法國南部遇到了一個願意嫁給他的越南女孩。我邀請兩人去瑞詩凱詩，在恆河邊為他們主持了結婚儀式。

　　帕帕吉回到了巴黎，在那個給了他房門鑰匙和信用卡的男子的公寓裡住了幾天。他開始考慮回印度，但是更多的邀請從歐洲各地紛至沓來。最緊迫的是安瑞克·諾瑞加的邀請，這個西班牙建築師想在西班牙為他建造一個永久性的中心。

> 1974年8月22日
> 巴黎 75015
>
> 我親愛的毗納亞克吉：
> 我剛讀完了你的信。我已經決定幾天後結束這趟旅程。我得去一下西班牙的馬德里，因為有些人想為我建造一個帶學校的道場，他們要在我回印度之前，讓我參加在學院舉辦的奠基典禮。我飛到孟買後會去見你。

　　帕帕吉為了此事短暫前往西班牙，但是當諸資助者開始明白他並沒有永久在那裡定居的意願後，計畫就泡湯了。他回到了法國，在那裡逗留了數周，見了一些想再次與他見面的弟子，最後在十月底回到了印度。

　　1969年帕帕吉住在瑞詩凱詩期間，遇見了一個叫做瑪露·朗萬（Malou Lanvin）的法國女子。瑪露發現帕帕吉正在造訪法國，就邀請他到里昂（Lyon）的聖熱尼（St Genis）附近的家中共住。帕帕吉接受了，並在那裡待了一段時間。瑪露在布列塔尼[a]的科瓦德維（Croix de Vie）還有另外一個住所，帕帕吉在

---

a　布列塔尼（Brittany）：位於法國西北部的布列塔尼半島、英吉利海峽和比斯開灣之間的地區。

這裡度過了法國之行的最後幾周。

在敘述布列塔尼的薩特桑之前，我必須要提到大概發生在帕帕吉住在聖熱尼瑪露家時的事件。帕帕吉是這樣回憶的：

我正沿著隆河[a]畔散步，突然有一種奇怪的感覺，好像我某個前世曾住在這附近。我停了下來，讓這些被掩埋已久的記憶一一浮現。在看著這些場景的時候，我想起數百年前自己曾是這個地區的一位基督教神父。我非常清晰地看到了這條河畔一個小教堂的樣子，於是我知道這曾是我長期居住過的地方。我攔下了一個附近的行人，向他描述了這個教堂，問他是否能給我指路。

他用奇怪的眼神看著我，最後才給了我答覆。

「這裡曾經有過這樣一座小教堂，但很久前就被毀壞了。我還是小孩的時候，它就在離我們現在說話的地方幾公尺外。當時的政府決定拓寬我們腳下的這條路，所以把這座教堂拆了。神父被轉到小鎮另一頭的教堂裡去了。」

我知道自己被埋葬在這個地方，但沒辦法得到更多的訊息了，因為無論是這個教堂，還是我所知道旁邊的墓地，都已經無跡可尋。

和蜜拉談到她與帕帕吉在法國和瑞士的旅行時，我試圖把這段故事發生的地點定位在聖熱尼，因為這是他們唯一待過的隆河附近的地方。帕帕吉不記得這事發生時他具體在哪裡了。

帕帕吉、瑪露·朗萬和蜜拉還有穆克蒂在十月初前往布列塔尼。我向蜜拉問及這段日子：

瑪露在印度各地都很出名，因為她似乎大部分時間都在印度

---

a　隆河（Rhone）：歐洲主要河流之一，法國五大河流之首。源出瑞士境內南阿爾卑斯山達馬施托克峰南側羅訥冰川，在法、瑞邊界通日內瓦湖流出後經法國東南部流入地中海。

各地會見聖人和師父。我們住在她位於聖熱尼的住所時，她把我們照顧得很周到。瑪露有很強的基督教背景，但對印度教傳統也很有共鳴。

有一次，瑪露在打坐，當時才三歲左右的穆克蒂走到她身旁，拍了拍她的胸部，說：「這可不在你的頭腦裡，別在那裡找，它在你的心裡。」

她說的話一針見血，因為瑪露一直拿各種各樣的智性問題來轟炸上師。在我們逗留期間，瑪露邀請了各種不同宗教背景的人來見帕帕吉，每個人都很享受這些會面。

後來我們去了她在布列塔尼科瓦德維的住所。她在面向人海的地方租了一間漂亮的公寓。我們在那裡舉行了很多場很棒的薩特桑，因為瑪露知道怎麼激發上師給出有趣的回答。

他們逗留在布列塔尼期間，蜜拉開始記錄在薩特桑上發生的一些對話。最早記錄的是她自己的親身經歷，其他可能是瑪露和帕帕吉之間的對話：

1974年10月12日

蜜拉：就在大海邊，上師跟瑪露談到距離和分離。他說：「上師去除了所有的距離。」在這電光火石的一瞬間，蜜拉知道她是自由的、準備好的、完全向他敞開了。

在那永恆的凝視中，兩顆心相會，覺悟湧現，實際上這兩顆心是一。我看著我，他看著他自己。他只是他自己，在我這裡也在他那裡。我微笑時，是他在微笑。這個凝視是毫不費力的，因為我正在看著我自己。他已經進入了我！一個徹底而完美的灌頂（transmission）。我對自己的體驗有信心。

帕帕吉：如果證得神是所有修行法門，比如撥念珠計數的成果，那麼他就會被限制於時間之中。如果修行只能在時間中進行的話，那當你不修行、不念誦神之名號的時候，**他**就如死了一般。並不是這一分鐘你念及神，**他**就出現了，下一分鐘你忘記念誦**他**的名號時，**他**就不在了。神不會來來去去。只有你關於**他**的念頭會來來去去。

上帝其實一直在不斷念誦你自己的名字，你自己真正的名字，但是你沒有聽。你沒聽到。

上帝不是靠任何修行來證得的，因為**他**在時間之外。

你是神性之子。父在時，子一直活在**他**之內。唯有上帝在（God is）。**他**是主體，是神性的主體，不是客體。你是那個神性的主體。

問：那您是誰？

帕帕吉：我所是的一切，都在你之內。

問：對您來說耶穌是什麼？

帕帕吉：我自己。

帕帕吉：對你來說，任何對境如果要存在，就必須在心上留下一個印象。這些印象形成了你的世界。從最小的到最大的對境，所有都只是心上的印象。這個廣大遼闊的世界只是一連串的思維印

象。但如果你放下所有的念頭，放下所有這些刻在心上的印象，剩下的是什麼？把它們全部放下。甚至把關於神的念頭也放下，告訴我剩下的是什麼。

問： 如何知道這種智慧？它這麼廣闊！

帕帕吉： 放下它！放掉這個念頭！

問： 我停在了一個地方，再也無法往前跳了。上師是否能在這個時候給予幫助呢？

帕帕吉： 你跑了這麼久只是為了停在這裡？我說：「放下一切。」放下時，你就找到了上師，但是上師不會替你放下。

問： 您看起來了無牽掛、孑然一身。是什麼讓您這樣孑然獨立的？

帕帕吉：「當下」就是孑然獨立的：只在「當下」。明白嗎？在「當下」，才會出現上師；靈性從「當下」開始；「當下」是能造成風吹、浪動的基底；在「當下」而且唯有在「當下」，你才能體驗到我是誰。在「當下」，某種力量會照顧你。它會把你拉進寂靜中，越來越深。

問： 就在剛才，您向我指明了。您的真實面目就是我的真實面目。真實，無偽。我現在才開始認識我是誰——也就是您是誰。

1974年10月19日

問： 那麼唯一的辦法就是向內在的本然臣服嗎？

帕帕吉：你這樣想的話，就是相信你在外部，有什麼內在的東西高於你。放掉這個想法吧。你不在內也不在外。

你不需要向任何東西或任何人祈求幫助。如果你開始求助，就已經在二元中了。祈禱就是恐懼。你認為有壞事正在發生，或將要發生在你身上，所以你祈求幫助。只有一，沒有二。當你知道這點的時候，所有的恐懼都消失了，因為沒有任何有別於你的東西令你恐懼。

問：那麼上師就沒法幫忙了？不應該請求他的幫助嗎？

帕帕吉：我的上師沒有給我任何新東西，我自己也沒有得到過什麼。如果他給了我本來沒有的東西，那麼某天我會失去它。如果某個時刻我得到了它，那麼就表示某個時刻我會失去它。

我的上師做了什麼呢？他向我指出了我自己的寶藏，我一剎那就認出了它。

問：要如何才能見到上帝呢？

帕帕吉：你沒法以任何有始終的造作或修行來見到上帝，因為上帝是超越時間的。你不能藉由任何發生在時間中的活動來見到他。如果你認為「我可以靠這個法門見到上帝」，那你的頭腦會帶給你一種體驗來呼應你對上帝的觀念。這不是體驗上帝，而是體驗你對上帝的觀念。

你想知道上帝是誰的話，那就放下你所有的體驗、所有的期待、所有的心理活動吧，保持安靜。

1974年10月20日

帕帕吉：修行可以是物質、精神或者智力上的。物質的修行，得到物質的結果；精神上的修行，得到精神的結果；智力的修行，得到智力的結果。上帝不是物質、精神或者智力的，所以不管你通過這些方式得到了什麼，都不可能是上帝。

覺悟真我，是截然不同的。有很多精微的頭腦狀態被人誤認為是覺悟。在這些狀態中，依然還有一個體驗者在體驗著這個精微的狀態。你用自己的雙眼看到日出。你，這個體驗者，體驗到了太陽這個被覺察的對象。這種覺察是具有二元性的，就像每種體驗中都有二元性一樣。但如果你是太陽本身，就不會把它當成對象來體驗。這是你的本性，你的存在。

看著，但沒有觀者在看，沒有對境被看，這就是覺悟的狀態。在這個狀態中，「看」和「在」是一樣的。這是事實，但又如何來解釋呢？

問：所以，任何關於所見事物的表達都是頭腦上的。甚至對「真正的看」的口頭表達也是思維、概念性的。為了描述，我不得不從過去的記憶中提取詞句。我從我過去的經歷中借用詞句和觀念。這就表示我把描述局限在我過去經歷過的某樣事物中。

帕帕吉：是的，但是不表達出來也是你的表達。對於這個狀態，不管怎麼表達，都是頭腦的描述，不符合本來的事實。

詞句並不是完全無用的。當上師，即覺性本身說話之時，他的話中有一種力量，能夠把對覺性的覺知傳達給其他人。

問：智力有助於領悟嗎？

帕帕吉：智力只針對過去你所知道的一切，以及未來你所能想到的一切。當你停下了頭腦運作，就把自己從過去和未來之念的負擔中解脫出來了，世界也停止了，因為你不再用你的念頭和想法

來創造世界了。

　　因為你心有所想，你就成為了所想的樣子。是頭腦創造了你的世界。如果你認為自己在束縛中，認為自己需要解脫，那麼束縛就成了你的狀態，你無休止地努力從中掙脫。你的束縛是由頭腦的運動來維持的。當你停止了你的頭腦，束縛就終止了。如果你做不到，那就保持對解脫的強烈渴望吧，那就足夠了。

問：我一直向上帝祈求恩典。

帕帕吉：如果你向上帝祈求，你就把上帝變成了一個客體。他不是客體。他是你，是主體。你祈禱，也把自己變成了一個客體。你認為自己是客體，而上帝將賜予你加持。那個想接受加持的客體必須消失，連同祈禱一起消失。這種消失，才是向上帝真正的祈禱。如果你把上帝變成了客體，想要向**他**祈求幫助，你就把**他**變得越來越強大。你給**他**的力量越多，你對**他**的恐懼也就越多。你讓**他**來控制你的人生，然後會生活在二元和恐懼中。

　　真正的開悟，是復活成為永生——從頭腦的死亡中重生。但如果你退回去思考它，試圖用語言表述它，就退回到了被釘在十字架上時的受苦狀態。你用念頭和概念把自己釘了起來。

問：請幫助我。

帕帕吉：產生「請求幫助」的地方，就是要尋求幫助的地方。你明白嗎？加持使你提問，加持也是答案。但是你和你想求助的那個之間，依然是二元的關係。放下問題，放下你需要外來幫助的這個想法，你就會發現你本身就是加持。

問：如果上帝是遍在的，為什麼還會存在痛苦呢？

帕帕吉：你的上帝是聖經中的上帝。你將他想像為善、愛。為了解釋惡，你發明了一個對立面並稱之為惡魔。只要你還把上帝看成善的，就不得不有一個和他對立的惡魔。

神性展現為萬物。你認為好的和你認為壞的東西，都是這個神性力量的展現。你受苦，為了善惡而擔心，只是因為你把自己的注意力轉移到了這個力量的結果上去，而沒有專注於它的源頭。

探尋、參問你究竟是誰。你一定要探究成功。你一定要領悟到你是誰，這就是探究的成果。但對於你在探尋的東西，或者當你找到答案時會是什麼樣的情況，不要有任何先入為主的想法，因為你如果是這樣的態度，那麼你最終體驗到的，將是順應你的先入之見的一個頭腦狀態。

1974年10月21日

帕帕吉：就像你區分自己和狗那樣，把你自己和你的身體區分開。你不是構成你身體的五大元素，為什麼還要堅持認為你就是身體呢？拋棄掉所有對你能看到、能感受到或能想到的東西的認同。當你拋棄了所有的念頭、所有的覺受，知道這些「不是我」，寂靜就在那裡。你是無法拋棄這個寂靜的，因為這個寂靜就是你的真面目。

問：在路上有很多障礙。

帕帕吉：這只是你的想法。人們說：「基督在被釘十字架的路上摔倒了很多次。同樣，在通往上帝的路上也有很多障礙、很多險坑。」

之所以有這一類比，是因為人們認為需要到達一個遙遠的目標，通往它的道路漫長而艱辛。並不存在什麼要達到的目標，不

存在什麼要走的路。不存在什麼被障礙絆倒，不存在摔倒和重新站起來。你所需要的，只是正確的理解。你必須知道：你從來沒摔倒過。一旦知道了這一點，你就同樣會明白：你並不需要站起來，也不需要前進，因為沒有可去的地方。

沒有任何目標或渴望的修行本身，就是證悟。保持安靜是悉地（即神通），也就是成就。

問：您要回印度嗎？

帕帕吉：不，我要去印度。「回」表示你之前就定下了自己在某處。這是執著。無論我在哪裡，那裡就是我的住處、我的家。你喜歡住哪就住哪，但不要對這裡或那裡的住處有所偏愛。

比較就是死亡，它把你放在過去、未來和時間中。你能將事物進行比較，所用的知識是從外界的各種影響中習得的。終結掉它吧。

問：有些地方是聖地，有些不是。住在聖地不是更好嗎？

帕帕吉：從本質上而言，沒有什麼地方是神聖、聖潔的。是在那裡的聖者將之變為了聖地。

幾百年前，印度有個皮匠聖者叫瑞達斯（Raidas）。他把皮革浸在一個防水的皮袋子裡。裡面的水很髒，雖然取自恆河，但已被皮革分泌物汙染了。有一天他把手伸進袋子裡，竟然從水裡撈出了一條鑽石項鍊，這是恆河女神給他的。從恆河之中還沒有別人取出過鑽石項鍊，哪怕恆河水質純淨，是條聖河。瑞達斯袋子裡的水是髒的，但因為瑞達斯是聖者，所以袋中的水變成了聖水。

有句印地語諺語就出自於這個奇蹟的典故：「若心清淨，浸了皮革的水就是恆河。」

連一塊泥土都不要執著。五大元素是我們的傭人，不要成為

它們的奴隸。頭腦喜歡被奴役。它說：「這個是我的神的形象。神生活在這個地方，所以這是聖地。」

如果你認為「比起其他地方，神更可能存在於這個濕婆林伽[a]中」，你就把自己困在差別和二元中了。只有一個真正的聖地，那就是不會產生差別、差異的地方。認同那個吧。

問：可以培養見地來到達那個地方嗎？「願你的旨意成就」[b]？

帕帕吉：我覺得這不行，因為是誰在說這句話？是你的意願在向上帝說：「願你的旨意成就」。你是在阻止上帝的旨意成就，你還在指使他做事，這並不是臣服。

保持安靜。不要想「這個應該發生」或「這個不該發生」。不要向上帝發號施令。不要指使他該怎麼對待你。

如果你想做些什麼的話，就去尋找一位真正的聖者，與他相伴。在他周圍，頭腦的奇思妙想會被摧毀。真正的上師是濕婆，那個摧毀了頭腦的宇宙後，在廢墟上妙樂起舞的神。

1974年10月22日

帕帕吉：在《薄伽梵歌》中，黑天對阿周那說了兩件事：戰鬥、不要鬆開抓緊**我**。

因此，將所有行為歸於我，你的心專注於我，一切的真我，擺脫希望和「我的」之感，治癒心靈的熱病，戰鬥吧。

---

a 濕婆林伽 (Siva Linga)：linga，梵文，標誌之義，特指象徵濕婆的一種圓柱形崇拜物。

b 出自聖經《馬太福音》：Thy kingdom come. Thy will be done in earth, as it is in heaven. 中文和合本譯文為：「願你的國降臨，願你的旨意行在地上，如同行在天上。」

〔3.30〕^a

心靈上託付於我，求助平等心的瑜伽，只虔愛著我，恆時
將你的心交予我。〔18.57〕^b

他說「戰鬥吧」的真正含義是什麼？他指的是和「我」念戰
鬥，與「我是身體」這個念頭戰鬥。如果你成功地戰勝了「我」念，
你會發現潛在的寂靜與醒、睡、夢三種狀態中的任何一種都沒有
關聯，也對它們毫不在意。你會發現超越這三位的第四位：超越
位（turiya）。

問：昨天我看著自己入睡。我試圖找出什麼是醒位，什麼是睡位。
我發現自己接受了醒位，也接受必須入睡。但我也意識到，如果我
想真正覺知，就必須放下所有關於醒位和睡位的概念。

帕帕吉：在醒位，你能看到對境。在夢位，你也能看到對境。兩
個狀態中的機制是一樣的。在睡位，你根本一無所見，因為那個
看的「我」不在了。在睡眠中，只有永恆的幸福感。沒有「我」
看著對境，就有了永恆的幸福感。這就是為什麼我說「與『我』
戰鬥」。在醒位摧毀「我」，開心幸福吧！如果你在醒位摧毀了它，
它就不會在其他狀態下出現了。

問：如何能判定一種靈性體驗是真實還是虛假的？

a 此詩句現有的中譯本為：「把一切願望獻給我，擯棄願望，擯棄自私，專注自我，排除煩惱，
   你就投入戰鬥吧！」（黃寶生譯本）
   「您將諸業獻給我，離卻欲望亦無我所，焦躁之情已經平息，戰鬥吧！心裡只念純自我。」（張
   保勝譯本）
b 此詩句現有的中譯本為：「全心全意崇拜我，把一切行動獻給我，努力修習瑜伽智慧，永遠
   思念我吧！」（黃寶生譯本）
   「心將諸業奉獻我，視我為最高終的，要憑藉智慧瑜伽，將我永銘於心底。」（張保勝譯本）

帕帕吉：真實的體驗中是沒有一個「誰」擁有這一體驗的。其他所有體驗都是智性上的，是頭腦的體驗。

問：如何區分呢？

帕帕吉：如果你需要抓住一個體驗以維持它，那這就是頭腦的體驗。但如果體驗抓住了你，無論你做什麼都不會讓你走，那就是一個真正的體驗。

問：所以在真正的體驗中，你會明白不可能失去它。如果我感到「我有了一個體驗」，這個體驗就不是真實的，因為它在時間中產生又消失了。是這樣嗎？

帕帕吉：在一個真正的體驗中，頭腦和理智離開了你。它們徹底消失了。甚至連目擊者都沒有，因為沒有要被目擊的東西。在那裡，你甚至不能稱它為體驗。只是一種覺知，在其中對主體和客體的認知都已經被摧毀了。這不是靠努力能達到的，只能靠加持而來。

1974年10月23日

帕帕吉：不要試圖靠追隨聖者的腳步來模仿聖者。不要追隨他的生活方式或事業。這麼做的話，你就建立起某個必須要達到的目標。這個目標將成為你心裡的一個念頭；即使你達到了，也只是體驗了一個已經存在於心裡的念頭而已。

　　如果你想追隨一個聖者，那就認同真正的他，認同他的解脫吧！這個解脫不是相對於束縛的那個而言的，而是一種超越了所有比較和對立的解脫。

問：我怎樣選擇對內在修行最有利的環境？

帕帕吉：不要選擇。對一個深深地沉入自己的人來說，是根本沒有環境的。如果你深深沉入，抵達了源頭，你的身體就不再是你的了，它將屬於命運。身體會應對它所處的任何環境，做它命定該做的各種事情。

你談到的環境只是你的幻夢。在夢中，你或者住山洞，或者住宮殿。你住在宮殿時，或許會幻想拋棄世俗，去住山洞。但當你住在山洞裡時，你又或許幻想要去住宮殿。然而醒來時，你會發覺這些夢中的宮殿和山洞從來沒有真正存在過。別操心你該住在夢境世界中的哪個地方了。深深沉入你自己，在真實中醒來吧。

穿越所有的遮蔽，覆蓋了真實的一層層遮蔽：膚淺的身識層；過去與未來同時可見的更深層；超越這些而到達沒有世界、沒有身體的地方，你甚至不再知道自己在哪裡。脫離你和膚淺層面上所有的虛假認同。

問：身體死亡之後，靈魂會去哪裡？

帕帕吉：你認為靈魂在身體內，因為這一預設，你才會問到身體死亡後，靈魂會怎麼樣。我要說：「身體在靈魂內。」如果你明白這點，就不會提這個問題了。黑天說：「所有眾生都在我之內，但我不在他們之內。」所有身體、一切眾生都在真我之內，但是你似乎認為真我躲藏在身體的某個角落裡，當身體死亡時，它又會去其他的地方。

問：那麼什麼是死亡呢？

帕帕吉：死亡是一個讓你恐懼的概念，正是因為你認同這副身體，而身體在某天會消失。提這個問題的人已經接受了自己曾經出生，

想當然地認為自己會死。你不認同身體，你就不會死。

1974年10月27日
與悉塔在帕萊索

帕帕吉：你所有的念頭都屬於過去，做的任何事情都是基於過去體驗的反應。甚至當你想著未來的時候，你規劃未來的種種念頭，都來自於過去的念頭、記憶、體驗。所有的心靈活動，都是靠攪動過去的念頭而來的。而當下是離於念頭的，一旦念頭生起，你就不在當下，而是在過去。當下無念的瞬間是寧靜。只有念及過去的種種念頭才會讓你痛苦。

你為未來選擇了 系列行為，先入為主地認為是你在做選擇。實際上，是無上之力給了你選擇的力量。不要愚蠢地認為是你在做選擇。那個力量一直都在，讓你做所有你能做的事情。與其設法安排你的未來，不如去看向那力量的源頭，去覺知它是怎麼完成所有事情的。它讓身體運動，讓心念開動。你想像的所有自己做的事情，都是由這個無上之力推動的。

你整個人生都在計畫未來。放下未來要成功的企圖，因為所有這樣的想法都會把你束縛在思維中。所有計畫未來的念頭，都源自於你過往思想的墓地。如果你想在未來有所變化，那就會執著於會變的事情，你尋找的東西就不是永恆的。去愛那個不變的吧！找到那個不動搖的地方，在那裡，你會知道是無上之力讓你能動。在那個地方，你就不會計畫，也不會在意自己行為的結果了。

不管你認為自己是什麼，就會和它成為一體。如果你自認為是身體和頭腦，就會感覺自己是身體和頭腦，會給予認同。而這個認同會帶給你無窮無盡的麻煩和苦惱。所以保持安靜吧，在寂靜之中，你會自然認同照顧著萬物的無上之力的寧靜、寂靜、自

由。當這一切發生時，你的工作就完成了，因為從那個時刻開始，無上之力將會替你運作你的人生。

帕帕吉一直堅稱自己從不做任何計畫。他說這個無上之力驅動著他，促使他去做所有的事。有一次他的孫女迦雅（Jaya）在他家，請他一起來完成她的作業，我也因此有了一些有趣的瞭解。

迦雅當時在勒克瑙攻讀學位，她選修的心理學有一項功課，就是有幾份問卷要分發給朋友和親戚完成。這是一份多選題問卷，意在探測答卷人對生活、世界和人際關係的態度。帕帕吉也拿到了一份，很盡責地做完了。很多問題，對他來說是沒有合適選項的，但是迦雅堅持要他至少選一個打勾。當他看到一道關於他朋友的問題時，他斷然拒絕作答。

「我沒有什麼朋友，」他說：「我也不想要。友情只會帶來麻煩。最好獨自一人，完全一個人。我一輩子都是徹底一個人的。這是能真正快樂的唯一辦法。友情和人際關係只會帶來麻煩。」

對於其餘的問答，帕帕吉好像沒有認真對待。他拿這些問題和答案選項開玩笑，似乎有意選了最不恰當的回答。有道題他選的是：「如果我不得不再活一遍，會有不一樣地安排。」我後來就這一答案向他詢問，他的回答證明他並沒怎麼認真作答：

那些問題大多沒有合適的答案，哪怕我覺得沒有什麼合適的答案，但迦雅還是要我至少要選一個。

至於那個關於計畫的問題，我從來就沒有計畫過我的人生。從童年開始，我就沒做過任何計畫。你計畫的時候，就為自己造了業；你造了業，就不得不再次出生來享受它或者承受它。我從來不做任何計畫。我沒有造新的業，所以就不用在這一時或者下

一時 ^a回來。計畫就是欲望，欲望導致了人的再生。最好就是根本就不去計畫。

a　原文是 this age or the next，指的可能是印度傳統的宇宙觀中所指的四個時代 (yuga)。

印度薩特桑

　　1974年10月底，帕帕吉回到了印度。許多人都想和他同程返回或日後來訪，但他都謝絕了，說之後會寫信通知何時何地能來見他。他在歐洲遇到的卡爾洛斯・希爾瓦和讓・米歇爾・拉波德二人倒是隨後就到了印度。帕帕吉在德里非常熱情地接待了他們，安排他們住在德里他妹妹家。之後不久，帕帕吉又帶他們去了哈德瓦，可是沒過了幾天，他就消失得無影無蹤。這是當時眾多想要在印度跟隨帕帕吉的弟子們常有的經歷。他頻繁動身前往新的地方，到底去何處，卻對身邊大部分人都緘口不言，好讓自己得以擺脫眾人的圍繞。這一次，他是去了勒克瑙，探望那裡的家人和弟子。蜜拉和穆克蒂有時會在十一月過來見他。

　　在整個1950年代到1960年代，帕帕吉在自己的住處或是他母親家來會見勒克瑙的弟子。不過這段時期，他沒有在這兩個住處舉行薩特桑，而是在一個弟子提供給他的地方見訪客。

　　以下是帕帕吉所講述的使用這間屋子的緣由：

　　讓我使用這幢房子的是個律師，他在悉塔普爾（Sitapur）附近的卡羅納（Karona）有一大片土地。我們最初見面時，他還是

奈米沙瀾亞（Nemisharanya）的納蘭達南達·薩拉斯瓦提·斯瓦米（Swami Naradananda Saraswati）的弟子。這位師父有一間大道場和一所男校。

律師名叫西瓦·商喀爾·特利維迪（Shiv Shankar Trivedi）。之前他每週來勒克瑙一次，在米斯拉醫生（Dr S. N. Misra）的診所看病。特利維迪患有胃潰瘍，情況很糟，他只能喝牛奶、葡萄糖水、米粥，醫生禁止他吃任何固態食物。他一般在預約日的前一天傍晚到達勒克瑙，住一晚後次日看醫生。某天傍晚他在街上散步，被我的一張照片吸引了，照片掛在阿米那巴德[a]市場一間店鋪的牆上，店鋪老闆是我的弟子丹東（A. N. Tandon）。

特利維迪發現自己的視線無法離開照片，就問店主：「請問照片上的人是誰？他住在哪裡？我必須要見他。」

丹東先生把我的地址告訴了他：「納希街522號，靠近哈茲拉特·甘吉（Hazrat Ganj）。但是去那裡的話，不要用你的世俗問題來打攪他。要麼靜靜地坐著，要麼問些修行的問題。」

第二天一早，他在赴醫生之約前來見我。他來得太早了，我還沒有吃早飯。我太太讓他進來後，他只是靜靜地坐在房間裡。我之前從沒見過他，所以有些驚訝他一點都沒有想要介紹自己的意思，只是靜靜地坐著，看著我。

我心想：「如果這人不想告訴我為什麼來，我就得自己弄清楚。」

我問他是什麼原因來拜訪我家，他回答：「我想見祜主羅摩。您能讓我見到他嗎？」

我沒有回答，只是靜靜坐著，看了他一會。幾分鐘後，他的身體開始無法控制地顫抖。他努力試了幾次，想要停止這種抽搐，但還是控制不住。我沒有插手，只是靜靜地看著。他還處於這種狀態中時，我太太進來和我說早餐準備好了。我當時不了解他的

---

a 阿米那巴德（Aminabad）：勒克瑙市中心的大市集。

身體狀況，就邀請他一起吃飯。我帶他下了樓，我太太給他盛了一大份油炸餅（parothas，類似印度薄餅），裡面塞滿了用芥末油炸過的蘿蔔絲餡。他沒有拒絕，儘管他的醫生說他不可以食用任何難消化的油膩食物。我後來才發現，他之所以吃下這些是因為覺得這是加持品，他不能拒絕。

他當時沒告訴我自己有嚴重的胃病，也沒說自己在我面前劇烈地顫抖時都發生了什麼。早餐後，他向我鞠了個躬，沒說一個字就離開了。

他一走上街，就直接衝到醫生那裡告訴他自己都吃了什麼。他開始覺得，把那些難以消化的食物都吃了下去並不妙。醫生檢查了他的胃，卻沒有發現上次檢查時的潰瘍痕跡。可能是他在我房裡的經歷，亦或是油膩的油炸餅早餐，徹底治癒了他的潰瘍。

第二天，他和丹東一起又來了。即便如此，特利維迪還是沒有跟我說起之前在我房間裡的經歷，也沒有提到自己的胃潰瘍奇蹟般地消失了。直到後來，丹東先生才跟我說了整個事情的來龍去脈。

特利維迪決定搬來勒克瑙，這樣就能有更多時間和我在一起。當時他在鎮上沒有自己的住處，需要找一個安身之處。

「我想要一所大房子，」他說：「這樣我可以住，並且您也能在那裡舉行薩特桑。如果我找到合適的地方，您會來嗎？」

我同意了，條件是他只能一個人住那裡。我不希望他把全家人都搬過來。

「沒有問題，」他說：「我可以一個人生活。我知道怎麼做飯，怎麼照顧自己。」

我們找到了一幢房子，業主名叫查圖維迪醫生（Dr Chaturvedi），是當時北方邦的醫療健康主席。特利維迪從他手上買下了房子，這是三層的房子，他住進了一樓，樓上空出很大的地方，我就在那裡舉行薩特桑。當時有許多政府官員會定期前來：有喬治國王醫學院（King George Medical College）的整形外科系

主任戈爾先生（Dr M. K. Goel）、醫療健康副主席古普塔醫生（Dr B. C. Gupta）、北方邦電力局（U. P. Electricity Board）一名退休的總工程師沙瑪（S. R. Sharma）、橋梁公司的總工程師舒克拉（S. S. Shukla）、北方邦農業部長舍瓦尼先生（Sherwani），以及幾個北方邦議會的立法會成員。

1960年代帕帕吉在納希住宅帶薩特桑時，還有位常客，帕帕吉沒有列出來：

我當時在納希老宅舉行薩特桑，那裡能容納三十五到四十人。有條狗每天都過來，坐在第一排，牠就在所有人前面坐著，閉著眼睛，好像處於深度禪定中。我太太不喜歡狗進屋，因為她在屋裡做飯，想要保持整潔。她抱怨這條狗每天都來，所以我覺得應該問問狗是誰的，請狗主人不要再牠帶過來了，或至少在他進來時，把狗拴在外面。

我有個朋友定期來薩特桑，他是教育部長。我問他狗是誰的。讓我驚訝的是，他說狗不屬於屋裡任何人的。

「牠就在郵局前面等著，」他說：「見到一群人走進你家參加薩特桑時，牠就會加入隊伍，尾隨進屋。牠認識常來這裡的人，每天都會和不同的人或不同團體一起進來。」

帕帕吉繼續講述別人在勒克瑙為他買下的那幢房子的事：

很快那所房子成了我在勒克瑙的主要落腳點。來城裡參加我薩特桑的訪客會被安排在一樓住宿。許多外國人會在那裡住上很長一段時間。在貝納瑞斯印度教大學授課的貝蒂娜・鮑默常來，還有另一個叫安娜庫提（Anakutty）的女孩也常來。她是法語老師，來自喀拉拉邦。

特利維迪每週會回以前居住的城鎮卡羅納一次。他用極低的

價格買了一些豆子、馬鈴薯和洋蔥，因為這些都是附近田裡出產的農作物，然後他會帶回勒克瑙，作為訪客的伙食供給。

剛開始的時候，特利維迪展示了對我極大的虔愛。他拜我為上師，甚至在禮足儀式上清洗我的腳。但過了一段時間，他的自我出來了，他開始對我獲得的關注耿耿於懷。他的拜讚歌唱得很好，還能自己彈印度手風琴伴奏。他覺得既然這是他的房子，那麼訪客就應該來拜訪他，聽他表演拜讚歌，聽他朗誦蟻垤的《羅摩衍那》。但沒有人為此而來。每個人都是進了他的房子就直接上樓來見我。即使他就站在樓梯口，攔住每個人進來的人，也沒有人聽他的。

這種忽視讓他非常生氣，最初的虔愛轉為了憤恨。他開始給我在印度和海外的所有弟子寫信，批評我的人品太過低劣，尤其強烈詆毀我和蜜拉的關係。有些收到信的弟子把信轉發給我，我才發現他的所作所為。於是我就不再去他那裡了，改為在我母親家，也就是布特勒路的屋子裡繼續舉行薩特桑。

我離開後，他終於如願以償，有觀眾來看他表演了。一些人開始去聽他唱誦。我曾規定他如果想要我在那裡舉行薩特桑的話，他就必須一個人住。我離開後，這個禁令就無效了。他把全家人都接了過去。

之後這個人在很長的時間裡一直公開批評我。我告訴他，如果他想忘掉過去，回到我身邊，我很歡迎他，但我從沒收到過回覆。

西瓦‧商喀爾‧特利維迪和帕帕吉最初相逢在1960年代末期。他住的那幢屋子，也就是帕帕吉曾舉行薩特桑的地方名叫「沃林達文」。直到1970年代中期，那裡都是帕帕吉勒克瑙弟子們的聚會點。

唵‧普拉喀什說了幾則這段時間來見帕帕吉的弟子的故事：

我剛認識他的頭幾年（指1960年代末到1970年代初），帕帕吉在勒克瑙幾乎是沒沒無聞，現在圍繞在他身邊的人當時都還不在，也許會有七到十個人定期去看他，也就這些了。

那些人大部分是當地的商人、工程師或醫生。其中有一位特別依戀他，他叫米尼‧戈爾醫生（Dr Minni Goel），是位全球知名的整形外科醫生。他每天結束工作後，大約晚上十點過來，整晚都在帕帕吉屋裡打坐；早晨五點起身，刷牙，喝杯茶後動身去醫學院開始工作。

那時候的薩特桑相當隨意，因為帕帕吉一直堅持人們在他身邊應該正常地行動，他特別不喜歡見到有人在他面前閉眼坐著，他希望大家在各自平時的日常生活中就能吸取他的加持。

當時如果有人在薩特桑中擺出閉眼禪坐的姿勢，帕帕吉就會搖晃著他的肩膀，嚴厲地指責道：

「你閉著眼睛做什麼？出去！現在就從這裡出去！如果你只是想閉著眼睛坐在這裡，就別來見我。正常點！自然點！」

在1970年代早期，醫療衛生局長古普塔（B. M. Gupta）會定期來訪。他幾乎每天都來和帕帕吉一起打坐。有一次，他朗讀了拉瑪那尊者的小冊子〈我是誰？〉裡的一些問答，剛讀了兩則問答就斷電了，屋裡一片漆黑。我們沉默地坐了一會。

忽然，帕帕吉喊古普塔：「你為什麼停下來了？」

我們都笑了，覺得他在開玩笑。

帕帕吉說：「不，不，我是認真的。你為什麼停下來了？為什麼不念了？」

這位公務員答：「我要怎麼繼續？這裡全黑了。我看不見書還能怎麼念呢？」

「哦，」帕帕吉說：「這就解釋得通了。如果你用你的內在之光來讀，就不會在乎燈是開著還是關著了。」

我們依然認為他在和我們開玩笑。

古普塔說：「這只有您才能做得到，我們這些凡夫必須要借

助燈光。」

帕帕吉問：「你怎麼知道？你試過嗎？現在就試試，看看會發生什麼，也許你一樣能做到。如果你試都不試，那怎麼知道能不能做到呢？」

於是，我們就坐在一片漆黑中，而古普塔朗誦了整篇〈我是誰？〉。我知道他對文本並不熟悉，所以不可能是靠記憶背誦的。

那次薩特桑結束時，我過去找他，問他是怎麼做到的。

他回答：「當帕帕吉說：『你試試，看看會發生什麼。』那句話時，我腦海中閃過一道光，然後就見到整篇文章都在我之內熠熠生輝，就像我從頭腦中一塊發亮的螢幕上閱讀那樣。」

這人還和帕帕吉另一樁奇事有關。他們兩人都是大個子，每人體重都約有八十五公斤。一天，他們一起坐一輛人力車，加起來的體重讓人力車的後車軸斷裂了。車軸一斷，兩人都摔倒在地。巧的是兩人都摔碎了膝蓋骨。我知道這是真的，因為後來他們在當地一家診所拍了X光片。儘管兩人受了一樣的傷，帕帕吉卻似乎完全不受影響。他從斷裂的人力車旁走開，看不出疼痛的跡象。而公務員先生卻休養了好幾周，他的腿被固定住了不能動，等著膝蓋骨復原。儘管帕帕吉的傷勢並不嚴重，這件事卻開始讓他對人力車非常謹慎。之後的幾年裡，他都會先檢查人力車的後車軸再乘車，如果檢查結果不滿意，他就另找一輛。

我已經說過，自己會去找帕帕吉，並沒有特別的理由。我沉迷於留在他身邊，但沒法說清楚去找他是為了從他那裡得到什麼。我去的時候沒有任何期盼，不需要他幫我實現任何願望。我甚至並不是為了修行上的進步而去用功，我心裡從沒有出現過這類念頭。我頻繁地去見他是因為有種內在的力量推著我這麼做，但這個行為並沒有任何動機，我去是因為我不得不去。

大概在這一時期（1970年），我有時會見到羅摩・摩漢・沙瑪先生（Ram Mohan Sharma），他是一位在政府工作的電子工程師。他認識帕帕吉很久了，有段時間幾乎天天來見帕帕吉。我覺

得他從1954年開始就定期來了。他的父親也是電子工程師，也是帕帕吉的弟子。

在敘述羅摩‧摩漢‧沙瑪的故事之前，我必須先說我很少遇見像他這樣真誠的弟子，但他對結果充滿了熱情。他心中有非常清晰的修行目標，為了達到目標而努力修行。我完全不是這種人。

我遇見帕帕吉一年後，這個人問我：「唵‧普拉喀什，你每天都來見帕帕吉。我已經觀察你一段時間了。你從這些參訪中獲得了什麼？你從他那裡得到了什麼？」

「什麼都沒有。」我回答。我不認為因為自己來見他，就達成了什麼目標。

「那你過來是為了什麼呢？」他問。

「我不知道。」我回答。

我並不是在回避問題。我真的不知道自己為什麼每天都要來見帕帕吉。

「那你就是在浪費時間啊！」羅摩‧摩漢‧沙瑪大喊。

「我不知道自己是不是在浪費時間。」我回答。

我沒法有條理地回答他，這讓他開始生氣。

「每次我問你問題，你的回答都是『我不知道』。如果你對所有問題都不知道答案，那麼你到底知道些什麼？」

「這個我也不知道。」

對話就這麼結束了。我不能合理地解釋自己的行為，這令他反感，於是他就起身離開了。

儘管我誠實地回答了他，他的問題卻讓我心裡第一次出現了一些疑問：「我為什麼要去見帕帕吉？我從這些見面中得到了什麼嗎？每天去見他，讓我達到了什麼目標嗎？」我決定向帕帕吉傾訴所有的疑惑。

第二天在他家，我對他說：「帕帕吉，我能問一個問題嗎？有些事讓我煩惱。」

「當然可以。是什麼？」

「帕帕吉，」我開始說：「我必須要問您一個問題，這個問題從昨天就開始困擾我。我來見您已經超過了一年。回顧這段時期，我看不出從您這裡得到了任何東西。我不知道自己從您這裡到底收穫了什麼，您能告訴我嗎？」

帕帕吉看著我，說：「我們第一次見面時，是否達成過某種約定？是否有過任何承諾？我是否答應過給你提供任何東西？」

「沒有。」我回答。

「是我請你過來見我的嗎？」

「不是。」

「我有沒有強迫你過來？」

「沒有。」

「那你為什麼要在口袋裡裝著這些垃圾？你帶著的這些垃圾不是你自己的疾病，而是從別人那裡染上的。如果你想聽我的建議，那就把這些都扔了，完全不要管這些。」

我聽從了他的建議，不再擔心結果。去見他，就只是為了滿足我那股貪得無厭想要見他的渴望。

我顯然對於從他那裡獲得點什麼東西沒有興趣，以至於多年以來我都沒有視他為上師。一旦你認某人為上師，這種師徒關係就不可避免地會給弟子帶來某種期盼。

這事發生時，羅摩・摩漢・沙瑪認識帕帕吉已近二十年了。他剛來時滿腹狐疑，但很快就成了一名熱忱的弟子。下面是帕帕吉的敘述：

在1950年代，我常在納希的房子樓上舉行薩特桑。有天來了一群求道者，大約有二十五人。他們自我介紹說是瑜伽達薩特桑協會[a]的成員，這是尤迦南達・斯瓦米建立的組織。他們的領隊是

a 瑜伽達薩特桑協會（Yogada Satsang Society of India, YSS）：尤迦南達・斯瓦米在1917年成立

這個組織的分部主席，在電力部門任督察長。

作完介紹後，主席開始解釋來此行的目的。

「根據尤迦南達・斯瓦米的說法，證悟真我的人有能力隨時隨意停止心跳。我們聽說彭嘉尊者您是位證悟者，所以就想來測試一下。我們想見見您是否能停止心跳。我們帶著聽診器來記錄。」

我對他們說：「我從沒說過自己是證悟的人。」

這是真的，當時如此，現在也如此，我從未這麼自我宣稱過。證悟也許是存在的，但就算存在，也不存在有這麼一個人去宣稱「我已經證悟了」。

儘管我告訴他們自己從沒這麼宣稱過，也告訴他們我對這個測試毫無興趣，他們依然堅持要執行這項計畫。他們帶了一名醫生來做所有需要的檢查。

醫生試著用聽診器和脈搏測試來找到我的心跳，卻發現沒有任何跳動的跡象。他大為吃驚，因為他的本意是想揭發我是個冒牌貨。他們都想讓我沒能力通過測試的事曝光，以此彰顯他們老師和教法的殊勝。

我得承認自己並沒有為了通過測試而設法停止心跳。只能說，因為他們堅信那就是證悟的標誌，於是他們心裡形成的某種心理狀態，讓他們無法聽到任何心跳。而在那些只想確定我健康狀況的醫生那裡，我曾做過無數次血壓和心跳測試，沒有任何一個人發現過我心臟不跳動。

這讓那位羅摩・摩漢・沙瑪主席印象深刻。

「您能讓心臟不跳多長時間？」他問道：「您能在這個狀態中保持多久？」

「我不知道我的心在跳還是不跳，」我回答：「但我知道現在必須出門寄信了。現在是我下午的散步時間，我要寄一些信，要

的非盈利組織，在印度以外地區稱作悟真會（Self-Realization Fellowship）。協會目的在於傳播其創始者的克利亞瑜伽教法和世間善業。

去趟郵政總局。」

　　他提出要開車送我，但我拒絕了，說自己喜歡下午做些運動。實際上，我是希望離開這群人和他們愚蠢的測試，但他們不放我獨自上路。

　　「您的心已經停跳了，還能走路嗎？」他問道：「我們可以在您背後放上聽診器，跟著您走，看看您是否能在不使用心臟的情況下走動？」

　　我拒絕了，隨即告辭離開了。

　　我本來以為這應該是最後一次見沙瑪先生了，但第二天他又出現在了我家，說已經決定向瑜伽達薩特桑協會遞交辭呈。

　　他召集了分部的所有成員，公開宣佈他不再有興趣做協會一份子了。

　　「我已經找到了真正的上師，」他說：「從現在開始我會跟隨室利・彭嘉吉，他的展示讓我完全信服他已經達到了瑜伽的究竟高度。」

　　幾年來他都和太太一起定期來見我。他早上外出時，經常把太太帶到我家，讓她留下來。這樣在他工作時，太太可以一直參加我的薩特桑。

　　過了幾年之後，他不再相信我和我的教法了，開始追隨其他上師。他讀了一本名叫《以性禪修》（*Meditation Through Sex*）的印地語書籍，作者是羅傑尼希[a]，他決定去浦那做羅傑尼希的門徒。他熱情洋溢地擁抱自己的新信仰，一如之前熱情洋溢地擁抱所有其他的信仰。他從浦那回來的時候，對新的觀念和修法充滿了激情，還試圖把羅傑尼希的教法傳授給家人和朋友。

　　我有些朋友和他很熟，他們告訴我，他會和父母、妻子、兄

---

a　羅傑尼希（Rajneesh, 1931-1990）：原名 Chandra Mohan Jain，自1960年代起被稱為薄伽梵・室利・羅傑尼希，1989年以奧修（Osho）為名。著名印度靈修導師，在全球廣具影響。其在印度的主要道場在浦那（Pune），他的信眾身穿深紅色袍子，自稱為 sannyasin，通行的中譯為「桑雅士」或奧修門徒，但這和印度傳統意義上的 sannyasin（雲遊僧）的概念完全不同。

弟們一起坐在家裡，上下跳躍，盡力大喊「吽！吽！」(Hoo！Hoo!)很顯然，這是浦那的禪修法之一。他是專注的求道人，真誠的實修者，至少在一年時間內是一位熱忱的羅傑尼希教法傳道士。許多曾參加過我薩特桑的人都去了他那裡。可是過了一年，他意識到這個新的體系沒帶給他任何好處，就離開了羅傑尼希，成了穆克塔南達（Muktananda）的弟子。

沙瑪先生去了迦尼薩普利，也就是穆克塔南達．斯瓦米主要道場的所在地，在那裡唱誦了兩年咒文。這也沒能讓他滿意，之後他就轉而跟隨阿南達．瑪依．嬤，並搬到康喀爾住在她那裡。他努力做一名好弟子，可是他從沒能真正地與傳統的敬拜儀式相應，而這些儀式卻是阿南達．瑪依．嬤教法的主要內容。他的下一站是普塔帕蒂[b]，塞．巴巴的道場。他愛上了賽西亞．塞．巴巴，最後回到勒克瑙後，他把自己家變成了塞．巴巴的道場。他家牆上有張賽西亞．塞．巴巴的大相片，這張相片後來變得很有名，因為相片表面會浮出聖灰並掉到地上，最後他的屋子和那張照片就成了朝聖地。這些奇蹟顯現的消息傳播開來後，成百上千人都來造訪他的房子。

唵．普拉喀什繼續回憶沙瑪先生：

羅摩．摩漢．沙瑪熱衷於和帕帕吉辯論各種哲學問題，但他無法理解帕帕吉虔愛的那個層面。當時帕帕吉經常談起自己對黑天的愛，或泛泛地聊起虔愛的話題，可是沙瑪先生完全不在乎這些關於印度教神祇的開示，認為這些都是原始的迷信。結果有一天，沙瑪先生來納希見帕帕吉時，黑天和阿周那駕著戰車出現在了他面前，他不得不相信自己親眼所見的證據，後來就不再嘲笑印度教眾神了。帕帕吉聽到這個故事時只是哈哈大笑。

---

b　普塔帕蒂（Puttaparthi）：印度安得拉邦城市，賽西亞．塞．巴巴的道場所在地。

儘管帕帕吉一生都是熱忱的黑天虔愛者，他卻很少談起。這會讓他流淚，而我覺得他並不喜歡被人看見自己在公眾場合哭泣。如今這些情況出現時，他就會轉換話題，或者看向別處來隱藏眼淚，但我剛認識他時，對於公開展現自己的情緒，他遠不像現在這樣有所保留。我曾有幸在兩三個月中每天都聽他唱誦《薄伽梵往世書》。有幾次他才念了半行，就因虔愛之淚而哽咽了。

　　沙瑪先生的太太英迪拉（Indira）在很多年中也是虔誠的帕帕吉弟子。她在家沒別的事時，就會來帕帕吉這裡做些家務，打掃房間，清洗廚房器皿，甚至為他準備飯菜。過了一段時間，她開始忽略自家的家務，好騰出更多時間和帕帕吉相處。一開始她先生並不介意，因為他覺得太太能從中受益，但當她開始忽略他和家務時，他就對太太的造訪越來越冷淡了。他是我的朋友，和我說了幾次他太太為了見帕帕吉而不管自家的家務。

　　「唵‧普拉喀什，」他說：「她總是急著趕去那房子。我一離開家去上班，她就拋開家裡所有的事，趕去見帕帕吉。我和她說過要留在家裡，多做些事情，但她再也不聽我的了。」

　　幾天後真的出了問題，她一如平常那樣在早上衝出了家門，忘了關掉家裡的煤氣罐。她心心念念想著帕帕吉，而不是家中的世俗家務事。

　　幾個小時後，她的公公來捶帕帕吉的家門。這人曾是電力部門的總工程師。那天他顯然非常生氣，手裡拿著拐杖，在帕帕吉鼻子前揮舞。

　　他在眾人面前責罵英迪拉。「這娘們是個廢物！」他大聲嚷嚷：「她今天離開家時甚至不知道關掉煤氣！現在屋子裡全是煤氣味！她這麼粗心、愚蠢，我們整棟房子都可能被炸掉、被燒光！雖然沒發生什麼嚴重的事，但我還得再花錢買罐煤氣，因為這個女人把原來那罐全浪費掉了！」

　　英迪拉坐在帕帕吉一旁，害怕得直發抖，她公公一邊喊一邊揮舞著拐杖，她覺得自己之後可能會挨揍。

帕帕吉聽完了所有的抱怨，很溫和地對英迪拉說：

「你不應該這麼不小心，你應該在離開之前檢查一下才對。和你公公回家吧，確認一下房子沒有任何危險。」

他倆坐著載她公公來的那輛人力車走了。一回到家，公公就搶進了門，他要讓英迪拉看看煤氣閥門大開著，不希望她先進門篡改結果。讓他極度震驚的是，他進入廚房時卻發現煤氣是關著的，房裡一點煤氣味都沒有。

英迪拉恢復了些勇氣，對他說：「您為什麼要指責我？您覺得可以隨意對我大喊大叫，就是因為我出身貧窮，而你們這些人都很富裕嗎？您自己就能看到開關是關著的，也完全沒有煤氣味。要是煤氣洩漏的話，整個屋子裡都會有難聞的味道。」

她公公不接受眼前的事實，反而更激烈地責罵她，說就是因為她不當心，整罐煤氣都被浪費掉了，害他不得不把罐子重新充氣。他提起煤氣罐要出門的時候，卻震驚地發現罐子是全滿的。這實在讓他不解。那天早些時候，發現煤氣洩漏後，他也提起過罐子，想看看還剩下多少煤氣，當時他發現罐子已經全空了。對於開關是關上的、屋子裡沒有煤氣味這兩點，他還能找到合理的解釋，但他無論如何也想不通，就走開了這麼一下子，罐子怎麼就自動充滿了。

很多年來羅摩·摩漢·沙瑪都在修行瑜伽。帕帕吉試著要他放棄，但沙瑪先生卻非常著迷。帕帕吉認為，沒有任何傳統的修法能確實有效地帶來證悟，他總是說沒有任何方法，沒有任何道路通往證悟。沙瑪先生從沒真正接受過帕帕吉的教法，儘管在剛開始時他對帕帕吉深為敬重，過了一段時間後，他就不再來見帕帕吉了，但我們仍然時不時聽到關於他的消息。幾個共同的熟人告訴我們說他在公開批評帕帕吉，說他的教法不是真實的。

幾年後，我聽說他在勒克瑙，患了心臟病，住了院，病得很嚴重。我打算過去看看他的病情。得知他病情的那天晚上十點，我設法見到了他幾分鐘。

他見我進門，做了個歡迎的手勢，含著眼淚對我說：

「唵·普拉喀什，我覺得自己沒幾天可活了。我知道你和帕帕吉很親近，我不覺得自己還能再見到他了。我有個最後的請求，如果我死在這裡，請你去見他，代我給他磕頭。告訴他沙瑪向他低頭，請他原諒所有沙瑪對他做過的事和說過的話。請給他帶句話，告訴他我已經浪費了一輩子的時間在全印度各種道場遊走，想要發現真理。而彭嘉吉曾教我的，以及他現在依然在教的，是只有當一個人把自己徹底拋在他的足下，徹底向他臣服後才能體會到的。我從來沒法做到，所以也從沒能體會到他教法的成果。我太熱衷和他討論教理了，想說服他我的信仰、我的方法要比他的好。但彭嘉吉拒絕妥協。他對我說的是他見到、體悟到的真理，並且拒絕承認我試圖灌輸他的東西裡有一絲真實。我覺得他是對的，我錯了。請把這些轉告他，帶給他我遲來的道歉。」

沙瑪先生對醫療結果的預期和他的修行觀點一樣不準確。心臟病沒有帶走他的命，他又多活了幾個月。沙瑪先生心臟病發時，帕帕吉並不在勒克瑙，幾個月後他回來了。當時沙瑪先生已經由於別的一些疾病奄奄一息了，肝、腎都衰竭了，醫生預期他最多只能再活幾天了。我請帕帕吉探望沙瑪先生，並答應了要代他向帕帕吉磕頭的事。

帕帕吉立刻決定去他家探視。我們到了那裡，帕帕吉送給他四千盧比，讓他支付醫藥費。當時這算是一大筆錢了。帕帕吉對他絲毫沒有惡意，儘管他清楚沙瑪先生在全印度的許多道場裡都公開批評過他。由於這次到訪，沙瑪先生才能夠當面請求帕帕吉的原諒。

「我一直都是個傻瓜。」他說：「您要給我的是究竟的智慧，而我卻拋棄了。我沒有接受或珍惜您的教導，卻去找別的老師尋找真理。是我的惡業讓我不能接受，不能體會您想要教我的。請接受我的懺悔，我對於自己做過的、說過的一切反對您的事都非常後悔。」

帕帕吉禮貌地接受了他的道歉。

帕帕吉描述了這次最後的會面：

唵·普拉喀什先進去見他，我聽到他說：「彭嘉吉過來看你了，你想見他嗎？」

羅摩·沙瑪請我進了房間。他沒法下床，也幾乎說不出話來，但他盡其所能地歡迎了我。我問他為什麼看起來這麼蒼白，才得知實際上他的肝和腎已停止運作了，醫生對他太太說他最多只能再活七天。

他示意我靠近，好在我耳邊輕聲說話：「彭嘉吉，我懺悔。我浪費了一輩子跟隨一個又一個老師，但我從沒找到過心靈的平靜。現在已經太遲了。請祝福我，因為世界上我再沒找到任何一位像您這樣的老師。」

他雙手放在胸前，表示出崇敬和尊重。

我在一個信封裡放了四千盧比，給了他太太。我知道這看起來毫無希望，但我還是請她儘量用這筆錢給他最好的醫療。

也沒有別的能為他做的事了。兩天後他離世了。

在本章開頭，我先簡短敘述了帕帕吉第二次國外旅行後回印度的情況。之後幾周裡，他給勒克瑙的眾弟子定期舉行薩特桑，大部分都在「沃林達文」，也就是在特利維迪為他買的房子中進行。蜜拉在筆記本裡記錄了許多對話和開示。

大部分對話反映出帕帕吉印度弟子的傳統印度教背景。帕帕吉在歐洲談論解脫時，會引用基督教的內容作為佐味，因為這是大部分聽眾所熟悉的傳統。而在印度，他則傾向使用《羅摩衍那》的傳說故事，以及黑天的生平和教法。他會非常動情地談起對神的虔愛之道。只要有外國人在場，他就很少提及這個話題。

他的很多印度弟子都在持誦名號，也就是重複神的名字。帕帕吉自己曾修持這個法門二十五年，所以他很有資格給出專業的、第一手的建議。帕帕吉談到這個話題時，通常會採用印度教眾最為推崇的聖人們曾使用的方法。他重複解釋以下三點：

一、神的真實之名與神本身無別。

二、在心中找到神，就找到了神之名，即修行人自己的真名。這名號在心中重複，卻並非感官能覺知到。

三、神的本初離言之名是一切展現的根源。

這是個複雜的話題，可追溯到卡比爾、圖卡拉姆、南提婆等印度教聖人的密契作品，帕帕吉對這些聖者推崇備至。我希望在下述對話中，經帕帕吉的解釋而清晰展現有關這一主題的各種細微差別。所有對話都發生在帕帕吉1974年回印度的最初幾周中。

下面記錄的對話中，「真名」（Name）表示本源，即神本身，甚至是展現神的本源。而「名」（name）則是口誦或默念重複的名號。

1974年11月15日

帕帕吉：為了搭建通往蘭卡（即斯里蘭卡）的橋，羅摩在海裡放了塊石頭，石頭沉入了水中。而哈努曼放的時候，石頭卻浮在了水面上，因為石頭上寫著祜主的名字。即使是神，他的源頭也在**真名**中。**真名**，是祜主形象的源頭，是其餘一切形象的源頭。

羅摩因為神猴哈努曼的愛與奉獻而將「永恆」一名賜予了他。《羅摩衍那》中提到，羅摩派哈努曼去尋找悉塔。

哈努曼問：「我怎樣才能認出悉塔？」

羅摩回答：「當你聽到不斷持誦著**真名**的地方，悉塔就在那裡。」

信心和愛所在之處，就是**真名**之所在。每一次念誦名號都讓你更接近祜主。名號是修行者房屋的基石，而對於覺悟的成就者，它就是屋頂。

無論何時，只要你的心安住於無執，那就是祜主所在之地。**真名**本身是神的物質展現，在原初的自我中體驗到**真名**，就是寂靜（shanti）。

問：如何才能專注？我不知道怎麼做。

帕帕吉：你已經在專注了。隨時你都專注在「我是這樣、那樣」的想法中。我的建議是不要專注於任何東西，只是作為主體而存在。

「不知道」的狀態，表示一種真實的體驗。你的記憶充斥著你從外習得的物質知識。你從記憶中找到的任何答案，都無法成為真正的答案。如果你想知道「我是誰」，你在頭腦中的任何地方都找不到真正的答案。你只能在一個沒有任何東西與之比較的地方找到答案。這一體驗是很快而突然的，和頭腦完全無關。

如果你問「我是誰」但並不相應，那就問「我屬於誰」。

1974年11月21日

帕帕吉：哈努曼為取得善吉毗尼（sanjivini），這一種羅摩想要的草藥，就把一整座長有這種草的山，從喜馬拉雅搬到了蘭卡。哈努曼象徵著愛與虔敬。如果你對上師充滿了信心，如果你具有哈努曼的愛與虔敬，那麼，你將無所不能。

在攜山飛往蘭卡的途中，哈努曼被羅摩的哥哥婆羅陀

（Bharat）誤認為敵人，意外地用箭將其射了下來。婆羅陀代表精微的自我。哈努曼依然因為自己是羅摩的偉大信徒，而存留著某種傲慢，為能侍奉羅摩感到十分幸運。他的傲慢令他倒下，但他在空中墜落時念誦著「羅摩，羅摩」，等他落地時，傲慢已經消失了。

哈努曼代表著全能的頭腦。當心中充滿虔愛時，就能創造奇蹟。當傲慢消失，當做者感消失時，頭腦所攜帶的山，也墜落到大地上摔得粉碎。山是什麼？是責任感：我必須做這個，我必須做那個。

羅摩即是**真名**。一切名字都在這個獨一**真名**中，一切形象也出自於此。你能稱他的形象為羅摩或黑天，但**真名**本來沒有形象。窮究其奧，則是至深之藍。神性的遊舞，即lila，是這個本初**真名**的另一個名字。它全來自於羅摩，來自於源頭。

1974年11月27日

問：是否應當持誦「悉塔羅摩」（Sitaram）咒而不只是「羅摩」（Ram）呢？

帕帕吉：是靠了悉塔，你才能重複羅摩的名字。

問：虔愛和智慧一樣嗎？

帕帕吉：有四兄弟，薩納特庫瑪（Sanatkumar）、薩納達納（Sanadana）、薩納喀（Sanaka）、薩納特蘇嘉塔（Sanatsujata），他們是梵天的兒子，也都是智者，可是在阿育提亞朝拜祜主羅摩時，他們卻忘失了一切。他們在虔愛中失去了自己，以至於覺知不到任何別的東西了。

毗梨提（vrittis），即心念活動，收集著世界的資訊，並企圖以同樣的方式來理解神。但當心念活動是為了找出神到底是誰而眷戀**他**時，心念就會消融在**他**之中。這種消融的體驗，會以虔愛的情緒表現出來。

問：我發現自己無法專注持名到融入其中的程度。我的注意力很分散。

帕帕吉：集中注意力持誦名號的人會接受自己並不是一直在持誦。注意到自己不專注，這就把我們帶向了覺性。

世界，整個世界被創造出來，就是源自於「不專注」。因為一切眾生本心之中不專注地重複著的神名，才會造就出世界之相。只有在神名沒有被明明白白地聽到時，世界才會存在。我們在頭腦中重複著神的名字，是提醒自己並沒有在聆聽本心中的神之**真名**。

當我說到神的名字時，我的注意力投注在頭腦之後的地方。在那裡，哈努曼和迦樓羅（Garuda），也就是頭腦和心智，不間斷地持誦著我的**真名**。

哈努曼的肩上扛著羅摩。而羅摩在那裡無有間斷地聽到了自己的**真名**。羅摩就是我自己。承載他的，就是**真名**。

真名是無形之形。我們住在對名字和形相的描述中，而不住在描述者與所描述對象無差別的狀態中。種種描述都來自於感官。但我們關注於感官所描述的東西時，我們就陷入了情緒性的回應中。而在念出**真名**，在心中聽聞到**真名**時，就什麼都沒有了：沒有牽扯，沒有羈絆，沒有執著，也沒有依賴。

問：我要如何才能達到這種不依賴任何人事物，只依靠神的狀態呢？

帕帕吉：如果你只是說「我將只依靠神」，這是個錯誤的說法。你是立足在思維上而說「我會依靠神」的。這麼說不會給你的生命帶來任何改變。如果你覺得會有效果的話，那也只是自欺欺人罷了。要真正依靠神，就必須放棄一切，包括頭腦和思維。

與遺忘作戰，就是不斷地憶起。

帕帕吉對提問者的倒數第二段回覆中提到他就是羅摩，這讓我想起一個故事，是我在整理本書書稿時聽到的。

1991年有個美國弟子和帕帕吉一起坐在帕帕吉印諦拉市的屋子內。那段時間，還沒有大批人群湧來，薩特桑都是在這個地方舉行的。以下是這位弟子所述：

「我正看著帕帕吉，專注看著他的雙眼。他眼裡有一種美，我從未在別處見過。這份美麗越來越強烈，最後我不得不移開了視線。這是我生命中唯一一次因為太過濃烈的美而無法直視。帕帕吉沒有看著我，並且我也不認為他知道我怎麼了。但幾天後，當我打算離開那裡回國時，他把我叫到他身邊。

「他拿起一張放在座位邊的哈努曼小圖，交給了我，並且說：『拿著這個。如果你幸運的話，羅摩會再度向你現身。』」

還有其他人也見過帕帕吉顯現為羅摩。在接下來這個不同尋常的故事裡，帕帕吉被寺院裡的女神認作是羅摩。講述這次奇遇之前，我先向不熟悉《羅摩衍那》的讀者交代一些背景。

在著名的蘭卡大戰後，祐主羅摩把悉塔從魔王羅婆那手中解救了出來，帶她一起回到了阿育提亞。她已被囚禁在羅婆那的宮中多年，回到阿育提亞後不久，城裡就有人開始質疑悉塔是否還適合做一國之后。

「這個女人在另一個男人那裡住了許多年，」那些人說：「這樣的女人不潔，不容於此地。祐主羅摩應把她趕得遠遠地。他救出她已經盡到了職責，現在應該把她送走了，因為她和另一個男人同住了很多年月。」

在蘭卡的苦難歲月中，悉塔始終保持貞潔，但她在異國久居另一男子共處的事實，也表示她無可避免會受到質疑。羅摩認為，為了維護國家大局和王位起見，她應當被流放。這個決定是羅摩做過的最使人不解的決定之一，對此從未有過令人滿意的解釋。

悉塔接受了流放的命運，到蟻垤的道場住了下來。流放的那天，她其實已經懷上了羅摩的雙胞胎兒子，然而羅摩並不知情。悉塔在蟻垤的道場生下了孩子，並在那裡將他們撫養成人，直到多年之後，羅摩才知道他們的存在。

以下是帕帕吉敘述在1950年代他和兩個妹妹塔拉（Tara）、黎拉（Leela）去道場的故事：

我的妹妹塔拉和家人住在坎普爾，我受邀來她家參加她兒子的授聖線儀式。我另一個妹妹黎拉，第二天從哈里亞納邦（Haryana）的安巴拉（Ambala）過來。婆羅門男孩的授聖線儀式是件大事，所以家族全部成員都應該參加。

期間我聽到黎拉在問塔拉：「比圖爾（Bithoor），也就是梵仙蟻垤的道場在哪裡？」

塔拉說離我們住的地方很近，但又說到她並對那個地方不熟，也從來沒去過。我們向鄰居打聽了情況，問清楚了應該怎麼去，路很難走，最後一段沒有公共交通，只能坐馬車。儘管難走，兩個妹妹卻都想去，但又不想只有她們兩個人去那麼一個荒僻的地方，所以請我陪同，而我也同意了。雖然我在勒克瑙住了好幾年，住的地方離那間道場也只有幾小時的路程，但我也從來沒去過。

我們先坐上巴士，到了巴士能到的最遠的地方，然後雇了輛通嘎，繼續開了幾個小時後才到。舊時道場的所在地，如今修建了一座寺廟，離恆河還算近。塔拉想去看看恆河，但她只能一個人去，因為黎拉有關節炎，而我不想在烈日下走太久。

她去恆河的時候，黎拉和我進了寺廟，去看悉塔的畫像。畫

上的她是正在給兩個兒子餵奶的形象，當我們走近時，畫像在我們眼前消失了，變成了真實的悉塔。

她站在我面前，伸出手指斥責我：「你為什麼把我趕得遠遠的，讓我待在森林裡？」

然後她轉向黎拉，問：「我犯了什麼錯，你哥哥要這麼拋棄我？為什麼要讓他的弟弟拉克什曼把我遺留在這片森林裡？他們拋棄了我，但蟻垤收留了我，雖然他知道我已經懷了羅摩的孩子了。」

悉塔一邊歇斯底里地哭著，一邊向黎拉和我數落了所有對我的憤懣。其他人陸續進入神廟，也見到了悉塔把我當做羅摩，埋怨著我流放她。人們開始向我禮拜，黎拉的舉止也開始變得非常古怪。達善（darshan）的力量衝垮了她的頭腦，她開始大喊大叫起來，不想離開，所以最後我不得不把她拉了出來。

塔拉在恆河裡沐浴完後也回來了，幫我一起把黎拉塞進了通嘎車。回家路上黎拉再度歇斯底里起來，她哭喊著要打我，質問我為什麼要遺棄悉塔，把她流放到森林。直到最後，她失去了知覺。

我們帶著她安全地回了家，過了一段時間，她的心神才恢復了正常。這一體驗讓她重新審視了和我之間的關係。

她來找我，向我禮拜，並問道：「一直以來你我以兄妹相稱，我想終結這段關係。我不想再把你看作我的兄長了。我想你做我的上師。我在寺廟時，悉塔告訴我你是我的上師，不是我的兄長。從現在開始，這是我想擁有的與你唯一的關係。」

她和我一起來到了勒克瑙，共同住了一陣子。過了段時間，她兒子帶她回了家。

她動身前，我給了她一張我的相片。她帶回家後，就放在普嘉房裡禮拜。她的大兒子是德里的海關官員，發現自己媽媽在禮拜我的照片後，表示反對。

「為什麼你要向這張照片祈禱？你哥哥還活著。你應該只禮拜

過世親人的照片。他還活著你就拜，這樣很不合適。」

她不理會，繼續禮拜，說：「他不是我的親戚，他是我的上師。」

我聯繫到黎拉，她仍然住在安巴拉，她體貼地寫下了自己對於那個重要日子的回憶，寄給了我。她的回憶是以給「親愛的哥哥」帕帕吉寫信的形式所寫下的。內容基本和帕帕吉一樣，但還有些帕帕吉遺漏的細節：

那天是蟻蛭仙人的生日，在他的道場有慶祝活動。我們的妹妹塔拉從坎普爾來，我們帶她一起去了比圖爾。在路上我弄丟了手提包。後來我們去了恆河岸的臺階。入水前，我把一塊手帕疊放在衣服下面。沐浴完回到岸上，我打開手帕發現裡面有七張一百盧布的紙幣。我看著錢緊張起來，就把整件事都告訴了你，親愛的哥哥。我覺得這是神在考驗我，就把錢都撕了，全都扔進了恆河。然後我們繼續上了路。在比圖爾，你見到了那位必須要見的人，坐在她的身邊〔推測這裡她指的是帕帕吉和悉塔有約〕。悉塔‧馬哈拉尼（Maharani，對王后的尊稱）和你說了好久的話，很快她眼中流出了淚水。

看到這一幕，我問你：「親愛的哥哥，這是怎麼回事？悉塔‧馬哈拉尼在哭。」

你回答：「妹妹，難道你不明白嗎？難道你不知道故事的原委嗎？」

黎拉似乎不太記得之後的戲劇性事件，甚至是完全沒了記憶。帕帕吉說她陷入了狂喜，大叫著跳起了舞。她吸引了大批朝聖者，他們似乎直覺地認出她正處於某種高超的境界中，就向她拋灑紙幣作為供養。她恢復平日狀態後，完全不知道自己之前做了什麼，錢又是從哪裡來的。

我〔黎拉〕也坐在她〔悉塔〕身邊，閉上了眼睛。等我再度睜開眼的時候，發現面前是成堆的紙幣。我們把錢都留在了那裡，然後離開回家了。

　　我把黎拉的筆述給帕帕吉看。還給我之前，他在末尾寫了以下評論：

　　來寺廟朝拜悉塔的人都開始禮拜黎拉，拿錢供養她。黎拉失去了意識，所以我帶她上馬車回了坎普爾，就是我妹妹塔拉住的地方。之後的三天，黎拉一直在大喊：「我受不了這條粗重繩索了！這條繩索綁著我，讓我覺得你是我哥哥！你不再是我哥哥了！你是我的上師！」

　　現在我繼續說回帕帕吉在1974年間以談論神之真名為主的薩特桑。

1974年12月2日

帕帕吉：除非你不見面前的世界，否則你無法見到神。對神聖和不神聖的分別，正在殺死你。

　　真名不是靠言說的，而是靠三身無有窮盡地一直重複著。這才是對永恆之名的持誦。

　　〔三身是指肉體粗身、夢境的精微身以及所謂的因基身，也就是在沉睡中「我」的狀態。〕

　　這基底，或者說**真名**，藍得透明，可以稱之為黑天。黑天代表著「專注」，是不專注於任何外境的專注。而「智」（intelligence）呢，則試圖理解它。我說的「智」一詞，你們不要認為是通常的思維運作，它指的是超越思維的東西，就稱之為「純

淨智」（pure intelligence）吧。當這種純淨智試圖去了知**那個**，即**真名**時，一個最精微、最透明的形態就從黑天本身中展現出來。這就是拉妲〔Radha，黑天的明妃〕，是一種覺知的形態，它被能覺知的基底所吸引。拉妲是原初本質的擴展，從「想去了知」的意圖中生起。明白了這個，就是直接之見，就是真實之見，因為它恆在不變。

1974年12月3日

帕帕吉：我見到了寂靜。它甚至擁有一種形態。它是最活躍最迷人的寂靜。濕婆的雙眼在哪裡？它們一直被這種寂靜吸引著。**他**恆時禪定於此。這是**他**的工作。明白了這個，就是見道；而見到這個，就是了悟。吠陀則是對此的描述。

　　你在鏡子中見到自己的臉。你望著鏡中你自己的影像，你在鏡中尋找你自己。而回望凝視著你的，就是**真名**，它不停地重複念著自己。

　　這兩段由蜜拉記錄下來的在12月2日和3日的開示，我覺得是用黑天虔愛者能體會的語言來解釋無相（unmanifest）中如何出現形相的。帕帕吉有時確定地說道，形相的顯現是出於覺性想要了知自身的意圖。我認為1974年12月2日他的開示，說的就是這個現象，他提到當原初之智試圖了解自身的本質時，拉妲，即造就世界的創造之力，就從基底之中產生了。

　　我曾請帕帕吉對這兩天的開示進行講解，但他拒絕以任何方式延伸說明。因為我依然覺得這兩段開示太過晦澀，需要加以註解，所以我就在下面引用一段他在1993年給我的回答，當時我請他解釋寂靜之心（silent mind）和無心（no mind）的區別。

寂靜之心，是指暫時保持安靜，只是對心中對境的一種壓制，可以多次發生，但不會持久。不動之心（still mind）也是暫時的，可以經由禪修或專注來達成；就像蠟燭的火焰，沒風的時候，火焰紋絲不動；有風來時，燭火就會閃爍甚至熄滅。當一個新念頭冒出來，就颳起一陣風，把不動之心吹走了……

在講無心之前，我們先來看看什麼是心。讓我們從覺性開始。有時候，你會想從鏡子裡看看自己的模樣。同樣，覺性有時也會想看看自己，看看自己是什麼樣子，於是在覺性中產生了一個波浪。它問自己：「我是誰？」這個在覺性中產生的波浪，想像自己與海洋是分離的，於是這個波浪就變成了「我」──個體的自我。一旦個體自我獨立出來，就會進一步墮落，開始創造。首先創造出了空間，無邊無際的廣闊虛空；而伴隨著空間，時間也會被創造出來，因為只要有空間，就一定會有時間；然後這個時間演變成了過去、現在和未來；而從這三者之中，產生了種種執取。一切萬物都包含在過去、現在、未來之中，這就是所謂的輪迴。輪迴表示時間，它是無盡的過去、現在、未來。任何在時間中誕生並存留於時間中的東西，都會在時間中完結。而所有這一切，就是心。是「我」浮現出來，創造出了空間，然後是時間，然後是輪迴──這個「我」現在變成了心，這個心就是「我」。

然後在某個時刻，一種強烈的對解脫的渴望會生起。這個渴望會從覺性本身產生。最初，是從覺性中往下墮──從「我」到空間、到時間、再到輪迴──有一個往下降的過程。現在會有一個反向上升的過程。在這個過程中，先是對有形物體的執著會消失，隨後消失的是對命氣、意和智[a]的執著。最後，你會回到「我」。

a   此處命氣、意、智的概念，是印度吠檀多中的特定概念，與中文詞彙字面意義上所指的有區別。這三者，都是精微身層面。命氣指的是五種命氣（Pranas）：遍布氣（vyana vayu），把液體的營養傳送到全身各處；平住氣（samana vayu），在肚臍；上行氣（udana vayu），在喉間；下行氣（apana vayu），在下腹部；以及持命氣（prana vayu），是我們呼進呼出的氣。
　　　意（Manas），譯為「末那」，是把感官從外境中攝取的印象接收、存儲下來的能力，然後將之傳送給智（Buddhi）。它執著於個人的個體感，但本身不做出決定，在智做出判斷、

這個「我」，就是不動之心。

　　此時這個「我」已經遠離一切，獨自存在，沒有任何執著，不可能再回到那充滿執著的世界，回到輪迴。它渴望自由，想回到它的源頭。這個從覺性中生起的「我」現在又回到了覺性中。它做了一個決定，「成為無心」，一旦這麼決定了，「我」就消失了，心就消失了。「我」，也就是心，已經被摒棄了，但在「我」和覺性之間，還有某個東西在。這個介於兩者之間的東西，就叫做「無心」。這個中間狀態將融入覺性，並成為覺性本身……

　　當你從心返回到覺性時，你會經歷這個無心的階段。在這種狀態下，會有「現在我是無心的」這樣的感覺、記憶。逐漸地，這個無心會慢慢退回消融於更超越的那個之中。但我不知道這是如何發生的。

1974年12月4日

帕帕吉：我曾有過一次淨觀，見到了拉妲和黑天。果斯瓦米・杜勒西達斯[b]說的是真的，他說：「我見他們是一時，他們是二；我見他們是二時，他們是一。」肢體和軀幹互相纏繞，有一部分最開始看起來像是兩具身體，但當我仔細觀看時，就變成一具。而有些東西開始似乎是一個人，仔細觀察才會發現其實是兩個。

問：我曾見過黑天現身為某種藍色的虛空或振動，但我沒辦法準確表達出我的感受，我沒法像您描述您的淨觀那樣說得清楚。

決定後，它會將之又傳達給各種感官。智（Buddhi），指的是「能夠形成、保留思維概念的能力」以及「辨別判斷和理解的能力」，它是覺悟真我的工具。

b　杜勒西達斯（Goswami Tulasidas, 1497或1532-1623）：印度教的詩聖之一，終身虔愛羅摩，著有《羅摩功行錄》（*Ramcharitmanas*），該書以梵文的《羅摩衍那》為藍本，用方言阿瓦底語寫成，膾炙人口，廣為後人傳唱。大眾普遍認為他是《羅摩衍那》的作者蟻垤的轉世。

帕帕吉：你沒辦法描述黑天的，因為他才是描述者。他是正在看著你的那個。

1974年12月10日

帕帕吉：當你第一次持誦羅摩的名號時，你是用嘴來念的。那是一個聲音。在成為聲音之前，它是一個念頭。念頭出自於你的頭腦，而頭腦，出自於真我。往回追究：從聲音到念頭，到頭腦，最後到真我。直接回到原初**真名**發聲的地方。不要讓任何念頭從那裡浮現。讓**真名**重複念著自己。這樣，就在這個地方，才是真正親見了羅摩。**真名**即是基底。

去研究頭腦吧，這樣你就能把自己與頭腦區別開來。

問：要如何向究竟的力量臣服？

帕帕吉：不讓任何念頭出現，並放棄所有的努力。哈努曼服侍羅摩得非常出色，因為他讓神的聖命在他之內運作。是羅摩之力使他能扛起一座山飛過天空，但是當「我正在做這個」的念頭出現之時，婆羅陀一箭就把他射落在地。墜落的過程中，他念起羅摩之名，再次向**他**臣服。當他再度記起那個**真名**、那個狀態的時候，就有了重新飛翔的力量。別人問他為什麼能完成這般超人的功績時，哈努曼回答：「都是因為加持。」

問：我之前一直在持誦祜主毗濕奴的名號。我做了一些努力，能讓名號一直不離於舌。但現在我的心平靜了，沒有哪個念頭膽敢穿過我的心。我不在意任何事情。在這種平靜中，外面的聲音進入不了我的領地。

帕帕吉：真名不是說出來的，它是永遠說不出的。難道神是某樣我們必須取個名字的東西嗎？是他給了一切事物名字。如果我們給出各種名字的話，就創造出了種種對境。你必須切斷記憶中的所有關聯。

問：那麼參問「我是誰」的修行有助於切斷這些關聯嗎？

帕帕吉：如果你把參問真我當做了修行方法，你就停留在了頭腦中。你把它變成了一系列互相關聯的念頭。你看著外面，想起來自己應該朝裡看，頭腦就有了一個變動。接著，你試著把頭腦向內轉，你試圖看自己，或者試圖去看你的「我」是從哪裡出現的。這種探尋，這種看，都只是彼此牽扯、關聯的念頭和覺受。這類行為的結果只會產生更多的念頭。念頭是無法帶來無念的。如果這類參問讓你體驗到什麼成果的話，那只能是體驗到了某個念頭、某種頭腦的狀態，而不是無念的狀態。只要你還停留在頭腦中，各種體驗和念頭都是一樣的。

　　幾分鐘前你說自己有一顆清明、安靜的心。你是怎麼知道的？因為你把它與一個活躍的、嘈雜的心作了比較。你判斷自己的心是空的，但這只是你心裡的另一個念頭。你的頭腦依然存在，你覺得頭腦是安靜的，但頭腦正忙著把自己和其他不太美妙的狀態做比較。

問：我想成為神的僕從。

帕帕吉：要成為神的僕從，你必須有個「我是神的僕從」的想法。這種關係只是你頭腦裡的一個想法。你並沒有服務於神，是神在服務著你。神只是服務著，沒有任何自己在做著什麼事情的想法。

　　看看哈努曼吧。首先去擁有他的優秀素質、行為和對怙主羅摩矢志不渝的愛。這樣你才可能成為哈努曼，在本心之中親見羅

摩。這才是真正的看見。

<h2 style="text-align:center">1974年12月11日</h2>

問：有一次我見到了拉妲和黑天，但見到他們就感覺「拉妲不是女子，黑天也不是男的」。是這樣嗎？

帕帕吉：拉妲不是女性，黑天也不是男性。他們的身形因虔愛而融化，融入非此亦非彼的境界，就像那些濕婆和莎克蒂合二為一的神像造型一樣。凡是合一者，就是中性的，非男非女。

問：要怎樣才能接受到黑天的加持呢？

帕帕吉：有幾種方法。你可以複頌**他**的名號，這就是運用你的意志來專注於**他**。第二，你可以把自己所有的行為都歸於祜主，這是讓祜主的意志通過你來運作。第三，不要在乎你的行為的結果。第二和第三種方法需要極高的警覺，你對自己的行為保持警覺，你必須沒有是你在做這些行為的感覺，並且不能帶著對結果的期盼來行動。

問：我已經見到了黑天，我還想見到哈努曼。

帕帕吉：哈努曼很忙，要服侍他的祜主。不要因為你想見他，就打擾他。先把你自己變得足夠美好吧，美到他想來見你。

問：為什麼魔王羅婆那能那麼輕易地虜獲了悉塔？他怎麼能這樣就把神的妻子帶走，並囚禁了十二年？這是不是說明了神並不是全能的？

帕帕吉：悉塔在羅摩身邊時，因為與神合一，所以她是寧靜的。但是當她離開羅摩為自己安排的安全地點，追隨著自己的欲望去尋找金鹿時，她就失去了合一，也失去了寧靜。對黃金和其他世俗事物的渴望，將你帶離了神的身邊，讓你被世間的執著抓住了。在蘭卡監獄中，她懺悔了，明白了自己之所以流離失所，正是因為不遵守**他**的命令。她決定靠著持誦**他**的名字而回到**他**身邊。羅摩聽到了她的呼喚，就一路來蘭卡救出了她。

如果你對世間有所渴望而遠離了神，神是不會介入的；但是當你對此後悔，並且呼喚**他**求救時，**他**就會來救你，把你帶回家。

1974年12月12日

問：為什麼咒語或經文開始時總是有個「唵」字？

帕帕吉：「唵」是基底。沒有「唵」，你完全沒辦法念咒或者講話。「唵」是 prana，也就是命氣。你屏住呼吸還能說話嗎？試試看就知道了！

問：不能。

帕帕吉：「唵」就是你的真實本性。你只需要覺知到它。

問：我現在很緊張。我做不到。

帕帕吉：你緊張是因為你有要抓的東西，所以保持安靜就好。或者去觀察你的頭腦中發生了什麼。你就是你的念頭釋放出來而成的。只要有放，就有要抓的，正是這些想要抓住的東西，讓你感到緊張。在夢中，做夢者把自己釋放展現成整個夢中世界，他活

在其中並且加以享受。醒位也是如此，你周圍的世界是你念頭釋放展現而成的。

從你醒位的夢中醒來吧！像獅子一樣哮吼，醒來！唵！

問：在這個演變的過程中，您認為黑天在什麼位置呢？

帕帕吉：在底部。

問：為什麼？

帕帕吉：他是基底。沒有他，你什麼都說不出來。

問：對您來說，基督的體驗是什麼？

帕帕吉：在你的心裡。

問：我的心在哪裡？

帕帕吉：在我的廣大之心中。

問：在禪修時，我感到自己是空的。我的空和佛陀的空的有什麼區別呢？

帕帕吉：必須讓佛陀親自過來問我這個問題，他來問的話，我會回答他的。至於你嘛，這個空並不是空，因為它被你感知到了。所以別理它。

1974年12月15日

帕帕吉：祜主一直在你之內、在你身邊。但你靠著持誦**他**的名號把**他**推開，這樣你才能又把**他**召喚回來。如果你正好站在一個人身邊，就不需要唱誦他的名字讓他靠近你了。反覆念出神的名號，讓你錯誤地認為**他**離你很遠。**他**並沒有，**他**就站在你身邊，輕聲呼喚你自己的**真名**。要不是你總是忙著呼喚**他**的名字，你早就聽到**他**了。

無論何時你說出別人的名字，那下面的基底都是你自己的**真名**。

黑天告訴我們：「我是開始，中間和終結。」而你卻把**他**放得遠遠的，還要把**他**從你想像中的遠方呼喚過來，這實際上是在說：「你不是開始，你不是中間，你也不是終結。」

1974年12月19日

問：如何停止這種對內和外的區分？

帕帕吉：在《薄伽梵歌》裡，黑天說：「神居於一切眾生心中」。遍入天〔Vasudeva，黑天的名號之一〕代表遍及一切時、一切處。神性無處不在，在內也在外。這個知道或感受到別的東西的「誰」又在哪裡呢？

有一次，阿周那請黑天顯露自身。那時，阿周那把黑天看成是一個分離的個體，就像是位好朋友一樣。黑天張開了嘴，阿周那看進去，見到太陽、月亮，整個宇宙都在裡面。見到了這個淨相，阿周那發現自己也是永恆、不斷的整體的一部分，黑天向他揭示了這個整體。有了這樣的認知，就不會冒出內和外的想法了。

問：世界是怎麼出現的？

帕帕吉：世界從未出現過。在永恆之中，又怎麼會有世界的出現或起始呢？

問：我不明白。您怎麼能說世界從未出現過？我們都能見到周圍的世界。

帕帕吉：我必須要說我也不明白。我甚至不想去明白，但是我知道當我說起、談論這類事情的時候，說的都是事實。這些話自發地流淌，來彰顯事實真相。有某種特定的力量說出了這些話，而且話一說出口，它也知道這都是真實之語。我不在乎自己是否明白，但我知道我說出的這些話就是真相。不要試著去理解這番話。你是無法通過理解來解決疑問的。

在《薄伽梵歌》〔9.8〕中，黑天說：

> 但是確實你無法用你的凡庸雙眼見到我。因此我賜予你神
> 聖之眼。以此，你能見到我神聖的力量。

阿周那的凡庸之眼，見到的是分離割裂，所以黑天告訴他：「我會給你**我**之見、**我**之目。」以那種神聖之見，阿周那見到了過去、現在、未來都是不間斷的永恆中的一剎那。以那種神聖之見，就會明白世界從未出現過。理解，是不會幫助你見到這些話語的真相的，但神聖之見可以。

1974年12月25日

帕帕吉：對我而言，沒有任何事物曾經存在過。如果你想知道為什麼我一直這麼說，就必須明白什麼是世界：它是怎麼出現，又是怎麼顯得一直存在的。你必須去源頭找到什麼是真正的實相——什麼存在，什麼不存在。

問：我想親眼見到哈努曼。我努力了，卻總是見到別的東西。我應該怎麼做？

帕帕吉：以後會經常這樣的。先讓我來問你個問題：當你完全不想要任何東西，甚至連見哈努曼現身也不想了時，你會見到什麼呢？

問：我覺得我會失去感知力吧。

帕帕吉：是的。如果真的失去了感知力，還會剩下些什麼呢？

問：我。只有我。

帕帕吉：你能失去你的「我」嗎？

問：不可能。

帕帕吉：任何東西都包含在「我」之內。在這上面下功夫吧。當你重複名號的時候，你就在你和你所命名的事物之間創造出了距離和分裂。一旦波浪知道自己並不離於大海，它不會大喊：「大海！大海！請過來，讓我見見你的聖容！」首先你得知道你就是神，當你有了這份認知之後，你還會耗費時光大喊「神！神！神！」嗎？

就像之前提到的，現在帕帕吉不會在勒克瑙的公開薩特桑中談論神的名號或持誦了，可能是因為至少九成的聽眾都是外國人，他們不了解這類修行。不過，如果他發現有真的對持誦名號很有興趣的印度教徒時，他還是會偶爾談到這類話題。

1994年10月，一位南印度的教授薩度·蘭伽拉傑（Sadhu

Rengaraj）來他家想要見他。教授寫過幾本小冊子讚美持誦羅摩的功德，他那時在北印度巡遊，沿途舉行講座宣揚持誦羅摩名號。有人給了帕帕吉這些小冊子，在他快速翻閱了其中一本之後，就進行了一番有關持誦名號的動人的開示。幾天後，我寫下了自己還能記得的內容，並呈給帕帕吉看。他讀了一下，似乎很滿意。

讀到手稿最後的時候，他評論道：「還有一個故事我忘了告訴他了，我會寫在文章末尾。」

他拿起筆，可是等了三十秒，什麼都沒寫。最終他說：「我現在寫不出來，有什麼東西阻止了我，過些時候我會寫的。」

後來這個故事一直沒寫出來。到了1995年6月，我決定請帕帕吉在勒克瑙的薩特桑上把這次談話的記錄讀出來。我想要勾起他對那個故事的記憶，並且我希望他大致談一談神的名號。為了給他更多的素材，我還附加了幾個問題和摘錄。

縮排的文字是1994年的那次對話：

帕帕吉：這是去年發生在我家的對話，大衛讓我讀出來，因為他對此還有幾個問題要問。

> 有一次我去敕特拉庫特時，經過了一所寺院，門口的牌匾上說在寺院地板下的地基那裡，藏有手寫的十二克羅爾（12 corer，即一億二千萬）羅摩咒，都是一個人寫的。那不僅僅是羅摩的名字，那是個包含羅摩名字的長咒。
>
> 我自己做過持誦，所以知道一個人每天能持誦多少遍，每天能寫多少遍。我快速算了一下，心想：「這不可能。沒有人可以把這個咒寫十二克羅爾遍。人花上一輩子的壽命來做這個也不夠。」
>
> 我決定進去看一下，滿足好奇心。當時我認為這一定是集體工作的成果，是由某個團體共同完成的，但算在了

其中一員的頭上，也許是建造寺院的團體領袖。

我走了進去，發現裡面有人，於是就問是不是真的是有人寫下了全部的咒文。我對他說：「我不相信有人做得到……」

這個故事我記得很清楚，就不需要照著本子讀了，我自己來講吧。

應該是二十五克羅爾，而不是十二，我們稱這種做法為likit nam japa，也就是「書寫持誦」。他寫的咒語是：「唵，室利，羅摩，嘉呀，羅摩，嘉呀，嘉呀，羅摩！」（Om Sri Ram Jai Ram Jai Jai Ram）。

這個人有幾個弟子住在寺院的一樓。我對他們說，我覺得人一輩子不可能寫得下這麼多遍咒語，但他們向我保證說所有的咒語都是由一個人完成的。

他們說：「他從三歲開始就迷上了書寫這個咒語。還在很小的時候，如果見到有人去他家，他就會問人要紙筆，這樣就能持續不斷地寫咒語了。現在他已經很老了。一輩子都奉獻在書寫咒語上。」

我心想：「我必須見見這個一輩子都在寫咒語的人。他一定非常了不起。」

我問是否能進去見見他，但他的侍者說：「今天不行，他病得不輕，得了嚴重腹瀉，醫生說他不能見客。他疼得很厲害。」

似乎我來得不是時候。

「沒關係，」我對他說：「我正要去一個村莊，離這裡只有五公里。我看見了外面的牌匾，感到好奇，所以才進來問一下情況。」

我向他們告別，準備離開寺院。不過才走出一小段路，就有個侍者跑來追我。

「我們剛得到師父的消息，」他說：「儘管醫生禁止他見客，

但他非常願意見您。」

我進去見他，發現和大家告訴我的一樣，這位師父正承受著極度的病痛。在印度，如果你得了嚴重胃病，你應該會說「哦媽！哦爸爸！」（O ma! O bapre bap!）喊媽媽和爸爸，求他們來幫你減輕病痛。我看到書上是這麼說的，也看到電影裡有人這麼做過，書上也這麼讀到過，但我從沒真的見過有人這麼做。在西方，人們生病時大概會喊另一個人的名字。幾年前我在美國的時候認識了一個人，每次稍微有點不舒服，就開始喊他女朋友的名字。但如果症狀嚴重，他就開始喊醫生的名字了。所以不同的人在生病時會喊不同的名字。通常大家都會喊那個和自己最親近的人的名字，或者他們認為最能幫助到自己的那個名字。

那麼這個師父喊什麼呢？這位寫了兩億五千萬羅摩咒語的巴巴躺在床上，重複著一句印地語，翻譯出來就是：「這個女鬼會害死我的！這個女鬼會害死我的！」這個女鬼就是他的腹瀉。

我十分驚訝，一個用一輩子時間重複羅摩名號的人，會在自己需要的時候卻放棄了名號。但這種事也是常有的。如果你真的與名號同在，即使在最差的逆境中，它也會自發地出現在你心中。當聖雄甘地在沒有任何預警的情況下被槍擊中時，在子彈射入身體到他死亡的一瞬間，他自發地喊出了「訶，羅摩」。只有當名號一直與你同在時，這才有可能會發生。

我想離開那個寺院，繼續上路，但那裡的人堅持要我留下來一起午餐。

「今天是十一日（Ekadasi），」其中一個人說：「我們會禁食到下午四點，然後再吃東西。」

十一日，是指月相變化的第十一天。在印度，許多正統的印度教徒會在這一天禁食。有些人不想完全禁食一天，就會在下午吃個簡餐。

我不想成為他們的負擔，就提出去買些他們需要的東西來做午餐。我問他們想吃什麼，以為會是小量、清淡的東西，畢竟那

天應該是禁食日。

「你可以買點馬鈴薯，」其中一個人說：「我們大約有十二人，你可以給我們每人買兩公斤馬鈴薯。」

「你們就是這麼禁食的？」我問：「那你們平時吃什麼？」

「馬鈴薯不在十一日禁止的食物範圍內，」其中一個人回答道：「所以我們才會吃那麼多。像炸麵球和米豆飯這樣的食物才不能吃。」

我不介意把全部蔬菜都買過來，因為當時一公斤馬鈴薯也才二十五派薩。但就在我離開之前，其中一人對我說：「你還可以買十公斤糖和兩公斤杏仁。我們還需要一些配餐的甜點。」

十一日時，為了限制進食，有些人規定只能吃不含穀物和某些蔬菜的食物。關鍵是在於少食，而不是為了陽奉陰違，去吃兩倍分量的不被禁止的食物。

我去採買了東西，然後寺院裡的信徒們開始做飯。我的飯量不算小，但到了吃飯的時候，那些所謂禁食的修行人們讓我大開眼界。兩公斤馬鈴薯加上甜點對我來說也太多了，我最後只能在盤子裡剩下了一些馬鈴薯，但寺院裡的這些人把盤子一掃而空，許多人甚至還要求添菜。

跟你們講這個故事的時候，我還想起了另一件事，是我在果阿工作時發生的。也許要講的其實是這個故事。

當時一位在胡布利（Hubli）工作的總工程師邀請我。他在果阿遇見了我，想要帶我去他的地方，我之前從沒去過。我們坐他的吉普車走了一陣子，最終到了一座古老的寺院。寺院的住持（pujari）很有名，說是已經完成了上億遍的羅摩持誦。

總工程師告訴我：「這個住持現在年紀非常大了，幾乎有一百歲。他這輩子應該已經念誦了兩億遍羅摩咒了。他年紀太大，不再管理寺院了。現在是他的兒子在管，但那位老住持還活著，住在附近，如果您想見他，我可以開車帶您去他家。」

我一直有興趣認識這樣的人，所以同意去見一見。

我們看到他坐在屋外輪椅上。他有嚴重的關節炎，完全沒法過多地移動。我向他提了一個問題，之前在另一所寺院也提問過。

「您真的念誦了這麼多遍咒語嗎？兩億是很難達到的一個巨大數量。」

「是的，」他回答：「我現在九十八歲了，這輩子大部分時間都在唱誦書寫這個咒語。寺院並不大，也不太忙，所以我有很多時間來書寫唱誦。我這輩子每一天大部分時間都在唱誦神的名號。」

「您一直在念誦的名字，您見過他嗎？」我問。

許多人念誦羅摩名號都是希望能見他一面。我想知道這位老人是否成功了。

「沒有，」他說：「**他**一次都沒向我現過身。」

「那麼在您夢中呢？」我問：「如果**他**沒有以物質形象出現在你面前，肯定至少來過您的夢中吧。」

「不，」他回答：「我一次都沒有夢見過**他**。」

我覺得這難以置信。如果你癡迷他，一輩子都在想念他，念誦他的名字，他肯定至少會出現在你的夢裡，因為夢境就是展現你的欲望的地方。如果年輕的女孩墜入了愛河，只想著她的愛人，那麼晚上就會夢見他。這很正常，也很自然。但這裡有個人聲稱自己一輩子醒著的時候都癡迷於神的名號，卻說一次都沒有夢見過他的神。

我年輕的時候，也癡迷於神的名號，大部分的時間都在持誦。我早上兩點起來，持續唱誦名號直到早晨九點半，那個時刻我必須要出門去辦公室。我搭乘馬德拉斯的電車上班，在車上繼續念誦。我口袋裡有串小念珠，不會讓辦公室的人和路上的人看見。我念誦名號，用念珠計數。在名號中我渾然忘我，但持誦肯定是有效果的。我會夢見神，甚至在醒著的時候神也會對我顯現。我已經說過在馬德拉斯的時候羅摩和悉塔向我現身，以及之後我去敕特拉庫特向哈努曼致敬，感謝他帶羅摩和悉塔來我身邊的故事。

如果你持續專注於名號，並對名號所代表的形象有著愛和虔愛，這類事情就會發生。但如果沒有愛，持誦也只是機械化的行為。如果你不愛神，沒有一種強烈的渴望要見到他顯現，他就不會顯現。

羅摩虔愛者相信如果臨終時依然念誦羅摩的名號，就能得到救贖。但這兩個人雖然持續念誦羅摩之名長達數十年，臨死的時候很可能念不起來了。他們重複名號用的是手指和頭腦，並沒有讓**真名**在本心之中念誦自己。如果是**真名**在本心中念誦自己，那麼它會一直與人同在，直到肉身死亡那一刻。哪怕這樣念誦過一次，就已足夠。一旦**真名**在本心中念出過自己，你就自由了。你不再需要緊抓住神了，因為現在神正緊緊地抓住了你。當名號到達本心並與之交融，神就會開始重複念著修行人的名字，而不是修行人念著神名。

好了，〔大衛的記錄〕下面還寫了什麼呢？

> 還有一種ulta nam 的說法，意思是「逆向持名」。大部分羅摩虔愛者都認為這是指把「羅－摩」兩字反過念，也就是「摩－羅」（Ma-Ra），因為據說蟻垤仙人曾經這樣修行過，但其實並不是這個意思。你進行普通持誦時，名號是從頭腦或嘴唇向外投射出去的；Ulta nam，即倒過來持誦羅摩名號，是指名號回到本心，融入本心之中。我曾經做到過，但我還沒有遇到有別人做到過。（向蘭伽拉傑教授說）我想看看你找遍全世界，能不能找到一個人坐在我面前，做到真正的逆向持誦羅摩名號。我覺得你到處去找，也找不到這樣的人。

逆向持名出自杜勒西達斯的《羅摩衍那》，全文為：

Ulta nam japat jag jaana

Valmiki bhaye brahman smaana

意思是「當我逆向持名時，我明白了世界。在持名中，蟻垤成了梵」。

這偈頌很費解，沒人知道蟻蛭究竟要說什麼。曾經有人一路從哈爾達市（Harda）來見我，因為想知道這句偈頌的解釋。這和用「摩羅」代替「羅摩」一點關係都沒有。

蟻垤曾經是個強盜，是住在森林裡的山賊，搶劫殺害經過他家的路人來活命。一天，他攔住了一個穿越森林的修行人。

修行人問：「你為什麼要犯這樣的罪？你殺人越貨，過這樣的生活，最終會墮入地獄。這就是你想要的嗎？」

蟻垤回答道：「我還能做什麼呢？我有老婆，還有兩個兒子，全都靠我養。我沒別的辦法謀生，這是我的老本行，我爸爸就是賊，我祖父也是賊，曾祖父也還是賊。」

「你造罪就只是為了養活這些人。你把自己得到的一切都分給了老婆孩子，可是他們願意分擔你的罪嗎？你去地獄的時候他們願意陪著你一起去嗎？」

「當然了，」蟻垤說：「無論我去哪裡，他們都會跟著我的。」

「你問過他們願意陪你去地獄嗎？為什麼你不先去問問看？他們可能不願意跟著你一起去。」

「你只是想趁機逃跑，」蟻垤說：「你想讓我回家，你就能找機會溜走了。」

「不，我是認真的，」修行人說：「你可以把我綁在樹上，你去了之後再回來。我不會走的。我很想知道你太太會怎麼回答。」

蟻垤就把他綁在樹上，回到家問他老婆在他死後是否願意陪著他一起去地獄。

「當然不！」她大叫：「這些是你的罪，不是我的。為什麼我要跟著受苦？你必須對自己的行為負責。」

蟻垤回去找苦行僧，鬆了綁並道歉。

「我打算不再當強盜了。我老婆不願意分擔我的罪，所以我也不想再養她了。請幫幫我。」

修行人請他念誦羅摩的名號，就能從自己犯下的所有罪行的惡果中得到解脫。他坐下來，開始持誦名號。年復一年，蟻垤一直坐在同樣的地方，專注在羅摩的名號中。時間流逝，螞蟻在他身上搭建了一座巨大的蟻丘，完全蓋覆住了他，他的名字就是由此而來的。最終由於精進的苦行，以及專一融入羅摩名號，他成了偉大的智者，得到了許多神通力。他預見到了未來，甚至在羅摩出生之前就寫下了整部《羅摩衍那》。如果你對神的名號有著強烈的虔愛，就會發生這樣的事情。

也許這就是那時我想要告訴你的另一個故事，我已經忘了到底是哪個了。

在一些人身上，神的名號能無須作意、自發地一直念著，這樣的人很少。卡比爾做得到，但許多人都做不到。卡比爾是織布工，但他嘴上一直不停念誦著神的名號。當紡線斷掉時，他必須舔舔手指，把線頭弄濕後再搓起來。在舔手指的時候，就不得不停下羅摩名號的念誦。這讓他煩惱，因為他希望能夠連續不斷地念誦。最後羅摩本人插手了，告訴卡比爾說他會親自把斷線接起來，好讓卡比爾一直持誦，一秒都不斷。

這個故事是我許多年前聽到過的，但不記得是在哪裡聽到或讀到的了。卡比爾織布的時候，羅摩出現在他面前，親自做起了所有的活。羅摩坐在機器後織布，而卡比爾坐在他身邊，唱誦著他的名號。這是什麼意思呢？這表示如果你全部的注意力都持續集中於神，那麼，是神，而不是你在完成工作。

聖雄甘地是另一位這樣的人，神的名號在他心中自發

且毫不費力地持續著。他一生都持誦羅摩，浸淫至深，甚至當刺殺者的子彈毫無預警地射中他時，他自然而然地念出了羅摩的名號，然後才倒地死去。在死亡那一刻，名號自動浮現，是因為名號不間斷地伴隨了他的一生。我知道這是真的，因為1947年我曾在馬德拉斯見過他幾次。

那個時期甘地吉被國大黨的所有政治領袖都拋棄了。其他所有的政客都希望印度分治，好把巴基斯坦劃分成一個單獨的穆斯林政府，但甘地拒絕接受。

他說：「如果他們願意，可以切割我的身體把它分開，但他們不能分割印度。印度只有一個。」

其他政治家是實用主義者。他們希望印度分治，對他們而言這是最明智的舉措。其中之一就是羅哲果帕拉剎利（Rajagopalachari），他後來成了最後一任印度總督。他住得離我很近，我有時去見他，給他做北印度菜，因為他在馬德拉斯不太容易吃到。

有一次他對我說：「甘地是修行人，不是政治家。他很天真，不明白今天政壇的實際狀況。我們必須給穆斯林們一塊獨立的土地，來擺脫他們。如果讓他們全留在印度，他們最終會毀了我們的。還不如讓他們離開，擁有自己的國家。」

我問羅哲吉為什麼如此偏向分治，他回答說：「印度教徒和穆斯林是不可能和諧共處的。現在已經有許多群體騷亂事件了，如果穆斯林沒得到自己的土地，情況會越來越糟。除了甘地，所有的政治家都認同這是唯一可行的解決方案。」

在這個問題上，我進一步追問了他一下，他表達出一種當時在印度教徒中很常見的恐懼：「如果讓他們留下來，這裡最終會變成一個穆斯林國家。他們已經統治這裡幾百年了，除非再度上台，否則他們是不會消停的。所以現在就給他們一塊分開的土地

更好，可以避免之後的衝突。連總督也同意了。」

　　總督叫什麼名字？我記不起來了。

大衛：如果是1947年中的話，可能是蒙巴頓勳爵（Lord Mount-batten）。

帕帕吉：是的，當時每個人都持有同樣的觀點。每個人，除了甘地。

　　當時所有的大政治家，包括尼赫魯也都是同樣的想法。沒有人再去見甘地了，因為大家知道他極其強烈地反對分治。

　　所以，當我去見甘地時，只有一小群人在他身邊。每天傍晚，他組織大家集體唱誦羅摩名號。我定期見他，成為了非正式的侍者。因為他年紀很大了，身體虛弱，我幫他登上講臺、走下講臺，並且如果有什麼公告的話，我也會在集會尾聲時宣佈。

　　有一次晚間集會時，有個新人來見甘地。他向尊者禮拜，起身時拿起了甘地的一隻涼鞋（chappal），揣著就跑開了。我想去追他把他抓住，但甘地阻止了我，他說：「不！不！不用追。一隻鞋就夠了。」

　　集會最後我做了一番聲明，希望偷走涼鞋的人把鞋還回來。我說：「如果不還回來的話，甘地吉很可能就只能穿著一隻鞋子到處走了。」我的號召毫無效果，那隻涼鞋再也沒出現。

　　我常常和甘地私下聊天。可是我們交談時，他從不看著我的眼睛。他總是目光下垂，通常只看著正在織線的紡錘。

　　有一次，他一邊紡線一邊對我說：「許多年前，我在旁遮普時生出了一個想法，每個人都應該紡自己的線。我

見到旁遮普婦女閒下來就在紡線，就想：『這是個好辦法。在印度每個人都可以這樣善用自己的閒暇時間。』所以我開始在印度各地鼓勵大家在閒暇時紡織。」

　　他是偉大的聖人。只要看著他的身體，我就能知道這點，都不需要看進他的眼睛。他的身體是我見過最明淨的，它是銅色的，在精微層面閃耀著梵的光芒。

他的身體很美。這麼美的身體，我只見過尊者有。他們倆人的身體都是閃著光的。

　　有一次我坐在甘地的身邊，聽到有「羅摩、羅摩」的聲音從他那裡傳來。他的嘴唇並沒有動，所以我就想找出聲音來自於哪裡。當我專注於聲音的來源時，才意識到這是從他身體內發出來的。聲音從他的皮膚毛孔裡發出來。他不再需要重複名號了，名號正持續地在他之內重複，透出皮膚向外流溢。

　　持誦有幾個階段，這是非常高層的階段了。最開始用聲音持誦，然後用心念。接著，第三階段，持誦和呼吸同步。當能夠無需努力並自發地進行時，名號就會一直自行重複下去，即使在沉睡中和夢中也是如此，因為呼吸和名號合一了。不需要有意識地努力，名號已經隨著每一次的出息和入息自行重複了。

　　卡比爾有一次這麼唱道：

Japa mare ajapa mare

Anhat bhi mar jaye

Surat smani shabd main

Ta ko kaal na khai

這首詩說的是，在依靠努力的持誦(japa)結束後，取而代之的是無持(ajapa)。無持，是指人無需說出名號，名號能自行重複。這首詩接著說道，在無持之後的下一個層次是anhat，是在本心之中對聲音的覺知。之後，聲音的源頭也會融入覺性——這個覺性，是時間範疇中的任何事物都無法碰觸或影響的。

首先，聲音消融在本心的寂靜之中。接著，甚至寂靜也返回到它的源頭，在那裡休歇。在神的名號能被唱誦出來之前，只有寂靜。當名號退返沉入本心之中，也只有寂靜。既然人最終還是要讓頭腦重返寂靜，為什麼還要讓頭腦向外投射，讓它去唱誦神的名號呢？所以，我並不讓人去修持誦或任何形式的活動。我對每個人都說，要同時放棄唱誦和不唱誦，因為這些都是頭腦的想法、概念和活動。在你放下了在覺知中顯現的一切時，覺知就融入了其源頭，作為那個而如是安住。你無法以任何形式的努力來回到這個源頭。持誦，即使是不間斷的無持，都不會帶你去到那個地方。你必須找到一位已經到了那裡，並安住在那裡的老師。如果你足夠純淨、聖潔，那麼在這樣一位老師的身邊，源頭會向你展露，並把你拉入其中。除此之外，沒有別的方法。

我們沒有時間整天唱誦，我們還有別的事情要做。所以，當有人來這裡問我的建議，我告訴他們：「不要做任何努力。保持安靜就好。保持安靜的時候，看看會出現什麼念頭。」

我每天都在解釋這點：隨著念頭回溯，去看念頭是從哪裡出現的，回到念頭的源頭。如果找到了，你就會擁有平靜和幸福。你需要知道的就是這個。

接下來大衛提了些問題，是關於持誦和神的名號的。

大衛：我第一次拜訪您時，我問為什麼作為終生的黑天虔愛者，您經常說的是「訶利羅摩」而非「訶利黑天」。您說這是您到敕特拉庫特遇見哈努曼之後自動發生的。是否從那時起，羅摩的名號就一直在您心中自行重複了呢？

帕帕吉：去敕特拉庫特的經歷我已經說起過很多次了，就不必再說了。

　　在馬德拉斯羅摩對我顯現後，羅摩的名號就取代了黑天的名號。我已經不再持誦神的名號，但如果有名號自發地從我心中生起，通常就是羅摩。

大衛：儘管「羅摩」是神的名號，但您同樣大肆讚歎「唵」音。對您來說，這是原初之音，世間一切都由此展現。這是您在兩年前的薩特桑中講到的：

> 　　我們以「唵」音開始薩特桑。我們發出這個音時，它是從哪裡來的？是怎樣展現的？
> 　　蘊含在它之中的，是其自身本具的特性，如同陶土有一股本具之力（shakti）來形成陶罐一樣。「唵」隱含著顯現出世界的力量。但當我們說「唵」時，它從哪裡來？我上學時，聽到有人說「唵」，這個字深深沉入了我，讓我一整天都無法動彈。現在，當我說「唵」，我知道「這就是真理，這就是梵本身」。
> 　　它沒有任何意義。它是無形的，是超越的，遍及三界，但也超越了三界。
> 　　我說「唵」時，它立刻指向其源頭。「唵」既是能指也是所指。發出「唵」音會帶你回到你的源頭，你就是那個。

　　我在您的一本舊筆記上發現了下面五句摘錄。一句是《蛙氏

奧義書》[a]的偈頌，一句摘自商羯羅的相關注釋，另外三句是一位當代梵學家對同一句偈頌的闡述。

一、各種名字只是「唵」的不同變化而已。

二、這一切都是「唵」。所有過去、現在、將來的都是「唵」。超越三時概念的是「唵」。

三、因為事物要藉由名字才能被認知，所以最高的梵確實就是「唵」。

四、念出「唵」時，頭腦中就生起了梵之覺。因此「唵」是能幫助頭腦了悟梵的最直接的標識。

五、了知「唵」和了知梵是一樣的。

對於這些說法，您想評論一下，或者多說一些嗎？

帕帕吉：我還能再說什麼呢？所有這些都是真實的。「唵」就是一切。「唵」是梵，梵是「唵」。這個世界的一切就是「唵」。現在我們定期閱讀的《瓦西斯塔瑜伽經》（*Yoga Vasishta*），其中也解釋了「唵」的本質。

然而，如果你想瞭解「唵」的真實本性，在書裡是找不到的。你要去重複「唵」聲，去感受產生這個聲音的源頭。那個地方是寂靜，但在那個寂靜中，「唵」也在自行重複著。這是非常精妙的體驗，鮮少人擁有過。幾分鐘前我引用的卡比爾的詩歌中他所指的就是這個。「唵」音回到其源頭，也就是寂靜之中，並在那裡自行重複。如果你內在非常安靜、非常寂靜的話，你能聽到並

---

a 《蛙氏奧義書》（*Mandukya Upanishad*）：或譯《唵聲奧義書》。Mandukya 一詞有「蛙」之義，故被譯為《蛙氏奧義書》，因為其談論的主題為「唵」聲，又被譯為《唵聲奧義書》。後世有喬荼波陀為此奧義書注疏，即著名的《聖教論》（*Karika*），為不二論的奠基之作。下文的引文可參考徐梵澄《五十奧義書》中的譯本：「凡過去者，現在者，未來者，此一切皆唯是唵聲。其餘凡超此三時者，此亦皆唯是唵聲。」

感受到這種精微的振動。這種振動就是「唵」，它本身就是梵。

大衛：以下四句偈頌出自南提婆的《神名之義》（*Philosophy of the Divine Name*）。在弟子們問到有關持誦和神之名號時，拉瑪那尊者常常會朗讀這些。

> 名遍佈天上地下，充斥整個宇宙。誰能說出冥界的深度，天國又能延展至何高處？愚人經歷八百四十萬不同種類之生死，卻不了解萬物本質。南提婆言：名乃永生無死。形色不可計數，而名盡含所有。
>
> 名即是形，形亦是名。名形之間，無有分別。神自展現，立名立形，此即吠陀所安立之名。應知此名為無上咒。不做此說者皆為無明愚者。南提婆言，真名即剋沙伐（Keshava，指神）。唯有摯愛祐主的信徒方明此意。
>
> 唯當認出自己之「我」，方知名之無所不遍。不識自己之名，又如何識得無所不遍之名？識得自己，則了悟名無所不在。視名有異於所指之相者，則起幻相。南提婆言：「當問聖者。」
>
> 無人能依研習教理、坐禪、苦行而了悟名。先於上師足下臣服自己，習而了知「我」本身即是名。找到「我」之源，讓個體感融入那自有的、離一切二元的獨一中。名無所不周，超越二及不二，名遍及三界。名即究竟之梵（Para Brahman），於中無有二元所生之業行。

這似乎可以概述您對名以及持誦的觀點。也就是說，為了發現並體驗「我」的源頭，需要臣服於上師。只有這樣，才能了知真實之名。

帕帕吉：南提婆是位偉大的聖人，他一直念著神的名號不停。他

住在馬哈拉施特拉邦，但因為名氣太大，住在瓦拉納西的卡比爾也聽說了他。

一些弟子去見卡比爾，說：「我在南方見到的這位名叫南提婆的偉大聖人，他真的太了不起了，就連他屋裡工作的侍者都是聖人。她名叫迦娜白（Janabai）。」

卡比爾就有了衝動，要去南方拜見這位在南提婆屋裡工作的聖女。所以他去了那裡，請南提婆介紹認識侍者迦娜白。

「她現在不在這裡，」南提婆說：「她早上過來，掃地洗衣服，但她並不常住在這裡。她只在有工作要做的時候才過來。」

「她現在會在哪？」卡比爾問道：「我來這裡就是為了要見她。」

南提婆說：「她有份兼差，傍晚在市場賣牛糞餅。你也許能在那裡找到她。」

在印度我們用牛糞做燃料。婦女從街上收集牛糞，製成平整的圓形餅，再放到太陽下曬乾。婦女通常只製作自家使用的牛糞餅，但也有人專門做了去售賣。

卡比爾去了鎮上的廣場，發現那裡一共有二十五個女人，都在賣牛糞餅。他問哪一位是迦娜白。

廣場另一邊有人在打架，一個賣牛糞餅的女人指著那裡說：「那就是迦娜白，她正和另一個女的為了牛糞餅打架呢。」

他還是不知道哪一個才是，但至少範圍縮小到了兩個女人。

他走過去問道：「你們誰是迦娜白？」

其中一個人怒氣衝衝地回答：「她是迦娜白，她是個賊！」

卡比爾大為驚訝。他聽說迦娜白是偉大的聖人，但卻被另一個女子控告是賊。

「你為什麼要指控她？」卡比爾問道：「她偷了你什麼？」

女人回答：「我走開了一會去喝點水，迦娜白就趁機偷了我十塊牛糞餅，都放到她籃子裡了。看看！都在那裡呢！」

迦娜白反駁：「不是的，正相反。她偷了我的餅。我的餅在她的籃子裡。」

怎麼解決爭論呢？牛糞餅看起來都一樣，而兩個女人都聲稱對方是賊。

迦娜白提出了一個解決方法。「我的餅和她的不一樣，」她說：「如果你坐下來，湊近去聽一聽這些餅，就會明白我在說什麼。」

她挑出了自己的牛糞餅，卡比爾湊近聽了一下，發現牛糞餅發出了「羅摩」的聲音，每塊牛糞餅都在輕輕唱誦著羅摩的名號，於是卡比爾知道她說的是實話。

如果你整個身心都浸透著羅摩的名號，那麼你做的事情也會充滿羅摩的振動。

關於這個話題你還提了個問題。

大衛：我曾聽您說過，即使是沒有生命的物質也能迴響羅摩的名號。您一個在南印度的老弟子寫信給我，說多年前您曾幫他們一家選過房子。先否定了好幾套房子，說不合適，最後您為他選了一套，說房子的磚都在唱誦著羅摩的名號。為什麼會這樣？您還見過多少建築或器物唱誦神的名號呢？

帕帕吉：有好幾次我聽見周圍的一切都迴蕩著羅摩的名號，即使是植物和石頭也在唱誦。但並不是每個人都聽得到。你必須感受到你與周圍一切的同一，當有了這種認同，一切萬物就都在念誦名號了。那時，你會進入到所見萬物的本心之中。名號自然地在那裡響起並重複著。

大衛：在1982年9月6日，您在日記上寫了以下的話：

今天清晨，我聽到羅摩咒而醒來，發現有人在我心裡正大喊著：唵，室利，羅摩，嘉呀，羅摩，嘉呀，嘉呀，羅摩！

請問這類體驗經常發生嗎？

帕帕吉：聖名一直在本心之中自行重複著，它遍佈整個宇宙，就像我剛才朗讀的南提婆所說的偈頌：當你安住於本心，你就能一直聽到名號在自行重複。

羅摩·提爾塔也就此留下過文字描述。對他而言，聖名就是「唵」音。當他聽到微風吹拂，他聽見了「唵」聲；當他坐在瀑布邊，他聽到水沖下來發出的是「唵」聲；當恆河流經他身邊時，他聽到她在唱誦著「唵」聲……無論你周圍有些什麼，當你體驗到與它融為一體時，你就會一直聽到名號被唱誦著。

1974年最後幾個月，帕帕吉大部分時間都在勒克瑙，其間在瓦拉納西、沃林達文、馬杜拉（Mathura）、哈德瓦短暫停留。從馬杜拉回來的路上，帕帕吉見到了黑天。蜜拉記錄下了這次經歷：

大概凌晨四點的時候，我們正坐著火車回勒克瑙。我們之前在馬杜拉，那裡和黑天淵源極深，所以他心中可能還縈繞著與黑天相關的思緒。那時上師已經醒來了一段時間，突然，他臉上出現了那種特別的表情，表示他正在體驗著某種深層的淨相。當天稍晚些時候，他恢復到了平常的狀態後，告訴我在火車上，黑天對他顯現了，並將自身教法的精髓傳遞給了他。這肯定是一次非常強烈的體驗，因為後來我聽上師語帶敬畏和驚訝地談起這件事很多次。

因為這次淨相似乎對他具有很重要的意義，我於是請帕帕吉親自來講述一遍。我得到了以下答覆：

當時我正搭乘馬杜拉－勒克瑙快車從馬杜拉回勒克瑙。火車上人很少，我記得自己睡在下鋪。接近坎普爾車站時，我見到了黑天，聽到有一個聲音正為我讀誦《薄伽梵歌》。這件事情我後來

說給了好幾個人聽，他們現在會複述說是黑天為我讀誦了《薄伽梵歌》，但其實並非如此，實際上這是一種內在的聲音在唱誦著偈頌，黑天和我都在傾聽。儘管偈頌是由黑天所寫的，聽著念誦時我知道這些詞句是來自宇宙的內在之聲，黑天只是管道，這些語句經由他而被大聲唱誦出來。

我不太懂梵文，從沒讀過原版的《薄伽梵歌》。但當我聽見這些以梵文來吟誦的、發自宇宙的內在之聲的詩句，我立刻就瞭解並徹底明白了每首偈頌的含義。淨相結束後，我本打算把在偈頌吟誦時我得到的領悟寫下來，寫成一篇《薄伽梵歌》的論述，然而當我坐下來提起筆的時候，卻毫無文思。我發現我沒法把自己的領悟用文字表達出來，所以就放棄了這個計畫。

我在火車上所聽到的詩句，以某種方式將誕生了黑天和《薄伽梵歌》的源頭指了出來，揭露了出來。任何注釋都無法抓住那個源頭，更不要說透過語言來表達它的本質了。

1975年1月，帕帕吉決定去探望他在孟買和隆達的老弟子。蜜拉隨行，並一如既往將帕帕吉的某些回答記錄在自己的筆記本上。記錄中日期為1974年的對話發生在勒克瑙，在1975年的旅程之前。

1974年12月9日

問：我有過一些體驗，這些體驗我沒法描述，只能說它本身很「甜美」。那時，我並不僅是感受到了甜美，我本身**就是**甜美。每次體驗後，思維又生起了，試著想去理解發生了什麼事。我應該試著去忘記這些體驗嗎？如果我想更進一步的話，難道不是應該讓我的頭腦不再停留在任何地方，比如說不再停留於某個過去的體驗上嗎？

帕帕吉：儘管甜美的體驗看起來是一種頭腦缺席的狀態，但那種甜美實際上是你頭腦中的一個非常細微的對境。你與之成為了一體，以至於你無法去思索或體會別的東西。你，作為主體，已經和你念頭的對境成為了一體，徹底融為一體，以至於任何東西都介入不了。而之後，當你去回憶它的時候，說明主體已經和所體驗到的對境分開了。無論你是正在體驗著或是之後再想起，這全都發生在頭腦中：記得它，是頭腦；試圖放開它，也還是頭腦。

這些都不是真實的狀態。真實的狀態不是明辨，不是虔愛，也不是兩者之間的任何東西。它是你不知道的，並且根本無法知道的東西。

問：要如何才能達到這個呢？我知道自己還沒有達到。

帕帕吉：去專注於那無法達到的。一直保持這種專注，你就會成為專注本身。

問：為什麼我抓不住它？

帕帕吉：你可以努力去達成某個客體目標，但我說的並不是客體。我說的是主體，說的是你自己。努力會讓你達至客體目標，但當你放棄努力時，你就作為主體而在了。放棄所有的努力吧，那個力量自然會抓住你的。放掉你的身體、你的感官、你的頭腦、你的理智。那時，你是誰？

問：我什麼都不是。

帕帕吉：你放掉了所有這些東西，成為了「什麼都不是」的時候，讓那個力量去抓住那個「什麼都不是」。讓它抓住你。這樣，你就能與那個力量融為一體了。你永遠不可能抓住它，但如果你放手

的話，它就會抓住你。

1974年12月16日

帕帕吉：淨相只不過是些念頭。

問：它們是否是精微的、星光的^a？

帕帕吉：這也是個念頭。受到外部的影響後，心念會想像並觀想出奇妙的形象來。你在淨相中見到的面容是個念頭，由之前覺受到的外境而起，否則它還能從哪裡來？

問：當我與神緊密合一時，即使念誦他的名字也是一種打擾。

帕帕吉：曾經有個人和他的愛人分隔兩地。他遇到有人要去她的住處，就請那人帶個口訊給她。他們倆邊走邊聊，他對傳信人說起了自己的愛人是多麼美麗，說等到最終相會的時候他會多麼幸福。他說了一段長長的情話，請信使帶去，信使就動身出發了，但那人也跟著一起走，因為他還沒有把愛人的美妙描述殆盡。最後，他伴著信使走完了整個旅程，漫漫長路中，他唯一的話題就是他的愛人。

　　他們到達終點的時候，信使先見到了那個女子。

　　「她在那裡，」他說：「你可以親口告訴她了。」

　　那人完全愣住了。滿腔的喜悅讓他舌頭僵硬。這一眼勝過千

---

a　印度靈修哲學和修行次第中，有粗重身、精微身、因基身和超越身這樣的劃分，是從物質層面到能量層面，從粗到重的劃分，翻譯引介到西方後，精微身也會被翻譯成astral body，一般中譯為星光身。

言萬語。當你最終一睹所愛，就不需要再談論她了。你只需要享受她。

　　一旦你體驗到了那個，就不需要再去談論它了。事實上，你也無法再說什麼了。

問：我們之前談的是淨相。淨相到底是什麼東西？

帕帕吉：淨相只存在於時間之中。它們有來有去，因為它們是在頭腦中的。頭腦中的東西都是有來有去的。

問：那麼什麼是頭腦？是某種種子嗎？我們所見的一切都是從中而起的嗎？

帕帕吉：頭腦和種子沒有差別。把種子從頭腦中拿掉的話，還剩下什麼呢？

問：要看到淨相，是否需要某種特別的靈性之眼、某種特別的視覺呢？

帕帕吉：真正的靈性之眼，是那個正看著你雙眼的眼睛，它通過你的雙眼而看，它也正看著我的雙眼、通過我的雙眼而看。

　　有一次拉妲在亞穆納河裡取水。她聽見黑天正用笛子吹奏著一支樂曲，便循聲望去。當他們四目相對時，一切念頭都停止了。她忘記了一切，除了他。像這樣目光相遇之後的徹底忘卻，就正是靈性之眼在起作用。

問：在我體內好像產生了某種……

帕帕吉：不管什麼時候產生了什麼反應，都是因為缺乏警覺。

1974年12月26日

問：我曾瞥見過實相，但很短暫。要如何才能穩定於過去經歷過的那個開悟瞬間呢？

帕帕吉：想要穩定下來，這個想法就是在干擾覺性。為什麼你想把覺性穩定住呢？只是因為你認為自己是沒覺悟的。對於覺性本身來說，你覺或不覺又有何區別？難道不管專注還是不專注，覺性不是無處不在的嗎？

你為什麼要記住或者穩定住那個呢？那個才是讓你能去記憶和去穩定的力量啊。

理智試圖抓住那個，給它起個名字，讓它變得可以理解，但理智是觸摸不到它的。它超越了所有的名相和概念。

問：所以我就任由覺性了，隨它去。我只是需要體會，而不是讓心智去觸碰。

1975年1月
孟買，與普拉布吉（Prabhuji）和薩拉夫吉（Sarafji）一起

帕帕吉：聖人是讓你無欲之人，去除你的一切頭腦狀態的人。

問：這一切似乎都超越了理性。

帕帕吉：這就是最理性的，但並不是說你必須得去理解它。看看太陽吧，無論你是否理解太陽，它都讓你溫暖，給你光明。

問：人們說必須靠加持才能開悟。

帕帕吉：加持一直都在。認為自己還沒有得到加持，把這種「無加持」（dis-grace）的想法拋開吧。

問：這很難做到。

帕帕吉：很容易。要去學習一件事情是困難的。要去遠方的話，你必須做好旅行的準備，帶好裝備。要掌握一件困難的事情，你必須一直動腦筋。但這個不一樣。這不是要飛到月球上去，只是做你自己。你不需要去上課或者聰明智慧才能做到。

1975年2月，有一位男子來到孟買拜訪帕帕吉，出於保護隱私的原因，他請我略去他的姓名，只稱為「D先生」。帕帕吉描述了這次會面的背景：

我在薩嫩參加克里希那穆提演講時，是卡爾洛斯‧希爾瓦照顧我的，他之後向幾個美國朋友說到過我，其中一個人又轉述給了一位南美的數學教授米沙‧科特勒（Misha Cotler）。他隨後向D先生說起了我的事蹟，D先生當時在加拉加斯（Caracas）當數學教授，也就是說，我的名字傳到D先生耳中時，已經是三手或四手的資訊了。儘管他之前從沒有聽說過我，卻立刻被吸引住了。他打電話給航空公司，詢問下一班去印度的機票。他連自己的太太和大學都沒通知。推動他過來的力量太強了，他直接拿起了電話，對另一頭的女士說自己要買下一班去印度的機票。

航空公司的小姐告訴他下一班機票已經售罄了，但她會將他列入等候名單，看看是否有人在最後一刻取消機票。

接著D先生去見了大學的校長，告訴他自己要趕緊去趟印度。他沒有假期，也沒有學期中間突然請假的正式理由。D先生知道這一點，他願意辭職。

「這是一件私事，」他說：「我必須去印度見一個人，是我最

近聽說的一位修行老師。有什麼東西拉著我去見他，讓我沒辦法延遲這趟旅行。我必須馬上出發。如果你不讓我走的話，我就辭職。什麼都無法阻止我。」

校長不想失去他，就編排出了些孟買的工作讓他做。

「如果我准了你這種毫無理由的假，」他說：「其他教授會抱怨的，或者也會開始要求去休假。我會告訴他們你得去孟買大學一趟，和幾個人會面。請別在那裡逗留太長時間，這個藉口只能哄住他們幾個禮拜。」

幾個小時後，航空公司的小姐打電話過來，告訴他有人在最後一刻退了機票。

「馬上來機場吧，」她說：「如果你現在就出發，還能趕得上飛機，遲一點就趕不上了。」

D先生立刻開車到了機場，登上飛機，甚至沒把自己出國的事告訴太太。解脫的召喚響起來的時候，你就不得不聽從於它，把一切都拋諸腦後。

D先生拿到了普拉布一家在孟買的地址。他第二天到達的時候，沒帶行李，唯一的東西是身上穿的衣服。

D先生到的那天帕帕吉不在，但普拉布一家和蜜拉照顧著他，直到帕帕吉回來。蜜拉敘述了發生的事：

上師已經去了勒克瑙，說幾天後回來。我們在等他的時候，這個人從委內瑞拉飛過來見上師。他看起來很焦急不耐，但同時又非常靦腆。他把自己的情況告訴了我們，說他一聽到上師的名字，就立刻飛來了印度。他到達之後過了兩天，上師回來了。

剛開始幾天上師好像對D先生很不關注，對他毫無興趣的樣子。D先生變得非常焦慮，他一路從委內瑞拉飛來見上師，但上師卻似乎毫不在意他的存在。

兩天後，D先生來找我說：「我再也受不了了。我非常渴望

找到一位上師，但他完完全全無視我的存在。如果他不能給我想要的東西，這個世界上我還能去哪裡找呢？我打算回委內瑞拉了。」

「請再多留一天吧，」我對他說：「你那麼大老遠過來，不應該那麼快就走。」

次日午飯時，D先生直接找帕帕吉對峙。蜜拉在日記中記錄下了這段對話，日期是2月18日：

D先生：和在加拉加斯時相比，我現在沒什麼變化。我沒什麼收穫，甚至沒聽到您有什麼獨特有力的回答。

帕帕吉：你說自己沒有收穫，是因為你是在和自己以前經歷過的某種狀態做比較。這種比較，是來自過去的。停留在過去，只會滅亡。你不去比較的話，會怎樣？

D先生：好的……現在？（停頓）就是這個嗎？

帕帕吉：是，「現在」。

D先生：（喪失了理智，大笑不止，最後說）你還讓我認真點！（他笑得越來越厲害，之後他開始跳舞，重新坐定之後，說）太簡單了！太簡單了！這不是某種知識，這是事實。開悟就在一瞬間！

蜜拉又補充了一些回憶：

這真是個不尋常的反應。D先生這些天和我們在一起時一直那麼靦腆，但他突然爆發了，狂喜地載歌載舞，像個瘋子一樣。最後他躲到了廁所，鎖上了門，開始歇斯底里地大笑。每次我們

敲門的時候，他要麼在大笑，要麼在大喊：「我明白了！我明白了！」

第二天，他冷靜了下來，向上師鞠躬，說：「我明白了。我明白我來這裡是為了什麼。別的我都不需要了。現在我可以回委內瑞拉了。」

第二天他回了家。這次見面讓我印象深刻。我第一次意識到，只要有對解脫的渴望就足夠了。我見到了這個沒有任何靈修背景、沒有修行過的人，成為了解脫者。他只是有著強烈的渴望，要來見上師，要在上師的臨在下被轉變。到目前為止，我認識這個人已有二十年了，他說從那一天起，這種體驗便從沒離開過他。這才是真正的覺悟。這整個故事對我而言是很好的一堂課。

D先生回到了委內瑞拉，回到了工作和生活中。幾個月後，另一個委內瑞拉弟子致信帕帕吉，邀請他來訪這個國家。帕帕吉接受了邀請，第二年就去了委內瑞拉。下一個章節中，將講述那次出訪中的故事。

三月的時候，帕帕吉和蜜拉去隆達探望那裡的弟子。期間，一些學者上門來訪，想和帕帕吉討論著名的印度聖者雅內濕瓦。

雅內濕瓦幼年時就開悟了。他寫了幾本書，最有名的是《雅內濕瓦論》，是對《薄伽梵歌》的注疏。十六歲時，他自願住進了山洞，並封住了洞口。雖然這距今已有好幾百年，但他的信徒們認為他還活著，處於深層的三摩地中。山洞從沒被打開過，所以信徒們的話也沒有得到過科學的驗證。

蜜拉記錄了幾則帕帕吉給學者們的回覆：

1975年3月23日

學者：大家都認為雅內濕瓦處在三摩地中，您怎麼看待這種三摩

地？要怎麼才能達到？

帕帕吉：雅內濕瓦說達到解脫需要幾個階段：

> 一、先以金剛坐法（vajra asana）坐下，並禪修觀想上師之
> 　　形，即「唵」。
> 二、重複念誦「我即他」（Soham）來禪修於濕婆。
> 三、在鼻尖處感受到殊勝妙樂時，專注於鼻尖。
> 四、若能完成，就能體證大空（mahasunya）。

當你契入或認同大空時，你就與之沒有分別，是全然一體的。

我要說的是，金剛坐法等等都只是頭腦的遊戲。並沒有次第的、一步接一步的證悟。雅內濕瓦的起點是大空，終點也是那裡。其餘的一切都只是頭腦。

你問要如何達到這種境界，首先你要否認一切展現。否認後，就會見到那個不展現的，發現其中一切的展現都是「**我**」。對雅內濕瓦而言，一切展現和不展現都消失了。這就是他的三摩地，他當下的境界，沒有開始也沒有結束。

學者：（大聲朗讀圖卡拉姆作品選段）「我見神在外亦在內……」

帕帕吉：圖卡拉姆向外看時，他只見到毗塔拉（這是潘達爾普爾地區的黑天形象）；而毗塔拉看向圖卡拉姆時，見到了神本尊。兩者都忘了誰是誰。

學者：什麼才是遠離執著的方法？

帕帕吉：沒有方法。你首先得去看看自己是否痛恨執著。誰在執著？什麼是執著？是人在執著他的身體，他的頭腦。你把身體當

成了自己所擁有的物品，這就是執著。

真正的智者會告訴你「你從未被束縛住」。沒有方法和途徑可以理解這一點。你只需要給你的真我一個瞬間，在那個無念的瞬間到來的時候，你的束縛將永遠消散。

1975年3月24日

問：要如何控制住頭腦呢？

帕帕吉：你必須先研究研究你自己，看看是否真的有個叫做頭腦的實體需要被控制。

問：我總是會被念頭所侵擾，這就是我的經驗，我沒辦法否認。

帕帕吉：是誰告訴你「我被侵擾」了？要我說「我是不會被侵擾的」，這就是我的經驗。你被洗腦了，相信自己的心念會干擾你。社會把這種念頭強加給了你。你太過相信這一點，因此它就成為了一種信念。但我要說的是「那只不過是你的想法」，只要不再相信，你就能扔掉這個想法了。把這個想法放一邊吧。然後呢？

問：即使我聽到「我是不會被侵擾的」，這也改變不了我。我看著自己，想驗證您所說的是否符合我自己的經驗，而我不得不說「這不是真的。頭腦依然還在，我也因它而受苦」，這是我不可否認的經驗。

帕帕吉：這不是事實。這只是一種想法、一種信念。不要讓這樣的迷信浮現，告訴我，剩下的是什麼？

你把自己的頭腦看作一種對境，以為作為主體的你需要以某

種方法去控制它。一旦你有了這個想法，就已經在自己和頭腦之間創造出了距離，或者說創造出了分離。真正的你不可能被控制。不管你意識到與否，它永遠這樣存在著。你沒辦法見到自己的真我，因為它和你太近了。你只能看到面前的東西。而這種太近的東西是怎樣的？它在你視網膜背後。你和**那個**沒有任何距離。

問：但怎麼樣才知道呢？

帕帕吉：對於跟你有距離的事物，你才有知道。當沒有距離的時候，不會有知道。要靠不知道、不思維、不理解，你就能找到跟你沒有距離的東西。

　　帕帕吉和蜜拉在卡納塔克邦住了幾近三個月。六月初，帕帕吉受邀去邁索爾拜訪內津海爾先生（Mr Neginhal），就是那位帕帕吉1960年代住羅摩寺時送了他十英畝土地的森林官員。這次邀請發出的時候，內津海爾先生是卡納塔克邦的野生動物保護主管。內津海爾在帕帕吉來訪時，在自己管轄的自然保護區中安排了一次野生動物觀光之旅。蜜拉敘述道：

　　我們去了靠近卡納塔克邦和喀拉拉邦交界處的野生動物公園。我記得那片地方偏遠而荒蕪。內津海爾先生陪著我們，安排我們乘坐大象。我們坐著象在森林裡走了六個小時。那裡能見到很多動物，最讓上師感到快樂的是看到一群猴子正從鳥窩裡偷鳥蛋。猴子們得手後就遊過河逃之夭夭。渡河時，牠們把鳥蛋高高舉在空中，不讓蛋被水打濕。每個人都很喜歡這趟旅行，雖然後來穆克蒂得了某種瘧疾，我覺得是因為她在那裡被什麼東西咬了。

　　住在邁索爾時，有位自稱是邁索爾大君的首席梵學家（chief pandit）的人來拜訪我們。那裡的大君不知從何得知上師是一位偉大的修行人，並且正在他的領土內。他覺得上師應該是一位大學

者，就立刻派遣他的梵學家來見我們，因為他正好碰到了一些晦澀難懂的梵文偈頌。上師幾乎完全不懂梵文，他不可能讀過梵學家帶來的書。上師並也沒有說自己不懂梵文，因為他知道梵學家需要他給出好的解答。上師請梵學家把偈頌大聲地朗讀出來，他就照做了。念誦完之後，上師開了口，一段極為美妙的開示流淌而出。雖然原文他一個字都不懂，但卻對偈頌作出了完整的開示。聽到這番詮釋，梵學家十分欣喜。

這已經不是我第一次見到類似的事情發生了。我曾在歐洲的修道院見過這樣的事情，在瑞詩凱詩，阿比什克塔南達‧斯瓦米來見我們時也發生過類似的事情。人們給他看各種靈修文本中一些晦澀或模棱兩可的段落，上師會自然而然地給出美妙的闡釋。和他一起生活了很久之後，我明白他有某種解釋或闡明靈修文本的天賦，能為視這些文本為聖典的信徒們去疑解惑，甚至進一步有所啟發。他從不閱讀或研究這些書本，但有人問他的時候，真我就讓他發聲，做出最絕妙的回答。對此不甚瞭解的人，可能會認為他一定是經年累月地埋首在這些書本中。

儘管上師可以很好地闡述文本，但還是有一些技術性的、哲學上的用語似乎總讓他很好奇。只要遇到飽學之士，比如我們在邁索爾遇到的那一位，他總會去請教某些詞的確切含義或深意。有一個詞sphurana似乎讓他著迷了很久。這個詞指的是真我的振動、閃耀或律動，但這種簡單的定義從沒讓上師滿意過。在1970年代早期，如果身邊有學者的話，他總會把sphurana這個詞提出來，然後開始討論它的含義。我不覺得有誰的解釋曾讓他真的滿意過。

以下的參問是蜜拉在邁索爾和貝爾高姆（Belgaum）兩地的記錄。前兩則對話中的提問者可能就是內津海爾先生。

1975年帕帕吉在邁索爾。照片由內津海爾先生拍攝。

1975年6月21日

問：人總是希望不用功，覺悟就能發生在他們身上。真是開玩笑！

帕帕吉：我的經驗是，對於世俗的東西，人們都想不勞而獲；但對於覺悟，就總想好好地用上一番功。他們就是這麼惹上麻煩的。

問：我不明白。為什麼您說覺悟無需用功？您還總是說「讓我們一起來一探究竟」這樣的話，要「一探究竟」的話，就是需要用功的。

帕帕吉：是的，我是說：「你自己要一探究竟，要知道其實你不需要用任何功」。這種「一探究竟」，只是要有正確的領悟，而正確的領悟，源自於不用功。

問：不用功的話，又怎麼會有什麼成果呢？

帕帕吉：如果想從胡布利市到邁索爾，就要搭乘火車。為完成旅程，你必須從起點胡布利市出發，朝著希望的目的地努力完成旅程。胡布利不是邁索爾，所以從胡布利移動到邁索爾，你必須要做些努力。當你必須要到達某個和你當下所在之處有距離的地方，就需要努力用功了。

我現在說的是，認出你的本來面目。你要為此走多遠呢？你的真實本性離你有多遠呢？你只需要明白自己這一刻處在什麼地方，留在那裡就行了。這需要什麼努力嗎？這種了知、這種領悟，就是你在尋求的實相。

你所尋求的實相會有任何缺席的時候嗎？如果它會缺席，那你可能就得去尋找了，要找出來自己在哪裡弄丟了它。但如果實相從不缺席，你又需要付出什麼努力來找到它呢？這個實相曾經離開過你、有別於你嗎？沒有。你正在付出努力去觸及實相，因為你相信它是一種你還沒得到的東西。你要做的就是放下這個想法，因為實相永遠都在，一直等著你認出並承認它的存在。

你無法見到實相，因為你一直在下功夫要見到它。你的努力讓你看向了錯誤的方向，因為用功永遠是指向外在事物的。我們的真實本性是不用功。只有停下了一切努力，你才會認出它來。

問：但是要如何安住於這個狀態呢？

帕帕吉：安住的想法只是一種渴望，想成為和你現在不一樣的某種事物。如果你認為自己沒有覺知實相，並且認為必須要靠用功來發現實相的話，那麼你自然會相信實相並不是永恆存在的。而不是永恆存在的東西，那就不是實相。

為了達到心靈目標或世俗目的，也許需要用功，但我所說的話，你只需要明白就好。要明白我現在指向的是什麼。我所指的，是你的真實本性。

問：我想要說的東西，我表達不出來。

帕帕吉：你無法表達時，表示你就是那個。你只能表達不是你的事物。真正的你給了你表達一切的力量，但**那個**是無法被表達的。

《羯陀奧義書》（*Katha Upanishad*）說，真我對其選中者顯露自身。它並不是靠理智來顯露的。如果真我選中了你，那麼只剩真我。真我的加持，就是向**自己**顯露了**自己**。

當你脫掉一切概念時，會發生什麼呢？真我會顯露出來。你現在有諸如「我的理解」、「我的體驗」這樣的想法，你能這些暫時拋開一秒鐘嗎？

問：您還告訴我要去戰鬥。不用功和戰鬥，這怎麼調和呢？

帕帕吉：兩者並不矛盾。明明白白地安住為真我，就是不用功。但如果「我不是真我」的想法在你心中出現的時候，那就與之作戰吧。想法一出現就殺死它。一旦你殺死了它，你就依然是真正的你：真我。

拋棄所有的概念。真正的你不在你裡面也不在你外面。現在告訴我，你是誰？

問：那個。

帕帕吉：「那個」只是你從外面得到的一個概念。你是誰？撿起「**那個**」概念的「你」在哪裡？你現在在哪裡？

問：我是真我。

帕帕吉：你對誰這麼說？

問：對真我。

帕帕吉：有兩個真我嗎？一個在說，另一個在聽？

問：所以真我無法被言說。

帕帕吉：啊，這就好多了。

1975年6月22日

問：要如何開始修行（sadhana）？

帕帕吉：當你有一個必須要達到的終點時，才需要開始。你想達到什麼終點？

問：我的真我。

帕帕吉：那麼你的終點就是你的起點。你試圖把真我外化，使之成為一件你可以得到或達到的外物。你無法像擁有一件財物、一樣物品那樣擁有自己的真我。真我可以是擁有者，但它無法被擁有。

你的終點與時間無關。你在時間內努力用功，就一直在讓自己遠離永恆。

問：如何保持對真我的覺知呢？

帕帕吉：不要讓任何概念進入你。一切學來的知識都是從外而來的。你把這些學來的東西認作自己，自尋麻煩。讓這些學來的東

西，包括自認為擁有這些東西的那個人，都返回到其源頭吧。依然還存在的，就是無法被拋棄的。

　　要維持你的本來樣子，是什麼都不用做的。

問：如果去研究念頭的話，最終就能了了分明地覺知它們嗎？

帕帕吉：要去覺知念頭，就是把它們當成了對境。如果你只是單純地覺知，如果你就是覺知本身，念頭就不會出現了。

問：現在我正抓著一個念頭。

帕帕吉：你說「一個念頭」，是因為你還有相對的兩個或多個念頭的概念。難道你不是在念頭之間、那個完全無念的狀態中嗎？

　　如果我只是我自己，並且知道我只是自己，那還有什麼終點或起點的疑問呢？我只是自己。

問：聽起來很簡單。

帕帕吉：這很簡單，因為它與你那麼近，太近了。如果你生活在一個「成為」的世界裡——「我成為了這個，我成為了那個」，你這是在給自己召喚死亡。只是本然地安住，不去「成為」任何東西，那也就沒什麼東西能夠碰觸你。

問：在日常工作中如何保持這個呢？

帕帕吉：放棄「我必須保持什麼東西」的概念。當你在心裡創造了一個意願，給自己心中帶來了緊張。這種緊張造成了念頭的擴展，它們創造出了世界，讓你生活在當中受苦。

問：行動瑜伽ª是不是主張一個人必須有所行動，但不要帶著完成某種特定目標的意圖？

帕帕吉：行動是與身體相關，還是與真我相關呢？你是身體還是真我？如果你說你是真我，那又何必去操心和身體相關的事情？

問：所有經典、聖者都說必須要回到內在的真我。問題是，怎麼做到呢？

帕帕吉：我不這麼說。你現在在哪裡？你現在不就是真我嗎？為什麼你要計畫什麼內在之旅來達到真我呢？是真我就好了。

問：所以唯一要做的就是重複「我是梵」（Aham Brahmasmi），直到自己確認這是真的。

帕帕吉：如果你去重複，那你就創造出了一個對境。我說的是「明白它，體驗它」，一次就夠了。知道它，並在著。

1975年7月1日
貝爾高姆

問：您說「加持一直都在」。同時，您又告訴我們，「必須靠自己去拆掉自己用概念搭造起來的建築」。我們真的能靠自己做到嗎？拆掉這些概念難道不需要加持嗎？

帕帕吉：數千年來，人們一直都走在這條老路上。大家都認為加

---

a　行動瑜伽（karma yoga），也可譯為事業瑜伽或者業瑜伽。

持是個好東西，能去掉各種壞心念。我不是這麼說的。

加持一直都存在，一直就在當下，但人們卻加以限制，說這是一種讓事情變得更好的力量。你可以說玫瑰花苞開出花朵是加持，但為什麼加持就僅限於此呢？第二天花枯萎時，難道不是同樣的加持讓花死去了嗎？為什麼要否認讓花死去的力量，只接受加持是讓花盛開的力量？你一直都盯著結果看，但只有結果是好的，你才把它歸功於加持。

街上的狗充滿了加持，賊偷東西是因為加持，聖人證悟也是因為加持。我說加持時，並不是在談展現出來的結果。我是在談一切原因的原因，讓種子成為種子的力量，讓花盛開的力量，讓花在次日枯萎的力量。一切都因加持而維繫。

有一次，有人請尊者賜予他加持，以了悟真我。

尊者回答：「你已經得到加持了。是加持帶著你來此見我，是加持推動你提問說『請賜予我恩典』。你怎麼還能說你需要加持呢？」

你已經得到與己所需相應的加持了。加持讓你前來尋求加持，也是這同一種力量，讓花開花謝。

蜜拉和穆克蒂在7月21日離開了印度，從孟買飛往巴黎。那時，帕帕吉已經收到並接受了前往委內瑞拉的邀請。他想在蜜拉離開後立刻動身，但德里的官僚們卻另有安排。印度政府近期宣佈緊急狀態令，公務員們對一切遞交到辦事處的申請都心生警惕、橫加阻撓。帕帕吉在德里待了數週，來回奔波於各個辦事處之間，試著從本國政府和委內瑞拉大使館處取得所需的批文。這是在此期間，他第一次遇見了拉曼（Raman）。拉曼是澳洲人，已經在印度參訪了數家道場和數位老師了。拉曼敘述了這次見面的背景：

我一直跟隨七湖的羅摩昆朱（Ram Kunj）道場的室利‧羅摩‧

斯瓦米（Sri Swami Ram），直到他於1970年代早期離世。這道場位於哈德瓦以北約三英里。後來我才發現彭嘉吉在附近一所道場住了很長時間，但那時我完全沒有聽說過他。一次我去拜訪住在附近道場的倡陀羅‧斯瓦米，遇見了法國人伊萬‧阿瑪爾，他向我介紹了上師（帕帕吉），說他還健在，並給了我一張上師的小照，照片最多就是我的拇指甲大小，他要我不要給別人看，因為那時上師更希望不為人知，他不喜歡人們知道他是誰或他在哪裡。

我立刻就對他產生了興趣，但那時完全不知道該去哪裡找他。那段時間裡，認識他的人不准對外洩露他是誰或他接著要去哪裡。羅摩‧斯瓦米死後，我不想再留在他的道場了，我心中強烈地渴望著要去見見伊萬對我說起的這位上師。

整整一年，我找遍了整個印度。我知道他是拉瑪那尊者的弟子，於是就從拉瑪那道場開始，但在那裡沒人聽說過他，這讓我大為驚訝。我在蒂魯瓦那瑪萊鎮住了一陣子，在此期間去了蒂盧科盧（Tirukoilur），拜見格南阿南達‧斯瓦米（Swami Gnanananda），他是位老瑜伽士，據說有一百五十歲了。後來我發現上師曾在許多年前拜訪過他，並且很享受與之為伴。格南阿南達起初想讓我住在他那裡，但幾周後，我意識到他不是我所尋找的人。

我住在那裡時，格南阿南達的一位弟子要看我攤開手掌，他是有名的星相家和掌紋相士。

他看了一陣我的手掌，說：「你有一位偉大的上師，一位偉大的古魯（Guru）。」

「是的，」我回答：「他的名字是羅摩‧斯瓦米。他幾個月前過世了。」

「不，」相士說：「他不是你的上師，格南阿南達‧斯瓦米也不是。你還沒有遇到這位上師。他可比格南阿南達偉大多了，你沒必要留在這裡陪在師父身邊。」

從一個視格南阿南達為上師的人的口中聽到如此坦誠的說

法，很不尋常。

我回到了蒂魯瓦那瑪萊，計畫繼續去尋找。我知道有個人名叫馬度·薩拉夫（Madhu Saraf），他在卡納塔克邦的貝爾高姆有棟大房子。我知道他曾見過上師，也知道上師去過他在貝爾高姆的住處拜訪過他，我想也許可以在他那裡找到些線索。我之前透過羅摩·斯瓦米介紹見過馬度·薩拉夫。有段時間我們兩人還是師兄弟。

我給馬度·薩拉夫寫信，告訴他我想見見上師，還問他對上師的印象。我只認識幾個見過上師的人，他是其中之一。他回答說彭嘉吉具備一切我所尋求的上師的功德，是不會讓我失望的。然而他也不知道上師在哪裡，也不知道他是否會再回到卡納塔克邦。

我沒別的方法，只能去隆達和貝爾高姆，看看是否有人知道上師的去向。但沒人知道，或者說就算知道，也沒人願意告訴我。

我一時陷入了僵局，決定轉去孟買在尼薩迦達塔·馬哈拉吉（Nisargadatta Maharaj）那裡住一段時間。莫利斯·佛里曼[a]是我的老朋友，他編輯了《我是那》。當年我們曾一起住在阿爾莫拉（Almora），那時莫利斯是克里希那穆提的虔誠追隨者。我和莫利斯在孟買，每天都一起去見尼薩迦達塔·馬哈拉吉。雖然每天都拜訪馬哈拉吉，我依然每天都向遇到的每個弟子詢問是否聽說過上師。最終，我遇到了來自南美的訪客卡爾洛斯·希爾瓦。實際上，卡爾洛斯陪同上師從歐洲回印度，抵達幾天後還一起去了哈德瓦。不幸的是，卡爾洛斯也失去了上師的蹤跡。我們兩人都想見他，但都不知道去哪裡找他。

---

a　莫利斯·佛里曼（Maurice Frydman, 1901-1977）：波蘭裔猶太人，常住印度，他支持印度的獨立，並積極參與其中，作為聖雄甘地的弟子、尼赫魯的好友，他是一個著名的人道主義者。《我是那》是最早出版的尼薩迦達塔對話錄，首版於1973年，是由莫利斯·佛里曼從馬拉地語的錄音帶翻譯為英文，並撰寫附錄介紹了尼薩迦達塔的教授風格。此書的出版使尼薩迦達塔被歐美讀者所知，吸引了眾多歐美求道者不遠萬里前去拜訪。

我記不得發生了什麼，但終於有人把我介紹給了 B‧D‧德賽，上師的一位在孟買的弟子。我向他解釋說自己找遍了整個印度卻徒勞無功。德賽給了我在德里的古普塔醫生地址，但給我時，他乞求我不要洩露消息來源。

「如果上師問你怎麼會有這個地址的，不要告訴他是我給的。如果有人未經他許可就透露了他的住處，他會非常生氣的。你已經找遍了整個印度，你可以編個漂亮的故事，說是某個陌生人給你的。」

我一得到地址，就立刻整理行裝，去了德里。我知道馬哈拉吉是一位偉大的老師，可是同時我也知道他並不是我要見的人。就在德賽給我地址之前，我夢見了上師。這個夢讓我更加下定了決心，要儘快找到他的色身所在之處。

之後幾天從孟買到德里的火車票都售罄了，於是我就乘坐巴士上了路。每天我都要找一輛大致朝著德里方向行駛的巴士。晚上睡在旅館，第二天繼續趕路。我用了幾天，換了許多班車才到達。

在德里，我住在高德先生（Mr G. V. Gode）家，他那時是美國運通銀行駐德里的經理。他也是羅摩‧斯瓦米的弟子，所以我認識他。順帶說一下，這不是那位去了美國，接受瑜伽力測試的著名羅摩‧斯瓦米。他只是同名，但名氣沒有那麼大。

我在高德先生家放好行李，洗漱乾淨後前往德賽給我的地址。我敲了敲門，古普塔醫生開了門。

「有人告訴我彭嘉先生正住在這裡。」我開口問道：「我能進來見他嗎？」

古普塔醫生非常懷疑地打量著我。

「你怎麼知道他在這裡？誰告訴你的？為什麼你想見他？」

他聽完我編造的故事後，就轉身進了屋內，消失了蹤影。幾分鐘後，我得到了進門的邀請。上師已經從窗戶內看到我，並認出了我是他在哈德瓦的鄰居。

我被帶到他的身邊，他告訴我他知道我是誰。

「我曾是你在哈德瓦的鄰居，」他解釋道：「我見過你在羅摩·斯瓦米的花園工作，也見過你在我住的道場外的商店買牛奶，我在那裡喝茶時也見過你。那時我就知道有一天你會來見我的。」

「但為什麼那時您不告訴我您是誰？」我問道，心裡有一點委屈。「我用了一年多時間，跑遍了整個印度來找您。而我起程時，您就坐在幾英尺之外。」

「當有人正跟著另一位老師時，我從不介入。」他回答：「只要你還跟著羅摩·斯瓦米，我就保持沉默。他死了，你就來找我了。」

然後他換了個話題。「你打坐有多久了？」

「十二年。」我回答。

這回答似乎讓他神情為之一變。「那樣的話，」他說：「你理當得到一些獎勵。我們走！」

他帶我來到了普爾·辛（Phool Singh）家。普爾·辛是他的弟子，在德里有棟房子，是德里郊區隨處可見的非法建築。當時沒人在乎什麼建築許可。那房子吵得不可思議。我搞不明白為什麼上師會選擇住在這樣的一個地方。

普爾·辛在他的房子加蓋了一個房間，說是給上師專用的。我們到的那天，屋裡鋪滿了鹿皮，因為普爾·辛在做鹿皮出口生意。上師立刻表示了反對。

「我不是獵人，」他抗議道：「我這裡不需要放這些死掉的動物。全部拿走！」

普爾·辛不僅是上師的弟子，他也和巴巴·哈利達斯[a]有些聯繫，那是一位保持止語，在石板上寫字的瑜伽士。哈利達斯去了美國，在那裡收了大批弟子。

---

a　巴巴·哈利達斯（Baba Haridas, 1923-2018）：印度瑜伽士，1952年開始持守無言誓願，精通印度古典瑜伽、佛教、吠檀多等傳統，以著作與教學傳授瑜伽智慧。

普爾‧辛是個富裕的商人。除了鹿皮生意外，他還回收塑膠，把用過的袋子和塑料瓶再加工成涼鞋。我拿到過這樣的一雙鞋，但實在太硬了，簡直會磨斷你的腳。普爾‧辛用回收生意的盈利購買《羅摩衍那》，把書寄給在美國的巴巴‧哈利達斯。他去哈德瓦朝聖，買下了所有能找到的《羅摩衍那》，花錢裝上船運往美國。我想大概也運了些鹿皮過去吧，這樣哈利達斯的美國弟子禪修時可以坐在上面。

上師邀請我和他一起留在這裡，我立刻接受了。我不在乎有多吵。能得到他的陪伴是非常難得的機會。在早期和他的見面中，有一次我給他看《我是那》，這是我在孟買和尼薩迦達塔‧馬哈拉吉在一起時買的。上師從我這裡接過了書，但一眼都沒看。我再也沒見過那本書，因為他告訴我，和他在一起時，我不應該讀書。他對這本書本身沒有任何意見，只是不希望在他對我下功夫的期間，我還閱讀其他的東西。大概十五年後我終於讀到了這本書的時候，有人告訴我，上師曾向他的一些弟子推薦過這本書。

在德里住了幾天後，他決定帶我去哈德瓦。我們買了車票出發，住進了雅利安旅社，這是那段時間上師最喜歡的地方，他常常把這裡作為他在哈德瓦的住址，所有的信件也都寄到這裡。接下來幾天我們單獨在一起。我提了許多修行上的問題，得到了很好的回覆，感覺這就像是一次輕鬆隨意的小鎮之旅。

我之前的上師，羅摩‧斯瓦米是位怛特羅瑜伽士。他的老師是住在喀什米爾著名的阿馬爾納特洞穴[a]中的成就者。我跟隨羅摩‧斯瓦米修習拙火瑜伽，有過許多善境界，真的覺得自己慢慢變成一名有成就的瑜伽士，但向內反觀，我能見到自己還充斥著概念和見解。在哈德瓦時，上師試著把這些概念從我頭腦中沖刷

a　阿馬爾納特洞穴（Amarnath cave）：印度教最神聖的朝聖地之一，供奉濕婆。它位於印度查謨—喀什米爾邦，海拔3888公尺，周圍被雪山環繞。洞窟一年中大部分時間為積雪覆蓋，只有夏季能向朝聖者開放。洞窟內有一塊巨大的冰石筍，被視為濕婆林伽，在夏季逐漸融化。另外兩塊冰代表他的妻子雪山神女和兒子象鼻神。

二十世紀八十年代，拉曼和帕帕吉坐在帕帕吉位於納希的家中

掉，但他沒有完全成功，我仍然非常執著於此。

在哈德瓦時，我感到上師對我下了很大功夫，但同時我也意識到自己沒能抓住他試圖讓我明白的要點，沒去體驗他所說的真理，與之相反，我卻最終和他辯論起了種種的見解和概念。上師想向我指出真我，但他的話卻只止步於我的頭腦，再也無法深入。有一次我向他問到拙火的時候，他只是看著我，把我帶入到某種失念的狀態中，我無法動念、無法說話，甚至動彈不得。我以一種疏離的方式覺察著身邊發生的情形，但我無法動念，也無法提出任何問題。

上師覺察到了他造成的影響，笑著說：「現在你的拙火呢？說給我聽聽。」

我完全無法回應。我徹底癱瘓了，身體和精神層面都癱瘓了。

儘管上師承認升起拙火可以帶來極喜的境界和體驗，在這其中，庸常的頭腦運作是缺席的，但他說，一直以來他所指向的那個狀態，是超越並先於一切體驗的。我有過許多體驗，像是進入

了某種三摩地，完全覺察不到任何事物等等，但這些體驗都不會持久。某個時候我就會從體驗中「醒來」，回歸日常。

有一天，我進入了這種三摩地，可是，沒有回到日常狀態中，而是融入了一種清醒、無念的狀態，我知道這已經超越了頭腦。

上師看見了發生的一切，但我還沒來得及對這個狀態作任何評論，他就開始講述自己最近的一次體驗：

「今天早上我在一剎那間瞥見了別的東西，甚至超越了醒、夢、睡狀態背後的那股潛流。在這個基底之下，有個無法描述的東西，它超越語言、不可思議，甚至超越了不可思議。」

後來在我對上師更加了解之後，我才知道這些奧妙的瞥見，是瞥見了超越了超越位這一基底的東西，而這正是他繼續參尋自身和究竟實相本質的起點。

「並不是要去見那條被認作為蛇的繩子，」有一次他跟我說：「繩子是蛇顯現的基底。每個人都說：『安住在基底上，不要被表面的顯現所騙』。我要說的是『連繩子也得扔掉』，基底也消失的時候才是真正的純淨。」

這趟第一次去哈德瓦的旅行中，有件重要的事我記得很清楚。上師試圖讓我了知自己的真實本性，但他失敗了。我錯過了機會，而我也知道自己錯過了。後來我為自己的愚蠢道了歉。

「對不起，上師。我錯過了，我知道自己錯過了。我好像沒有能力體驗到您試圖讓我知道的東西。」

他露出了失望的神情。

「也許一百萬個人中只有一個人能得到這樣的機會，也許一個人也得不到。我盡力了。明天我就要走了。我要去德里了。」

走之前，他在我的筆記本上寫了下面這兩行隱語：

不住，不屬於任何人

那個，超越主體和客體

(INATTENTION BELONGS TO NO ONE

That Which Is Beyond Subject and Object）

　　我覺得自己就像個學生一樣，因為沒有正確理解課上的內容而被罰抄。

　　在哈德瓦，上師想就此離我而去，但我跟著他到了德里。我知道他會住在他女兒家，我也知道地址，我不打算讓他逃掉。

　　我走進席萬妮家，找到了他，立刻跪倒在地，為自己的愚蠢道歉。我還匍匐在地板上時，他的表情立刻好轉了。

　　「那時……」他說。我想，他指的是我們一起在哈德瓦的日子，「……不太好，但現在好多了。」

　　從那時起，他允許我全天都待在他身邊。每天清晨和傍晚，我們會一起坐在席萬妮屋後小花園裡的一條石凳上。席萬妮當時居住的地方，拉吉帕特納迦（Lajpat Nagar）是個大型商業市場，看起來這塊小花園是周圍唯一一處安靜的無人之地。一起打坐時，我會有各種極其神奇的體驗。儘管我之前在羅摩・斯瓦米那裡也有過許多神奇的拙火體驗，但都完全無法和上師送我進入的境界相比。有幾天我覺得自己好像進了電梯，一直往上、往上、往上……沒有頂層。我只是不斷上升，越來越高，見不到哪裡是盡頭。晚上他依然對我下了功夫。我們睡在不同的房間裡，我會在夢中見到他，他會繼續給我展示各種不同的世界和境界。第二天早晨我們再次見面時，他完全清楚我們的夜間會面中他都去了哪裡。他會提起我們在夜間一起做了什麼，並且從暫停的地方繼續講下去。我問他這是怎麼做到的。

　　「我不知道。」這就是他的回答：「我能夠憑意願進入別人的心。但我也不知道是怎麼做的，我至今都沒法解釋這都是怎麼發生的。」

　　在白天，上師要在城裡東奔西走，他還在努力申請去委內瑞拉的簽證。他的護照到期了，要換一本新的。我和他一起去走這些流程，上師稱之為「巴士修行」。每天我們都要花上幾個小時，

搭乘擁擠得難以想像的公車在德里往返奔走。有一次，我們排隊等車時，一個完全不認識的人來到我們面前，開始禮拜上師的雙足。上師試著阻止他這麼做，但那人不肯放棄。

我們問他是誰，為什麼要禮拜，他回答道：「在一次淨相中，我自己的上師向我指出了您。他說您會在某個時間，站在這個公車站上。他說您很偉大，所以我必須要來向您致敬。」

在之後的幾年中，我和上師去過很多地方，無論去到哪裡，都會發生這類怪事。

我們要去的辦事處在德里的不同地區，似乎任何兩處之間都沒有直達的巴士。每次我們要去一個新地方，都必須至少換一次車。辦事處裡則是常見的混亂場景，每個人都拚命擠到前面，每一分鐘都有人打架爭吵。在這樣的地方的公務員，也都是你能想像得到的樣子：懶散，對客人愛理不理，基本都要收賄。

上師和所有排隊的人一樣，會打架、會爭吵。隊伍長得沒有盡頭，但沒人能把我們擠到後面去。有一次，就在打架的間歇，我進入了一種徹底的寧靜，有了新的領悟。

我轉向上師說道：「您一直都在這種狀態中，是嗎？就算在打架在爭吵，您也都在這種狀態裡。」

他微笑著說：「當然，只有這種狀態。」

我仍然滿腦子都是拙火和瑜伽的想法，還對禪宗很感興趣。坐公車往返辦事處的途中，會談到當天我感興趣的話題。我們喉嚨沙啞，因為不得不扯著嗓子說話，才能蓋過公車引擎和身邊乘客的嘈噪音，讓對方聽得到。上師慢慢地磨我。在德里公車上這樣無數次高聲對話之後，他終於讓我明白了自己過去的拙火體驗和境界都無法帶來證悟。我開始更專注於他的教法，以及他的上師尊貴的拉瑪那尊者的教法了。

我曾在阿爾莫拉住過很長一段時間，期間有人向我介紹了拉瑪那尊者。有大約一年的時間，我定期拜訪孫亞·巴巴（Sunya Baba），這是住在當地的尊者弟子，來自丹麥。我一見到他屋裡

室利‧拉瑪那的照片時，就立刻被吸引住了。第一次見到照片時，我甚至不知道那是誰，但仍然被吸引住了。

我的前一任老師，羅摩‧斯瓦米同樣也認得我和拉瑪那尊者有緣。我住在他道場的那幾年裡，許多弟子都試圖給我起各種各樣的印度名字。羅摩‧斯瓦米一個都沒接受，總是說這些都不合適。然後有一天，他向大家宣佈第二天會給我起個新名字。我們有一套複雜的賜名儀式，儀式最後他對大家說，以後每個人都應該叫我「拉曼」（Raman）。

有弟子問他為什麼選擇了這個名字，他回答：「因為我能見到他和拉瑪那尊者有很深的緣分。」

我曾經是很受人尊敬的羅摩‧斯瓦米的弟子。那裡有許多弟子希望我能在師父離世後留在道場教授瑜伽，羅摩‧斯瓦米卻知道我命中註定有其他要做的事。

「我不是你的上師，」他對我說：「你和尊者有很深的緣分。我死後，你會找到你真正的上師的。」

在和帕帕吉早期的一次談話中，我向他提到了這件事。在之後的對話中，我覺察到他的語氣和態度中表現出了對羅摩‧斯瓦米的一種新的尊敬。

「巴士修行」持續了大概六周時間。在此期間，我和高德先生住在一起，他是美國運通銀行駐德里的經理。

有一天高德先生問我：「你每天都去了哪裡？你早晨出門，晚上才回來，但你從不告訴我們你在做什麼。」

我沒有對他說過自己正在與上師見面，一部分是因為上師不喜歡人們知道他在哪裡，一部分是因為我知道高德先生是羅摩‧斯瓦米的弟子。他熱情地招待我是因為我曾經長期跟隨他的老師。我不想讓他認為我只是把他的房子當成便宜旅店，卻去拜訪別的老師。然而，當他直接問到我在做什麼時，我感到必須實言相告。

「我遇見了這位偉大的聖者，」我說：「現在我每天都去朝拜他。」馬度·薩拉夫是我們倆在哈德瓦時就都認識的熟人，於是我提到他也極為推崇帕帕吉。

高德先生完全沒有因為我去見其他老師而失望。「你得帶他來這裡一次，」他說：「為什麼不讓別人知道呢？請轉告他，是我本人邀請他來我家。」

我覺得高德先生發出邀請時，完全不知道要讓上師來家中幹什麼。我覺得他期待的是一位談論經典、打扮傳統的師父，但他迎來的可不是這個。

上師接受了邀請，高德先生給我們準備了車，我們坐車到了他家。當時已經接近傍晚了，我們到達時，茶已經備好。高德先生和太太都在場，還有高德太太的弟弟，也就是高德先生的小舅子。

高德先生和太太和上師交談了幾分鐘後，小舅子加入了對話。

「我是無神論者和社會主義者，」他說：「我完全不相信任何宗教。這些全都是迷信胡扯。」

上師對他相當客氣。「那麼你相信什麼呢？我不是說你的政治信仰。我是問『你認為自己是誰或者是什麼？你認同什麼是你自己？你是我眼前的這具身體，還是別的什麼？』」

小舅子承認他不是身體。

「那麼你是頭腦還是思維？」上師問道：「或者你是超越了這些的某個東西，只是把頭腦當作工具在使用？」

小舅子思考了一陣子，最後決定他的根本本質獨立於頭腦和理智存在。於是上師拋出了一連串讓人無法招架的問題，很明顯是為了把這人推入起心動念之前的體驗中。

我以為他真的會開悟，但忽然小舅子停了下來，說：「您說的也許是對的，但是……」

他沒法再往前深入了。上師像這樣逼問弟子時，不喜歡聽到「但是」這個詞。這代表著疑惑，代表著頭腦在試圖否定上師要給

出的體驗。

無論如何，「但是」一詞脫口而出，上師握緊了拳頭在面前的桌子上重重一砸，大吼道：「你轉世一千次也不會再有這樣的機會了！這是你唯一的一次機會，但你卻這麼浪費掉了！」

房間裡一片死寂。高德一家面面相覷，不知接下來如何是好。他們邀請這個人，以為他是一位虔誠的博學之士，但作為盛情款待的回報，他卻大聲地責備主人的家人，還似乎毫無理由。我們默默地喝完了茶，幾分鐘後坐著他們的車回家了。

自從在房子裡發怒之後，上師就沒再開口，但在回家的半路上，他轉向我，非常甜美地問道：「你覺得他們這茶喝得愉快嗎？」然後他爆發出了一陣大笑，並且一路咯咯暗笑，直到車開到了席萬妮家。

我回去打聽高德家的想法時，發現他們不願意談起這次會面。上師的名字再沒有被提起過，也再沒被邀請過去他們家。

我繼續住在那裡。高德家似乎認為我不用為上師的發怒負責。幾天之後，我靜靜地坐在高德先生的花園裡時，有了一次奇特的體驗。那是城市中一片美麗而繁茂的綠洲，滿是玫瑰、樹木和松鼠。我坐在那裡，感到了平靜、空，突然我意識到自己可以和周圍的鳥和樹溝通了。我看著牠們時，就能明白牠們的念頭和感受，並且發現我可以把自己的想法，以及我明白的道理傳遞給牠們。這是一次奇妙的發現，讓我感覺並體驗到我和周圍的自然是一體的。

之後我見到了上師，對他說起了這個經歷，總結道：「現在我知道密契者們所知道的東西了。」

上師對我的體驗毫不在乎。他的回答只是：「那是密契者們迷糊。他們雙眼都迷糊了，看不到真實發生的情況。」

這番評語鏗鏘有力，那些體驗的泡泡都破了，沒給我留下任何我能抓住或擁有的「我的」東西。上師有種奇妙的技能，可以否定掉所有的境界，以及所有與境界的認同。

他會說：「在真我中，沒有體驗者，也沒有被體驗的東西。如果還有體驗者，無論體驗到什麼，都不可能是真實的。只有一切體驗都消失的時候，實相才會顯露出來。」

幾天後，上師帶著我一起回到了哈德瓦。他依然堅決要讓我見到自己的真實本性。我們共同度過了一段平靜的時光，只是散步、沐浴、坐著或談話。他對我講了許多故事，給了很多開示，但我卻沒有過任何他一直為我指出的體驗。我當時覺得自己真的很蠢，因為我似乎總是抓不到他說的要點。我的頭腦能明白他的話，但我卻沒法回到那個他所說的頭腦生起的地方。我會偶爾瞥見一兩下，但從不牢固。

比方說有一天，我們在恆河岸邊，坐在他最愛的茶館裡。他在讀早報，我坐在他身邊反覆思索他之前對我說過的一些話。突然，我什麼也沒做，念頭就停止了，取而代之的是一片清明和寧靜。

我還沒有開口，上師從報紙後投來目光，看著我說：「就是這個。現在保持著。」然後他繼續讀起了報紙。和我別的體驗一樣，這個體驗也是來了又去。

上師和我之間必然有過某種特殊的紐帶、特殊的緣分，才讓他在我身上花費了這麼多力氣。那些日子，他對遇到的大多數人只給一兩次機會。我在高德家經歷的場景並不罕見。如果新訪客來見上師，他會在這些人身上下幾天功夫，如果到時候什麼都沒發生，他就送走他們，再也不見了。我真的很有福氣，或者說是我命中註定，得以讓上師在我頑固的頭腦上一直捶打，一周又復一周，一月又復一月。有些人根本就見不到他。第二次去哈德瓦時，一群法國人從法國趕過來見他。他們住進了哈德瓦的遊客旅店，然後送訊息給他，說想要參加他的薩特桑。這群人在遊客旅店走來走去的時候，上師偷偷地觀察了他們，不過他一定是對自己觀察到的情形不太高興。

「去告訴他們我已經離開去德里了，」他對我說：「我不想見

他們。」

　　這些人一路從法國趕來見上師，但甚至連踏進大門的機會都沒有。這類事情讓我意識到自己有多麼幸運，可以整日待在上師身邊。

　　人們願意穿過半個地球來到他身邊，這毫不奇怪。他的薩特桑中有一種強烈的能量，足以讓人產生轉變。在他身邊，每個人都能感受到他的平靜，或出現某種不同尋常的體驗。有一次我問上師為什麼會這樣。

　　「我在幾位偉大聖人周圍感到過這種能量。我和您在一起時也有同樣的感覺。這是什麼呢？為什麼人們在您身邊時會感到平靜和快樂？您是怎麼做到的？」

　　「恆河漲潮時，」他回答：「水很滿，就會淹沒河岸。聖者的神聖能量也是同樣的道理，它淹沒了周圍的人。但不要依賴這種能量，跳入你自己的恆河吧！」

　　最後這句話如此有力，好像真的擊中了我。它讓我的頭腦停止了，讓我重新回到了寂靜中。

　　幾天後，我們回到了德里，住在普爾·辛家。

　　我和上師共同度過了幾個月，但我知道自己能陪在他身邊的時間已經所剩不多。他已經接受了去委內瑞拉的邀請，而我知道自己沒辦法同行。澳洲的回程機票即將到期，我也沒有足夠的錢到別的地方去。我對自己不斷地錯過上師所說的體驗而灰心喪氣，知道自己可能不會再有什麼機會了。我已經認識他足夠久，久到他可能下一秒就把我送走，讓我再也見不到他。

　　有一天我們一起在古普塔醫生家午飯後，我開始纏著上師問問題。這是他平時午睡的時間，但我太絕望了，我冒著惹毛他的危險，一直不讓他睡覺。他忍耐了一會，但幾分鐘後還是發了火。我完全不知道他說了些什麼，因為在他開始生氣的一剎那，我內心的一切都停止了。沒有念頭，沒有感受，沒有情緒，沒有世界，但同時我仍然全然地覺知著。我當時肯定表現得像是陷入了昏迷，

因為之後有人告訴我，別人怎麼問我，我都沒有回應，但我其實沒有失去覺知。事實上，剩下的只有覺知。

拉曼對之後的事沒有記憶，所以我請帕帕吉告訴我，在拉曼看似癱倒後發生了什麼。以下是他的回答：

他閉上了眼睛，靜靜地坐著一動不動。當大家很確定他沒法再問任何問題後，古普塔醫生走到他跟前，說他可以在旁邊的房間裡休息到下午五點，到時候會有定期的薩特桑，但拉曼看來完全沒把這些話聽進去。我仔細打量了一下他，發現他已經進入了無分別三摩地（nirvikalpa samadhi）。我跟醫生說明了這一點，告訴他在拉曼恢復常態之前都不要去打擾他。

「好的，但我們至少可以把他放到隔壁房間去吧。」古普塔醫生建議說：「如果我們把他留在這裡，別的人不明白情況，經過時就會試圖叫醒他的。」

我接受了這個建議，醫生就去把拉曼抬起來。他很快發現拉曼已經完全停止了呼吸，在無分別三摩地中偶爾會這樣，這並不是什麼問題，因為在這種狀態中，不用呼吸身體也能自行維持，但古普塔醫生不知道這一點。

「我可不能讓一個外國人死在我家，」他說：「這段時間警察很愛管閒事。如果他死在我家裡，我們都會有麻煩的，甚至會被抓到牢裡。找輛計程車把他送回高德先生家吧。他如果死在那裡，就是他們本國事務，不關我們的事了。」

我試著讓他放心：「他沒有生病，也不是要死了，他只是在一種非常深層次的修行體驗中。過一段時間，他會自己出來的。」

我走到拉曼身邊，開始按摩他的胸口和脖子。幾分鐘後，他暫停的身體機能又重啟了，過了好一陣子他才重新回到了日常的狀態。在眾人幫忙下，我請他在屋內走來走去，這樣他就不會再回到那種三摩地狀態中了。我還拿著一瓶水，每過幾分鐘就強迫

訶利臺階,哈德瓦

他喝下一點。過了幾個小時,他恢復了正常。當他可以連貫地講話之後,他眼中滿是迷惑地向我提問。

「我之前從沒經歷過這種情況,」他說:「發生什麼了?」

我解釋說,他的頭腦因為拋出的疑問得到了滿意的回答,而突然變得非常平靜。拉曼非常強烈地想知道那些問題的答案,這些問題讓他的頭腦變得非常忙碌。在這些渴望得到了滿足後,短短一段時間內他的頭腦就停止了,沒有任何要忙碌的新東西了,緊接著就出現了三摩地。

儘管拉曼完全恢復了,並且帕帕吉也已經向屋主解釋拉曼是進入了一種深層的修行體驗,而不是什麼醫科急病,屋主依然不願意讓拉曼留在屋裡。拉曼繼續說道:

在緊急狀態令剛頒佈的那段時間,在印度的外國人面對很多

猜疑，政府不停地宣揚說全國各地遍佈著外國間諜。古普塔醫生表明如果政府發現在他屋內有個死去的外國人，他就可能會被指控藏匿了間諜。為了安撫醫生和他的家人，上師把我推上了一輛計程車，要我去哈德瓦住上幾天之後再回來。我怎麼去那裡的，住了多久，又是怎麼回來的，我都不記得了，但我卻記得幾天後，我又坐在了上師的腳邊。

他看著我，說道：「這就是佛陀見到的。」

這是我和上師一起在印度那段日子的最後記憶。幾天後，我去了加爾各答，然後飛回了澳洲。

幾年後，上師告訴了我，對他來說見證到這樣的重大開悟事件表示什麼。

「當這一刻來臨時，當實相顯露自身時，光暈會徹底為之一變。我很高興能看到這種變化，我很高興能看到在這一刻發生時，光暈中流溢出來的光芒。對於剛剛經歷了這種體驗的人，我和他說話時，是對著他的精微身在說話，是對從中流出的光在說話，我根本沒有在和那個人說話。」

離開之前，拉曼邀請帕帕吉來澳洲。帕帕吉答應了，並承諾在南美之行結束後就去。

雖然我不知道確切的時間，但拉曼和帕帕吉共處的日子應該是在1975年9月到12月。在12月底，帕帕吉開始了一場重大的海外參訪，在歐洲和南美待了將近一年。直到1977年初，他才去了澳洲見拉曼。

帕帕吉旅行時，一直和拉曼通信保持聯繫。這是帕帕吉給拉曼第一封來信的回覆：

加拉加斯
1976年1月8日

……你12月20日的信今早到了。你走了之後，我一直在等你的信，因為我想看看你如何保持你的本來狀態。我想看看，對於那個一直以來圍繞著你、超越了一切時間的那個沒法表述的事實，你能怎麼描述。我很高興讀到你的信，因為信中沒有提到任何諸如成就、證得或開悟之類的字眼。

「開悟」表示某種發生，而一切發生都只能在時間範疇內。發生就不可能是證悟，因為證悟超越了時間。所以什麼都沒發生過。

那時，你坐在我面前，處於一種偉大的、深層的**寂靜**之中：雙眼圓睜，心臟不再跳動，像是一幅繪在自身基底上的畫像。我看到坐在我眼前的那座色身像之中，蘊含著如此的美麗、平靜和愛！**我的愛**，自然而然地，就將你內在的**真我**擁抱住了……

下一封帕帕吉給拉曼的信是幾個月後在法國寫的：

1976年8月3日

……你在7月20日的信裡寫道：「請確保我不會落腳在任何地方。」

沒有腳。沒有地。

要落到哪裡的是什麼？

你問我今年住在哪裡。我說我不住在任何地方，你不

會相信的。

　　你還記得在德里坐公車、搭便車，每天在辦事處和郊區之間來回奔波嗎？我不能讓我親愛的人休息。我仍然不允許他休息，儘管他已經超越了彼岸，超越了那些動盪者（the unrest）所無法跨越的彼岸……

　　帕帕吉在1975-1976年的海外之旅將在下一章記述。而現在我會把時鐘略往前撥，讓拉曼講述他之後幾次印度之行的故事。在他開始前，我要講明出版之前，我給他看過這本書的幾個章節，因為我覺得他也許能增加一些細節。他第一個評論是關於〈上師與弟子〉一章中帕帕吉的一則回覆。

　　我讀到了大衛書稿中上師的一則回覆，真的擊中了我。上師說：「上師能傳遞巨大的力量和加持，足以殺死身體，但還殺不死心識中的潛在業習。」我想自己就是這種情況。上師在德里帶給我的那次體驗幾乎殺死了我。古普塔醫生後來告訴我，他以為我死了，因為我的心跳和呼吸都停止了。甚至幾年後連上師也告訴我，他認為我也許會死。

　　「你一定有著非常強壯的神經才能從這種體驗中活下來。」他說。

　　我的頭腦消失了一陣子，但最後上師所說的「潛在的業習」再度出現了，我知道自己的工作還沒有完成。

　　有一次，上師引用了一句他母親說過的諺語：「你不能把老虎的奶倒入豬皮中。」我知道要得到最終的證悟，我還不夠成熟，或者不夠純淨。

　　我在澳洲時遇見一個叫嘉思敏（Jasmine）的女子，並把她介紹給了上師。她在上師身邊有了一次深層的體驗，讓她好幾天都淚流滿面。我們成了好朋友，後來結了婚。

在哈德瓦南北兩處的恆河彙聚了幾條
錯綜交互的水流，在碎石覆蓋的平原
上來回流淌。通過一條人工運河，恆
河水流經哈德瓦，之後在南部重新匯
入恆河。

在一九四〇年代早期，帕帕吉還在德
拉敦軍事學院時，他在賓郭達塔拉布
租了一間房子，讓妻子兒女能常住。
他在週末或放假時會去看家人。
圖中標記為「沐浴臺階」的是一處隱
蔽的小臺階，在一九八〇年代期間，
當帕帕吉想沐浴、洗衣服，或靜靜地
坐著的時候經常到這裡。下張帕帕吉
沐浴的圖片就是在這裡拍攝的。

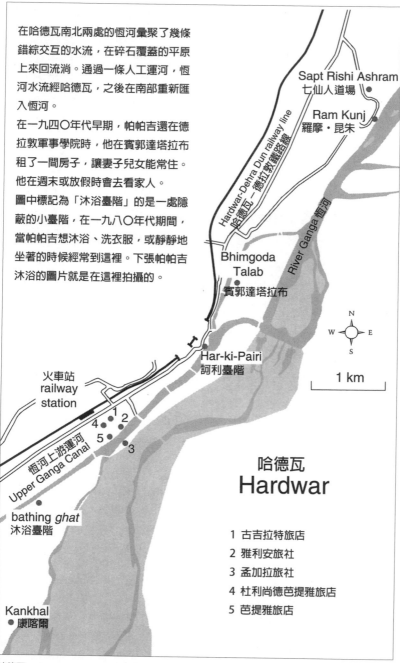

Sapt Rishi Ashram
七仙人道場

Ram Kunj
羅摩・昆朱

Hardwar-Dehra Dun railway line
哈德瓦－德拉敦鐵路線

River Ganga 恆河

Bhimgoda
Talab
賓郭達塔拉布

Har-ki-Pairi
訶利臺階

火車站
railway
station

恆河上游運河
Upper Ganga Canal

bathing ghat
沐浴臺階

Kankhal
● 康喀爾

1 km

哈德瓦
Hardwar

1 古吉拉特旅店
2 雅利安旅社
3 孟加拉旅社
4 杜利尚德芭提雅旅店
5 芭提雅旅店

哈德瓦

嘉思敏的體驗消散後，我們都知道是一起去印度與上師共處的時候了。在1977年上師澳洲之行結束後的幾個月，我們就去了印度，和他一起住了近十二個月。之後的幾年裡，也就是在1970年代末和1980年代初，我們幾乎每年都去見他。我們會事先寫信徵求他的同意，然後等候回音。我們都知道必須要得到他的批准，否則，追隨他的蹤跡是椿絕望的任務。即使我們收到了正式的邀請，有時候仍然很難見到他。有一次我們在約定的地方等了幾個月，他才出現。

那段時間，上師似乎一直在路上。有時候他會要我們去勒克瑙，有時去隆達，有時去哈德瓦。哈德瓦絕對是他最愛的地方，但他不喜歡成群結隊的人到那裡去見他。如果在隆達或孟買有人要見他，他通常會去這些人的家，而不是邀請他們來哈德瓦。

我們和他一起在哈德瓦時，他住在七仙人道場（Sapt Rishi Ashram）或芭提雅旅店裡。我們到訪的時候，他都會在附近道場給我們訂好房間。上師在七仙人道場有一間不錯的小棚屋，他自己在那裡住了很長一段時間。早晨他會打掃棚子、洗衣服，然後在恆河邊上連續坐上幾個小時。

我們住在哈德瓦時，會和上師一起吃飯，幾乎每天都會和他一起長時間地散步。早上七八點時，如果他想來陪我們，就會和我們一起喝茶。之後他就去道場圖書館讀報紙，或者我們一起沿著恆河散步。那時，恆河邊還有許多濃密的森林。有時候我們會離開河岸，到森林裡走走。有時候上師會找到一個好地方，在河邊坐上幾個小時。上師對大自然深感興趣。他向我們指出不同種類的鳥，並描述牠們各自的習性。

有一次他說：「古仙人定下的規則，要求印度教徒必須經常走遠路去朝聖。這個國家大部分人不喜歡在自然環境中漫無目的地遊蕩，他們喜歡待在屋子裡。古仙人定下了這些規則，因為這是讓人們出門遠足的唯一方法。」

我依然對佛教很感興趣，會在散步時帶上一些短篇經典。如

果上師看起來有心情聊天，我就會給他看一段《心經》、《六祖壇經》或黃檗禪師的語錄，問他怎麼看。他會極為讚歎，大聲朗讀出來，然後做出評論。

他喜愛大乘經典以及古代禪宗祖師的教法，但他對某些藏傳佛教的教法不是很有熱情。有一次我和他說起菩薩乘中的一項傳統，祖師會延遲自己最終的證悟，一再轉世以幫助後世的弟子。

他唯一的評論是：「如果他們真的明白了，他們是不會回來的。你一旦直接體悟到沒有可再度轉世之體，你就無法再回來了。這是不可能的。如果你再度轉世，你就不是真正的上師。而如果你不是真正的上師，你就沒有辦法給那些渴望解脫的人以真正的幫助。」

有好幾次，他對我說：「教人，是自我最後的陷阱。如果老師沒有證悟，他的教法只是在傳播困惑。」

我試圖在哈德瓦的各個道場圖書館裡找到一本《金剛經》，但怎麼都找不到。我和上師說找不到時，他大笑著回答：「如果誰有這樣一本經的話，就不會需要道場了。他會像佛陀一樣走到路上，手中托著乞食的鉢。」

有天我們坐在一起時，他朗讀出了我給他的一本佛陀傳記。其中有段話是佛陀向他的一名僧眾描述涅槃：「無來去，不住不動」[a]。

這句話對我影響很大。這些字句在我心中縈繞了好幾個小時。每次我想起來，就感到自己跌入或躍入了寂靜中。第二天散步時我告訴了上師這種體驗。他似乎認為我沒有理解句子的核心含義。

「涅槃無來去，不住不動，」他重複道，然後說：「也沒有跌入或躍入。」

---

a　可以參見《大般涅槃經》（曇無讖譯）：涅槃之體，非生非出、非實非虛、非作業生、非是有漏有為之法、非聞非見、非墮非死、非別異相、亦非同相、非往非還、非去來今、非一非多、非長非短、非圓非方、非尖非斜、非有相非無相、非名非色、非因非果、非我我所。

他的話給我造了成了巨大的影響，我想我幾乎失去了意識。我模糊地記得之後上師和嘉思敏幫助我回到了羅摩昆朱道場的房間，但我已經不怎麼記得那天下午和晚上的其他事情了。上師回到了七仙人道場，大約晚上九點又過來查看我的情況。

他研究了幾秒鐘，對嘉思敏說：「我想應該過來看看，看他是不是發瘋了。這樣的體驗常常會讓人發瘋。」

接下來的信記錄了拉曼和帕帕吉討論的一些有趣的哲學話題。帕帕吉先去勒克瑙住了幾天，把拉曼留在了哈德瓦。帕帕吉在信中大量引用的著作是一篇已出版的博士論文，由南印度的一位哲學教授所著，帕帕吉在馬德拉斯和蒂魯瓦那瑪萊都見過他。書中討論的是哲學家及聖者喬荼波陀[a]的思想，他是不二論的最早闡述者之一，他持「究竟無生」的見地，即一切都沒有被創造出來過。帕帕吉也認為這是最高的教授和最高的真理，但他更喜歡表達為「一切從未發生；一切從未存在」。

> 勒克瑙
> 1982年3月25日
>
> 親愛的拉曼：
> 我剛收到了你3月22日的信。我最近發現了一本書：摩訶提梵（T. M. P. Mahadevan）寫的《喬荼波陀：早期不二論研究》（*Gaudapada, a Study in Early Advaita*）。將不二論與佛教做比較研究非常有趣，尤其是比較喬荼波陀與佛陀

a　喬荼波陀（Gaudapada，西元七世紀末至八世紀初），不二論的奠基者之一，是商羯羅的師公，主要著作為《聖教論》，其中第四章，他用兩個偈頌向佛陀表示敬意：「能知智慧如虛空，所知境界無差別，正覺諸法如空者，禮彼二足中最尊……難遇甚深與無生，正等無畏及非異，如是道理悟知己，我等如力致敬禮。」（巫白慧譯釋本）他生活的年代是大乘佛法在印度興旺的時期，確立了當時佛教四大派別：說一切有部、經量部、中觀派、唯識派，而且龍樹的中觀派和世親的唯識派還很有勢力。學者們普遍認為他受了佛教教理很深的影響。

異同。我從書中摘抄了些段落寄給你，因為我們經常討論這個話題，我們曾討論過好幾次兩者的不同。你還記得在七湖的布瑪南達道場（Bhumananda Ashram）我問你：「梵（Brahman）和空（Sunya）的區別在哪裡嗎」？

下面是書中第九章中寫到的一些論點。〔以下文字絕大多數是從書中逐字摘錄下來的，不過帕帕吉偶爾會跳掉一些句子和段落。〕

不二論一直被指控是偽佛教，而不二論的各位領袖也被這些批評者說成是打著正統印度教的幌子在宣揚佛教觀點。即使是偉大的商羯羅也被指控為頂著「摩耶派」（mayavada）的假名，在弘揚佛法教理。

商羯羅被後人稱為「隱藏著的佛陀」的重要原因之一，是他的老師喬荼波陀與佛教淵源極深。路易斯·德·拉瓦勒·普辛（Louis De La Vallee Poussin）寫道「在閱讀喬荼波陀的《聖教論》時，無法不震驚於其主要觀點中的佛教特色以及遣詞用語本身。」……赫曼·喬克比（Hermann Jacobi）認為喬荼波陀在證明我們感官所對的外境非實有時，使用的論據與佛教徒一樣。而佛教空宗（Sunyavadin）[b] 和喬荼波陀的摩耶說兩者的認識論極為相近，可以說幾乎一致。蘇仁德拉納特·古普塔（Surendranath Gupta）相信《聖教論》中有足夠的證據表明喬荼波陀極有可能就是佛教徒，並認為奧義書的教義與佛陀法教吻合。他寫道「喬荼波陀吸收了全部的佛教空宗及唯識派（Vijnanavada）的教義，並認為這些亦適用於奧義書所宣揚的究竟真理」。

至今為止，大部分對於喬荼波陀是否受惠於佛教這

---

b 此處的空宗，根據其所指的含義，可能主要指的是龍樹的中觀派，以其《中論》提出的八不（不生、不滅、不斷、不常、不一、不異、不去、不來）為核心，可以破斥一切概念。

一疑問的研究和細緻探討都來自於巴特阿闍黎教授（V. Bhattacharya）對《聖教論》第四章的導讀。他的觀點是：喬荼波陀接受並贊成佛教義理，並通過《聖教論》來宣揚。為了證明喬荼波陀借鑒了佛教論師，他舉出的首要證據是，對西元200年至400年間有廣泛影響的著名佛教祖師的作品，喬荼波陀要麼幾乎全篇引用，要麼部分或者精要性地引用。龍樹（Nagarjuna）、聖天（Aryadeva）、彌勒（Maitreyanatha）、無著（Asanga），還有可能包括稱友（Yasomitra）似乎不僅向喬荼波陀提供了可以採用的教理思想，他們的偈頌格式也在他寫作《聖教論》時延續下去。唯識與中觀（Madhyamika），這兩個佛教中的唯心教派必然非常吸引他，兩派的主要觀點與他自己的極為相似……

喬荼波陀在《聖教論》中主要教授了世界非實有及其究竟無生（ajata）。前者由唯識派提倡，後者由中觀派證明。喬荼波陀完全採用了這些教派思想，並表達出他徹底贊同其觀點。

〔巴特阿闍黎認為〕喬荼波陀和唯識家都同意「外顯無實」（no external reality）的教理。兩者都認為，世界只是妄想（kalpita）的產物。醒時的世界與夢中的世界沒有不同，兩者都是隱藏的（samvrita），都封閉在身體內。正如同夢中所想像的事物在身體之內得見，醒時世界的一切也都在身體之內，因為兩者都是妄想的產物。在我們之外的顯現只不過是一種幻覺。

外部世界是心的振動（citta spandita）。喬荼波陀所宣揚的無生教理本質上是中觀派的觀點。

龍樹的《中論》以「不生亦不滅」（anirodham anutpadam）開始。喬荼波陀接受這一說法，並向弟子推薦。

佛教徒所說的「涅槃」（nirvana）在吠檀多中名為

「梵」（brahman）。這是佛教徒和吠檀多派認為的究竟。

喬荼波陀在作品中向佛陀頂禮致敬。他還同意中觀派的結論，認為無生是最高的真理。所有這一切都是說得通的，因為吠檀多和佛教之間的差別非常細微。佛教本身極受奧義書影響。這是巴特阿闍黎教授的觀點。

我來哈德瓦時會帶上這本書。

拉曼繼續講述他和嘉思敏在哈德瓦和帕帕吉一起的日常生活：

我們的散步一般會持續幾個小時，通常我們會按時回哈德瓦做午飯。無論在何地，上師總是會安排好菜單。他教我們燒簡單的旁遮普菜，但我們通常只簡單地煮個蔬菜或穀物。有時飯菜實在太簡單，甚至鹽和調味品都不放。食物準備好後，我們就坐在恆河邊，在河岸上野餐。上師大概每週一次會帶我們去古吉拉特旅店（Gujarati Bhavan），這是哈德瓦的一家餐廳，請我們吃一頓。有時他會在路邊一排的小推車買點小吃。油炸小點（pakoras）和胡蘿蔔拉爾瓦（halwa）甜點似乎是他的最愛。

第一次在哈德瓦拜見上師，見到他如何生活時，我曾以為他是個天生的苦行者。然而和他共同旅行過幾次後，我發現他只是利用在哈德瓦的日子來減肥。無論什麼時候他去孟買或隆達見弟子時，他都會被弟子們餵養海量的食物。回到哈德瓦時，他大約會重上十公斤。他會挑選快速減肥的飲食，而在他身邊的人也不得不這麼吃。有一次我們吃了整整一周不加鹽的水煮馬鈴薯。

每次把馬鈴薯放在上師碗裡，他都會發出一些讚美，比如：「非常好！很簡單，乾淨的食物。這才是正確的生活之道。」因為要鼓勵我們吃這種純淨，有益健康的食物，他絕口不提之前三個月他在全印度吃著重油重口味的菜。

我初次在德里見到他時，他正處於週期性的節食期內。我當時以為這是他喜歡的生活方式，因為我從沒見過他別的樣子。後來我才發現他也很熱愛美食。我邀請上師去澳洲時，我還特別為上師準備了非常簡單、幾乎沒什麼味道的食物。他一定覺得我是非常糟糕的主人，因為我從不給他提供美味佳餚。

　　上師想放棄節食時，從不會直接承認。他絕不會說：「我覺得今天應該吃點好的東西，我們去吃頓好的吧。」相反，他會找一些藉口。

　　我最早去哈德瓦時，他有一次看著我說：「你很瘦，看起來有點病懨懨的。你需要吃得好一些。跟我走，我帶你去吃點有營養的東西。」

　　他帶我去了城裡，找了一家路邊攤讓我坐下來吃，那家路邊攤賣水牛奶，上面還加奶油。水牛奶要比一般的牛奶更濃稠，更富含油脂。攤販老闆燉著牛奶，撈去了浮沫，倒入飲料中出售。上師給我點了一升（litre）的奶，然後想了想，他給自己也點了一升。他又沒生病，而且肯定不是營養不良。

　　第二天上師問我：「你睡得好嗎？感覺好一點了嗎？」

　　我回答：「是的，睡得很好。」

　　剛開始我被他的關心感動了，但很快我就意識到他這麼做另有原因。

　　他大笑著說：「我完全沒睡著。牛奶喝太多了，一整晚都在消化。」

　　哈德瓦的下午經常就是早晨的翻版。午飯後是長長的午覺，上師起床之後會邀請我們再次沿著河散步。回來後吃過晚飯，然後在他的棚屋裡和他一起坐個一小時。

　　有時候他會帶我們進城，讓我們見識見識某些道場裡的情況。無論是遇見哪位主事的師父，他都會非常恭敬地鞠躬。然後，如果他想惡作劇的話，就會提一些無人能答的修行問題。他這麼做的時候，臉上總是掛著甜美天真的表情，讓師父相信他就是個來

尋求建議的修行新手。上師在這些地方從不說自己是位老師。他似乎認識哈德瓦所有的道場和所有的師父，但這些地方很少有人真的知道他是誰。

上師從不維持一個讓人能聯想到是修行老師的形象。在房間裡坐著的時候，他會經常穿著裹裙（dhoti），但如果我們要外出走訪的話，他就穿上T恤和褲子，我想那都是他在礦場工作時期留下的。他常常裝扮成遊客、商人或在家的朝聖者。

然而，即使上師在別的老師或師父面前都表現得彬彬有禮，恭敬有加，但私下，他依然會尖刻地批評他們的所作所為。和他在一起的幾年裡，我聽到他對幾乎全印度所有有名的老師評價都很低。

「我有我的原則，」他說道：「我在尊者身邊生活過。所以沒有人能與他相比。」

1980年代早期在勒克瑙，我在上師身邊住了很久，他那時最愛批評的是奧修。一些早報或週刊上陸陸續續報道了奧修的教法、生活方式，以及他弟子們的放蕩習性，上師讀了這些文章，讀完後往往會發出嚴厲而憤怒的批評，他所針對的是奧修對他的追隨者所造成的心靈傷害。

幾年沒見到他，1990年代初我再去見他時，發現他被奧修的門徒們團團圍繞著。

我有點打趣地問他：「您十年前這麼說奧修和他的弟子，現在您對這些來見您的人有什麼感覺？」

他怒目而視，回答道：「奧修從地獄裡給我發來了傳真！」

上師之前和大批奧修弟子有過接觸，還是在隆達。那裡的火車站是旅客們去浦那換車的樞紐。下午的時候，如果沒有別的事情可做，上師常常去車站，就坐在月臺上看著在浦那的奧修門徒們換車。他覺得這些人的行為、著裝和滑稽的舉止很好笑。我在他身邊的那段時間裡，他常常被這些人的外表舉止逗樂。有時候，還會有更多的互動。比如他會說：「我看不出這人是男是女，去

弄個清楚。」我就只能代表上師去接觸這些人，滿足他的好奇心。當他說出貶低的評論時，完全不想壓低嗓門，所以那些奧修門徒肯定聽到了他的話。上師十分享受這種接觸，但有時我確實覺得有些尷尬。

1980年代早期，帕帕吉常常徹夜不眠，研究各種引發他興趣的靈性現象。他尤其對形相是如何從無相（unmanifest）中顯現的過程深感興趣。他會很深地沉入到真我中，好在自己身上見證萬象顯現的整個過程。帕帕吉一直隨身攜帶這一本日記，他在上面記錄了幾次這樣的夜間探索。在〈日記〉一章中有許多這樣的記錄。

這段時間，正好拉曼在哈德瓦和帕帕吉住在一起，他講述道：

在夜間，上師會數個小時都處於一種似乎是很深的禪定之中。第二天早晨，他來和我們一起喝茶的時候，會詳細地向我們一一講述在昨夜他所經歷過的各種狀態和疆土。有些早晨，他就像個興奮的孩子一樣，迫不及待地要告訴別人剛剛經歷的大冒險。

一天早晨，他來喝茶，手中拿著張紙條。

「我昨晚把這個貼在門上，」他說：「我不知道自己能不能活下來，所以留了紙條說如果我在夜裡死了，應該怎麼處理我的身體。我所進入的一些狀態非常精微，與身體徹底分離開，進入這些狀態後，我很可能沒法出來。但有個東西在召喚我繼續這樣的旅程。

「昨晚我把房門打開著，是不想給任何人添麻煩，要是我鎖著門死在裡面，到了早上別人就得破門而入了。」

之後我們一起住在芭提雅旅舍時也發生了同樣的事情。他早上沒過來喝茶。我去找他的時候，發現他的房門微微敞開著。門上貼著一張新紙條，寫的是如果發現他在夜裡過世的話，應該通

知哪些人。

有一次我問他，經歷這些內在之旅是什麼感覺。

「真我的體悟永遠是不變的，」他回答：「但是，人們深深地沉入其中去探索的話，會發現是沒有極限的。就像一條連綿不斷的山脈，你登上了一座山頂，就會發現遠處還有另一座山，等你登上了那座山頂，會發現一山還有一山高。若論極精微，一個人可以深入到單個原子之中，若論寬廣，人又可以去到宇宙之邊界，或者進入超越了一切萬法展現的那個超越之地。」

在1981年寫給拉曼的一封信裡，帕帕吉也隱約提到了這些探尋：

> 勒克瑙
> 1981年1月20日
>
> ……我很高興自己到達了所能期待的邊界，被困住了無法再往前。我到了那裡，往前看，是一片未曾涉足的廣袤天地。然後，我再次獨自前進。不斷前進是我所喜歡玩的遊戲，也許我永遠也達不到一個終點。就算做到了，或許我也不會接受。歡迎你加入，我們一起看看這條路會怎麼樣。

在隔年的一封信裡，帕帕吉提到他決定從勒克瑙去往瑞詩凱詩，去繼續這種高強度的內在之旅，他描述了所發生的事情：

勒克瑙

1982年5月3日

親愛的拉曼和嘉思敏：

如你們所知，我有個很明確的計劃，正打算去瑞詩凱詩實行。我想可能會需要我投入至少六個月之久。我想要解答那個亙古至今的未解之謎。

突然之間，我明白了。我不能稱它為成就、成果、證悟甚至開悟。遭遇這樣一種情況，是相當罕見的。之前我從未知道、聽說、讀到、體驗過類似這樣的情況。甚至我的骨頭都遭受了一種劇烈而非常奇特的震動。我不能稱它為解脫或涅槃，沒有任何東西能與之媲美。我沒辦法定義，但我還是想描述一下。

有某種振動，我稱之為某種內在的氣旋，緊緊地抓住了我的靈魂、頭腦、理智，把我從時間的概念以及對醒位現實的確信中，釋放了出來。我之前曾堅信所有的現象都是在一個不動的本體之前輪番變化，並且把這個不動的本體當作了覺性。

現在我要去喜馬拉雅嬉戲啦，什麼事也不做。

儘管帕帕吉提到他先前的確信或體會不知怎麼在這次經歷中都被推翻了，但他沒有給出更多的細節來說明新的見地是什麼。更多類似的自述和探尋，可以在帕帕吉傳記的〈日記〉一章中讀到。

拉曼現在繼續講述：

儘管上師似乎每晚都沉浸在這些深層的內在境界中，可是他並不鼓勵別人進行正式的禪修。他喜歡人們在他身邊舉止自然、

帕帕吉在哈德瓦的恆河南沐浴。朝聖者在進行沐浴儀式全身浸沒入河水前，
會做出這樣的手勢。

正常。第一次遇到他時，我還非常著迷於正式的禪修。上師有次
叫我「禪修癮君子」，我知道這項指控是事實。然而，上師會讓我
在他面前禪修，他知道我樂在其中。有時候他會假裝自己也在禪
修，但對他來說那只是遊戲。如果身邊有小孩子，他就會和他們
一起高興地玩玩具；如果身邊有禪修者，他就會和他們一起玩禪
修，好讓他們也高興。有一次我和他在隆達的羅摩寺裡一起坐了
幾個小時。至少我認為我們是在一起禪修。當我睜開眼睛，我看
到他依然坐著，盤著腿，閉著眼睛，但他舉著一個調頻收音機湊
在耳朵邊，正在收聽板球比賽解說呢。

　　上師會讓我盡情的享受禪修，只要禪修不導致什麼特別的效
果。有時，我會進入某種狂喜或超覺狀態。如果上師看到我出現
這種情況，就會搖晃我的肩膀，讓我起身，帶著我出門散步。在
哈德瓦時，這些令人清醒的散步相當美妙，但如果他帶我在納希、
勒克瑙這些地方散步的話，我就不得不和他一起出門進入吵鬧擁
擠的市集中了。如果我之前正在某個特別安靜或敏感的境界中，

對我而言這種散步就會變成一種相當惱人的體驗。

上師解釋他為什麼要這麼做，他說：「不要去追求什麼體驗，變得有所執著。你是在企圖抓住那個沒法被抓住的東西。放平常些，自然些。不要執著於喜樂的境界，否則只會創造出更多的欲望。」

唵·普拉喀什讀了上面這番話後，作了以下評論：

那段時間帕帕吉一般不允許有人閉著眼睛坐在他面前，拉曼是個例外。他會頻繁進入那些三摩地或者說瑜伽的超覺中，而帕帕吉也允許他一次入定幾個小時。拉曼在定中會失去時間的概念，他覺得自己剛一入定帕帕吉就讓他出定了。我記得他通常一定就是幾個小時。如同拉曼所說的，帕帕吉最終會插手，把他帶回日常中。他會在拉曼頭頂的一個點按一下，幾分鐘之內，拉曼就回歸日常了。

有一次，在把他帶出定回歸正常後，帕帕吉說：「今天這樣就夠了，你明天可以繼續。」

我並不覺得帕帕吉反對拉曼進入那些狀態，只是不希望他在裡面停留得太久。

拉曼繼續他的故事：

上師在掃蕩概念或體驗時，冷酷無情。儘管我對他的愛和慈悲記憶深刻，但當我想起和他共度的幾年時，揮之不去的記憶是一個強硬、冷酷的摧毀者，隨時都會粉碎掉弟子身上一切的二元習性。現在，人們稱他為「帕帕吉」，認為他是一位溫和、慈愛的祖父。我從沒有過這種印象。對我而言，他曾經是，也永遠是「上師」，包括這個詞所指的關於敬畏、權威的所有含義。有一次一個法國弟子告訴我，1970年代上師在法國的外號叫「屠夫」，得名

於他冷酷無情砍斷一切自以為是、一切觀念、一切關係的方式。

　　我們後來去印度時，有一次上師邀請我們和他一起住在勒克瑙。在習慣了哈德瓦的開闊空間後，納希的環境讓我們大吃一驚。上師的住處在一個熱鬧的市集中。小巷狹窄到連汽車都開不進來，總是擠滿了沸騰喧鬧的路人、人力車、大篷車、小販和乞丐。

　　能得到允許住在他家，我們深感榮幸，因為那裡的房間剛好容得下上師和他的家人住而已。嘉思敏和我睡在樓下前廳，白天那裡也是客廳。上師的太太一般睡在廚房的地板上。上師自己在樓上有個自己的房間，而蘇仁德拉（帕帕吉的兒子）、兒媳婦烏莎（Usha）和他們的孩子住在其他房間。夏天我們都會出去，在屋頂打地鋪，因為室內熱得無法忍受。混凝土房子吸收白天酷熱的陽光，夜間在室內釋放。屋裡有吊扇，但開不開差別並不大。

　　儘管我們經常在這棟房子裡一住就是幾個月，卻幾乎和上師的家人沒什麼交集。我們待在上師的房間裡，坐在他身邊，而他的家人則在別處忙各自的事。過了幾年，我們才開始和蘇仁德拉、烏莎熟悉起來。上師在勒克瑙的一些弟子會在傍晚過來，但白天大部分時間我們都單獨和他在一起，只是靜靜地坐在他的身邊。他在室內的主要活動是閱讀。每天早晨他會仔細流覽早報以及每一封寫給他的信。如果他有心情，白天他可能會拿起一本靈修書籍給我們讀上一段；如果我們足夠幸運的話，他還會加上自己的開示。

　　儘管在這房子裡，上師和他的太太、兒子、兒媳及孫輩已經共住很久了，但似乎和他們並沒有太多的互動。蘇仁德拉有時早上會過來和他說上幾分鐘話，但也就這些了。其餘時間，上師會在自己房間裡坐上幾個小時，不說也不動。他的眼睛是睜著的，雖然他好像是在看著面前的牆，但我完全不覺得他在看任何的東西。

　　我們住在那裡時，有一次他太太對他說：「如果你整天都盯著牆，你會瘋掉的。為什麼你不出門去找份工作？你可以去阿育

王大道（Ashok Marg）的加油站上找份工作。你需要出門見見人，和他們說說話。整天坐著盯著牆看，什麼也不說，這樣對你不好。」

上師跟我們講起這些事情時，我們難以置信。我們認為自己三生有幸才能坐在一位偉大的證悟的上師身邊，但他的太太似乎認定他快進神經病院了。

「難道她不知道您到底是誰嗎？」我難以置信地問他：「所有來這裡見您的人，您和他們在做些什麼，難道她什麼都不明白嗎？」

上師聳聳肩，回答說：「我只是這房子裡的一個家庭成員。這裡的人看我就是一個親戚。他們離得太近，見不到別的了。」

上師有一張特別通行證，可以在附近的動物園正式開門前進去散步。每天早晨我們幾乎都去那裡散步。與其說那是個動物園，不如說是個公園，因為有許多閒置的草地和樹叢。有時候，我們也會去郵局邊的一個小公園。夏天我們都樂於散步，因為這是唯一能夠遠離熱得令人窒息的納希街住宅的機會。

有段時間上師患有高血壓。某次我們住在納希時，他拿自己做實驗，去測試不同類型的食物會如何影響血壓數值。他說自己不會接受常規的醫療意見，除非能先證實用在他身上是有效的。上師決定測試那些醫療建議的準確性，他吃一些理論上對他有害的食物，之後自己再檢查實驗結果。

他會先吃一頓重油的大餐，加上餐後甜點，然後讓人把血壓儀拿過來。一天內，他會讓我們每半小時檢查一次他的血壓，看看那些食物對他身體的影響。每天都做這樣的實驗，食物中的油、鹽和糖的成分會略有不同。我不知道他是否真的是出於科學興趣而去做這些測試，或只是以實驗為藉口，以便大啖一番美食。

最後，他不得不承認醫學是對的：他吃了忌口的食物就會生病，而他不吃或只吃很少量時，就能保持健康。

上師喜歡旅遊，也喜歡大啖美食，但他不得不平衡這兩者的

在二十世紀80年代的某個時期，拉曼、嘉思敏與帕帕吉在隆達

關係。因為如果吃錯了東西，吃錯了量，他就病得不能旅行了。
有時候他會進行節食，然後出行；有時他則待在家中，盡情大吃。

　　1980年代早期，拉曼和嘉思敏常常去印度，期間會在澳洲
長住一段時間。他們在澳洲時，也和帕帕吉保持通信。下文摘
錄幾封帕帕吉在這段時間的回信：

<blockquote>

勒克瑙

1982年3月16日

我非常高興讀到你這樣的高呼：「現在，任何一個字或一
隻鳥，似乎都能把我拋到頭腦之外。這真是個美妙的現
象。我真的很樂於和此現象同在，直到永遠。」

</blockquote>

這些「樂於，同在，現象，永遠」是什麼？
這並不同於

「字－鳥－拋到－超越
美妙－現象」

再見面時，我們再來研究研究這句話吧。這裡一切都好。
嘉思敏好嗎？她很安靜，做得很好。讓她放輕鬆。
它會自行展開自己
在我們沒有任何概念時。
然後我們見到它，並且就是它。

致上愛與關懷

勒克瑙
1983年2月23日

親愛的拉曼和嘉思敏：

我很高興能讀到你們對於無法描述、不可思議的那個的描述，甚至細小如皮膚上的毛孔都能見到、感受和知道它。它正是那風姿卓絕的女王，那不可觸的覺性。

我對你們這趟印度六十天之行並不滿意，但我們三個一起完成了大量的工作。我回想了一下，可以說是工作量巨大。現在我確定，當我們再見，我們不會像陌生的個體那樣見面。我們會三入於一，一入於三。這是獨一無二的算術。

好好照顧你們的身體。美好的願望會點燃照亮美好的心靈。告訴拉曼，嘴上冒出什麼話，就要立刻寫下，否則

就會聽不到自己的話。讀這些話，就會像在穿衣鏡中打量自己、欣賞自己的真我一樣。無論你們在哪裡，在家中還是在哈德瓦，我都和你們同在。

你們與我如此親密，我如此地愛你們，我找不到一句話來描述我們的關係。我們之間的依戀是多麼強烈、理解是多麼獨一無二！我覺得世界上沒人能有這樣的關係。

至於我，我的身體絕對健康。即使我吃了大量口重、高鹽、辛辣、高脂的食物，血壓還是130/80。在2月4日到22日之間我重了四公斤。體重過重或不重，睡眠不好，都不值得操心。什麼時候醒著，我都不知道。

我不再在乎電視、收音機、卡帶、小販叫賣和人聲的喧嘩了。困擾我二十五年的噪音問題已經不存在了。我不見身體是我，也不見身體不是我。沒有他者，只有一種奇妙的愛，這愛中沒有獨立的個體。

有時我非常思念你們，想和你們說說話。別的時候我們是無有差別的一。寫信跟我說說你耳朵的問題吧。現在你們肯定已經諮詢過一些專家了。現在我明白了為什麼佛陀一直和人說話說了半個世紀。

請允許我把嘉思敏的信轉發給夏詩卡拉（Shashikala），她是位孟買的中年婦女，在孟買和我一起時有過類似的體驗，並且現在還有。她像老虎般哮吼道：「靠了上師尊的恩典，我開悟了。」

她的話很美妙。

夏詩卡拉的經歷會出現在下一章中。

……〔在你們的信上〕我生平第一次讀到從沒在任何別的地方讀過或聽到過的東西：不是人，也不是神，不在現在也不在過去。這是我在哈德瓦寄出的一封信中提到的秘密，完全不知它已被展閱、並已寄到阿曼了。〔拉曼的信是經由阿曼王國轉寄的。〕

對今天我所讀到的你的來信，我無法做出什麼評價，甚至也不想再讀一遍去品味你初次所掌握的新語言，因為這其實就是我自己的樣子。這就是我所體驗、感受、理解和知道的，不是說是什麼合一或多元，就如此本來如此而已。

現在正是去生活的時候，現在正是去死亡的時候。

無死、無生、無得、無失、無明、無暗、無解脫、無束縛、無念頭、無太陽。我很高興你已經圓滿了生命的目的。一切都結束了，親愛的拉曼。

我代表一切過去、現在和未來的覺悟者向你祝賀。我完全明白我剛才所用的詞句是有缺憾的，我只是在用一種普通的方式來表達。

一般我會在回信前把來信銷毀，但我會留著這封信。信裡講得很好，因為講述者不是一個個體……

……你留在這裡的帶郵資的航空信紙很方便，我剛才就從裡面拿出了一張，想立刻把我剛剛做到的奇妙夢境寫下來寄給你。我得馬上寫下來告訴你，要不然就記不起來了。我拒絕涅槃，我拒絕輪迴，要保持在這兩者之間，在瞬間就說出「你已經到了」，這很難做到，因為在那個地方，沒有言語可說。

我能遠離輪迴，無論何時，只要我想，就都能回歸涅槃。

這像是什麼呢？如果我說「璀璨明光」，那就錯了，因為我們在頭腦中已經有了關於太陽光的概念。如果我說「了知」，我們又暗指有個沉睡的概念。沉睡或了知，都是過去的，不是在當下的。而那個，是極其新鮮的鮮活，永遠是活潑潑的。是一，不是二。

我對你很眷戀。我〔想幫助你〕的意願讓我帶上了某種菩薩（bodhisattva）或者什麼角色的烙印。佛陀也好，有情眾生也好，我其實都不在乎，但卻有個彭嘉－拉曼的角色要去扮演，如同佛陀在佛陀－阿難中的角色一樣。

我寫信時總是漏掉很多事情。直到你坐上回程飛機的那一刻，我們兩人都說了話，但記憶中什麼都沒有留下。我本想用文字向你表達點什麼，但卻做不到，但你卻也什麼都沒錯過。

你是唯一一個讓我想留在身體中，好繼續彼此互動和討論的人。我想說，而你想聽。沒關係。一切都結束了。

……對你和親愛的嘉思敏寫來的那些信，我要怎麼回覆
呢？我的手距離那些航空信紙只有咫尺之遙，等待著來自
頭腦的命令，去把我在你們的來信中體會和嘗到的感受寫
下來。但是，頭腦並不稱職。相反，它只是寫著我現在所
寫下的東西，它只寫得出這些。你是唯一以這種方式給我
寫信的人。我現在充滿了喜悅。甚至我的雙眼都滿懷感
激，感謝某個它們見不到、看不到的景象。通常，眼睛見
到美麗的事物時才會有回應，但這次，它們沒有看到什麼
外部或內在的對境，但依然光彩四射、眼帶喜悅。我感到，
當一個人擺脫了念頭和外殼的束縛時，周圍的整個世界都
美妙無比。

　　這樣一個自由的人正獨自走在樹林中。他坐在一棵樹
下。樹上無視季節地開滿了花，繽紛落英灑在他身上。天
人前來向他禮敬，因為他們在天國從未有過這樣的薩特桑。

……我充滿了信心，你是四十億人中跨越了彼岸的唯一。
我有太多的話想告訴你。去聽我的未說之言吧，說的是那
不可抓、不可知、不可說的「無體」（unentity）。我寫下
這些話的時候，眼中充滿著淚水。我親如本來一體的雙胞
之人。在超越時間之輪外的地方，讓我們倆再多聊聊吧。
愛你，愛嘉思敏……

關於帕帕吉信中的第一句，我在他給其他弟子的信中也看到了基本相同的話。這種表述不應該從字面上來理解。當帕帕吉對某個弟子的體驗感到興奮時，他在狂熱中似乎會莫名地忘記別的弟子也曾有過類似的體驗。也可以說他寫信的風格十分誇張，尤其有人向他彙報了不同尋常的體驗時。

帕帕吉有時會承認，當他開口時，說的話並不會留在記憶中。因為他這種思維的運作機制，導致了聽到弟子們的境界和體驗之後，也不會像普通人那樣儲存記憶下來。帕帕吉可以詳細描述數十年前遇到的事，但當他讀到某個人對剛體驗到的無念狀態的彙報時，這樣的記憶力似乎就從沒出現過。

以下依然是帕帕吉的信件：

勒克瑙

1984年4月2日

……我想告訴你的話，我沒法寫下來。這在日常醒位的覺知中毫無可能。我會經常進入那種並非醒、夢或睡的特別時刻，也許是超越位或更高吧。多麼美的現象！我親愛的拉曼，徑直進入它吧。就在當下，我就是那。看著它。愛拉曼，愛嘉思敏。

隆達

1984年8月3日

親愛的拉曼：

你的信從勒克瑙轉寄過來，讀完後我只能凝視著彼岸，拉曼從那裡凝視著我。我只能去親吻空無（nothingness），來表達我的狂喜。要寫出回信，某一人（some ONE）依然能用普通的人類文字書寫，那些文字本身正是我之本然，

無有差別。

就這麼發生了，沒人能做到這麼優美。這是從超越無名之體的那邊自然產生的。

你的信是對見道者的本性最恰當的表述，比之前大多數人表達過的更好。佛陀舉起了手指，指向超越於空的那個。然而，究竟實相依然沒有被言說，沒有被觸及。它是不可企及的，不可被了知的。

停。我沒法再寫下去了。在剛剛寫的「被了知」（unknown）這個詞的 w 上頭，我看到了一滴印記，這不是我留下的。是誰留下的呢？這表示了什麼？我是知道的，但我沒辦法命名。知道的時候，我就失去了書寫的能力。

從醒位的覺知中，我被拋出，進入了一種徹底無有感官的狀態。現在，它征服了我。沉浸在寂靜之中的我的心，依然在寫著。我又一次集中精神，決心寫完這封信。我要寫的，太多了，但現在我已經詞窮……

勒克瑙

1984年9月21日

親愛的拉曼：

昨晚我回到了這裡。一到家就在信箱裡看到了你的信，我立刻讀完了。我完全想不到，除了拉曼之外還有什麼人能用文字這種傳統的媒介來傳達出這個。它來自於彼岸。你拋下了頭腦和理智，甚至連紙筆都拋下了。就好像在踏上這次行程之前，把這些東西都裝在包裡留下了一樣。它是徹底的空，而我們還在互相說著話，就像一個無體（non-entity）對另一個無體。頭腦的各種緣取執著都掃蕩一空，我們依然是我們，這難道不奇妙嗎？

現在，我們真正的工作開始了。我一直以來都是這樣的。投入其中，不帶目的。那裡沒有探尋，沒有空。你能稱之為什麼呢？

　　拉曼，讀了你的信之後，我只能親吻它。我舔舐它，如同親吻最摯愛的無我之體（non-personal entity）。

　　可能的話讓我們再度見面吧。如果你計畫要來的話，請提前通知我。

　　愛你，愛親愛的嘉思敏。

勒克瑙
1984年3月12日

親愛的嘉思敏：

你3月4日的信在3月12日到達了。對於2月21日的事情我記得非常清楚。當時發生的一切，在超越時間的一瞬都發生了。到了那個點，不少人就折回了；有一兩個人，會不知所措地站在那裡，然後開始享受空無、愛與極樂的美妙；然而，還是有那個罕見之人，一劫（kalpa）之中或許只有這麼一個，能夠躍入那不可知的國土的無死之海中。在此關頭，我留你獨自一人在羅摩昆朱道場，去走完剩下的路。如果你做不到，那也沒有關係。在那個地方，是沒有回頭路的。沒有地圖能指引你躍入彼岸。任何指導或建議都幫不上忙。所以我放手了，讓你獨自面對。

　　我很快會見到你的，謝謝你。

　　愛你，愛親愛的拉曼。

嘉思敏給我寄了以下筆記，講述了這段時間她在上師身邊的體驗：

上師在我們身上孜孜不倦地下功夫。每天中的每分鐘，他都是無量的加持。我一定是前世積累了許多功德（good samskaras），如今才能和上師住在一起。我想解脫，這是我的渴望，也是唯一的渴望。我知道自己對其他一切都沒有所求。別的什麼都沒有，只有對解脫的渴望。能親近到上師，這份加持讓我一直心懷感激。我依然感歎自己竟能擁有這樣的財富。第一次見到上師時，我狹隘地認為開悟就是擁有一顆平靜的心。與上師在一起，讓我知道了什麼是無有局限、深不可測。我們有限的頭腦真的無法涵容或描述這種宇宙的無垠體性。對我而言這就是生命之樂。它無法被描述，或被了知。本然的難以捉摸的極致之美，從沒被碰觸過。你可以隨意描述，但真的有人能描述出來嗎？

至此為止拉曼給出的大部分訊息都來自於：幾年前他寫給我的一封長信，帕帕吉給他的回信，他在1970年代日記中的筆記，在勒克瑙的談話，以及最近他給彌拉[a]的訪談錄音。彌拉是帕帕吉的弟子，住在澳洲，拉曼家附近。

這次訪談的最後一個問題是「上師對你生活產生了怎樣的影響」？

這是拉曼的回答：

可以說對我產生了徹底的影響。上師在我身上下了那麼大的功夫，給了我那麼多。第一次見他時，我完全沉迷在禪修和概念中。在1980年代之前，他把我從對這些東西的執著中解放了出來，

a　經由中譯本校譯者智喜與帕帕吉的伴侶恆河蜜拉（Ganga Mira）確認，這個澳洲的弟子Mira另有其人，故此處譯為彌拉，以示區別。

如此得徹底，以至於我說不清楚上師是誰、我又是誰。他摧毀了那種我相信自己有別於他、有異於他的概念。但不知怎麼回事，只有當我和他在一起時才會這樣。在他身邊，我才能夠完全體驗到與真正的他的交融之感，可是回到澳洲後，種種差別的概念又重新出現了。

1980年代時，有一次我去拜訪他的時候，他說：「幼苗在大樹的樹蔭下無法成長。你必須離開我，自己過上一段日子。」

我覺得自己像一隻雛鳥被扔出了鳥巢，但同時也明白他有必要這樣做。我明白必須學會自己飛翔，之後好幾年我都沒有再去見他。

不在他身邊，我能做些什麼呢？我無法禪坐，因為他已經讓我確信努力用功是徒勞的。我沒辦法進行任何修行，因為我能非常清楚地看到一切修行都在尋求結果和渴求種種覺受體驗。要回到自己的本源，我必須放棄追尋，保持安靜。當我最終放棄了試圖達到目的的努力時，我發現無論在什麼地方，都能找到並享受那種在上師身邊的平靜與交融。我明白了當放棄追尋結果的時候，加持無處不在。

1989年我和嘉思敏回去見他。那一次是在哈德瓦，另外還有兩三個人，那是一段安靜的時光。而在之後1992年我們再去時，一切都變了，每天都有超過一百人來參加他的薩特桑。在德里時，上師的女兒席萬妮已經先警告我們，告訴了我們這個新情況。她給我們看了一本雜誌，封面故事報道的就是上師。他突然之間出了名。

在印諦拉市他的家中，我們走進客廳問候他，他大笑著說：「你們從沒想過會見到我這樣吧？」說這話時，他指著地板上成排坐滿的人，以及在門外的大批人群。

然後他站起身，一手環抱我的肩膀，另一手抱著嘉思敏肩膀，和我們一起走到了門邊，說：「我們一起沿著恆河散步吧。」

嘉思敏和我被他摟著，和他一起走上了街。我想我們三個人

都假裝回到了哈德瓦，走在恆河邊上。

　　那次我幾乎沒有怎麼見他，因為不再有一直待在他身邊的渴望了。我參加了他所有公開的薩特桑，但只去他家見了他幾次。我想，他扔出鳥巢的小鳥已學會了飛翔，可以獨立生活了。我還有一種感覺，現在輪到別人在他的色身陪伴下得到他們所能得到的幫助了。我單獨在他身邊實實在在地過了好幾年，現在有那麼多新人祈求見他一面，我覺得自己再在他擁擠的屋子裡占上一席之地的話，就太過自私而貪婪了。

　　一天早上，我思索著他幾年前對我說的一句話：「和上師之間，是不存在什麼關係的。」

　　這個念頭出現時，我正坐在床上，此時另一個念頭冒出來：「我和上師之間是什麼關係呢？」

　　正思考著這個問題的時候，一股巨大的力量把我面朝下向前拋了出去，扔在床上。房間裡沒有其他人，但這股力量如此強大，我感到自己似乎真的從背後被打倒了。我躺在那裡，最貼切的說法是我見到了神聖的宇宙淨相。我見到無數個宇宙生起，又消逝歸於那個，而上師就是那個；直接了知上師，即真我，就是一切的源頭和支持；同時也清楚，上師就是真我，與任何人，任何事物都沒有關係。我盡力地解釋了一番，但我知道無論說什麼都表達不了這種直截了當、令人敬畏的體驗。這跟念頭或頭腦是無關的。它超越了一切能知能覺，它是無相的真我，直接讓我明白了它與一切顯現毫無關係。我被直接明示，真我就是一切顯現的本性，卻不是導致其顯現的原因。

　　這個體驗讓我再也沒有任何疑問或念頭了。我知道上師與我之間從來不沒有過任何距離，也沒有任何關係。我知道二元和割裂，構成一切關係的根本元素都從來沒有存在過。

　　我沒有其他可說的了，除了「訶利唵塔薩」！（Hari Om Tat Sat!）

拉曼的結束語是無法翻譯的，只能說這四個字每個都代表了究竟。在此處，它是對一種認同的宣示：唯有真我在，而我就是那個！